Hartwig Hochstein (Hrsg.)

STAMMTISCHMORDE
DAS FINALE

edition·krimi

1. Auflage, 2017
Copyright © 2017 by edition krimi, Leipzig
edition krimi
Alle Rechte vorbehalten

* * *

Lektorat: Elia van Scirouvsky
Korrektorat: Anja Gundlach
Umschlaggestaltung: ama medien
Umschlagmotiv: pixabay
Satz: ama medien
Druck und Bindung: MCP, EU

* * *

ISBN 978-3-946734-12-3

* * *

www.edition-krimi.de

TATBERICHTE

Hartwig Hochstein
Der finale Streich 7

David Gray
Hügel der Stiefel 9

Hartwig Hochstein
Kriminelle Fantasie.................................... 21

Mandy Kämpf
Tanz in den Tod 27

Frank Kreisler
Der Schal und der Clown 37

Traude Engelmann
Wieso Mord? 51

Jan Flieger
Die Todesniere 57

Stefan B. Meyer
Kinder der Stadt 71

Stefan B. Meyer
Feierabend 93

Bernd Merbitz
Spurlos verschwunden 127

Anne Mehlhorn
Maskerade 151

Hartwig Hochstein
Max und Moritz 169

Traude Engelmann
Das graublaue Kuvert 177

Frank Kreisler
Herz auf Spiess 197

Jan Flieger
Die Kindfrau 227

Mandy Kämpf
Phönix deiner Asche 233

Andreas M. Sturm
Lady in Black 243

die Autoren 261

DER FINALE STREICH

Im Krimi und im echten Polizisten-Leben gibt es den finalen Rettungsschuss. Im Fußball gibt es das Finale in der Champions-League – Gipfel einer Fußballer-Karriere, von der kleine Jungs und – wie in einer unserer Geschichten – manchmal auch ihre Opas träumen. Im Zirkus, im Kabarett und in der TV-Show schließlich gibt es das große Finale, in dem sich die Mitwirkenden noch einmal ihrem Publikum präsentieren.

All dies ging uns durch den Kopf, als wir über einen Untertitel für dieses Buch nachdachten. Und wir landeten bei ›Stammtisch-Morde – Das Finale‹.

Drei Bände mit Kurzgeschichten haben die Gäste des Leipziger Krimi-Stammtischs bislang vorgelegt. In dieser Runde treffen sich einmal im Monat Autorinnen, Autoren, Verleger, Kritiker und Fans von Thrillern, Krimis, Detektivgeschichten und Horror-Storys.

Sind aller guten Dinge Drei oder muss es weitergehen, irgendwie, möglichst spannend? Das diskutierten die kriminellen Schreiberinnen und Schreiber nach den Erfolgen der Stammtisch-Morde I, II und III. Schließlich sind diese Kurzgeschichten-Sammlungen fast ausverkauft, haben nur wenige Fans alle Ausgaben, kennen also bestenfalls einen Teil der Geschichten. Mithin Ergebnis der Debatte: Wir starten ein ›Finale‹, bringen einen vierten Band heraus. Aber noch nicht mit neuen Storys, sondern mit einer bunten Mischung aus den vorherigen Veröffentlichungen. Für Verlag und Herausgeber stellte sich jetzt die Qual der Wahl. Nicht alle Autorinnen und Autoren waren vom Start weg dabei, andere sind inzwischen ausgestiegen, umgezogen oder nicht mehr Stammtisch-Gast. Diese Sammlung ist also kein ›Best off‹ der Stammtisch-Morde, kein Finale im Sinne der Show, bei dem noch einmal alle auf die Bühne kommen. Es ist vielmehr eine subjektive Auswahl aus 40 Geschichten. Als Herausgeber bin ich überzeugt: Sie wird ihnen gefallen, auch oder gerade wenn sie den einen oder anderen Bekannten wiedertreffen. So wie Leipzigs Polizeipräsident Bernd Merbitz, der in Band III unser Gast-Autor war und dessen Geschichte aus der Krimi-Realität wir gerne noch einmal drucken.

Hartwig Hochstein,
Leipzig 2017

David Gray

HÜGEL DER STIEFEL

Caroline Ryan war im Frühjahr nach Hope gekommen.

Ich erinnere mich noch an den Tag, als sie im Frühjahr aus der Postkutsche stieg.

Sie war eine mittelgroße Frau mit dunklen Augen und langem lockigen Haar. Ich war neidisch auf ihr Kleid gewesen. Es war grün und nach der neuesten Mode in San Francisco geschneidert.

Miss Ryan hatte Mayers Eisenwaren- und Futtermittelhandlung gekauft, nachdem der alte Carl Mayer beschlossen hatte, dass er seine letzten Jahre in Reno bei seiner Tochter verbringen wollte.

Anfang Oktober des folgenden Jahres erschoss sie Benjamin Coleridge. Er war eines Nachts betrunken in ihr Haus eingedrungen und sie behauptete, dass er sie zu vergewaltigen versuchte, aber sich davonmachte nachdem er sah, dass sie ihn mit ihrem Colt in der Hand auf der Treppe erwartete.

Am nächsten Morgen ging sie zu Sheriff Nichols und der versprach ein Wort mit Benjamin zu reden. Caroline Ryan war offen zu Sheriff Nichols: Betrat Ben noch einmal nach Einbruch der Dunkelheit ihr Haus, so fing er sich eine Kugel ein.

Benjamin hatte darüber einfach gelacht und später damit angegeben, dass er diesem verdammten Ryan-Huhn schon noch Benehmen beibringen würde.

Zwei Nächte später versuchte er erneut sein Glück. Und endete, wie Miss Ryan angekündigt hatte, mit einem Loch in der Stirn auf ihrem Küchenboden.

Mein Vater ist Judge Bellman. Ich bin achtzehn Jahre alt und lebe in seinem Haus. Keine zwanzig Minuten, nachdem man Miss Ryan ins Gefängnis gebracht hatte, stand Judge Bellmans Urteil bereits fest.

Ich weiß das so genau, weil er, gleich nachdem er mit Sheriff Nichols gesprochen hatte, mit mir zusammen zu Joe Klein, dem Tischler ging und ihn aufforderte den Galgen beim Gericht zu überholen.

»Mach es ordentlich, Joe. Falls du Holz und Nägel brauchst, sag nur, dass sie es der Stadt in Rechnung stellen sollen.«

Klein setzte seinen Hut wieder auf, nickte und spuckte in den Staub.

»Ich fang gleich nach Sonnenaufgang damit an.«

Mein Vater schüttelte den Kopf und wies zum Gerichtsgebäude. »Heute noch, Joe. Der Herr wird es dir schon nachsehen, wenn du am heiligen Sonntag arbeitest. Ist ein gottgefälliges Werk, das du verrichtest.«

Der Richter nickte Klein zu und auch ich deutete einen Knicks an, dann nahm Vater meinen Arm und führte mich, wie jeden Sonntag, die staubige Straße entlang nach Hause.

»Du wirst heute Nacht im Gefängnis schlafen müssen. Ich kann Nichols nicht allein mit ihr dort lassen. Ich schicke nachher gleich Sam mit genug Holz für den Ofen rüber. Es wird eine kalte Nacht. Der Himmel ist klar.«

»Ja, Judge«, sagte ich und hielt meinen Blick auf die Spitzen meiner guten Stiefel gerichtet, die ich in der Kirche getragen hatte und die so gar nicht zu meinem einfachen schwarzen Kleid mit der weißen Schürze passen wollten. An Stiefeln und Hauben hatte ich mehr in meinem Schrank, als man es von der Tochter eines einfachen Provinzrichters erwarten sollte.

Ich glaubte in weiter Ferne das Pfeifen der Eisenbahn zu hören, von der man hier nicht viel gehalten hatte, als die

Ingenieure kamen, um zu erkunden ob die Stadt ein Anschlussgleis wert sein könnte. »Wir bleiben lieber unter uns«, hatten die Ratsherren bestimmt. Und so würde es bleiben, heute, morgen und immerdar. Es gab die Welt und es gab diese Stadt. Und diese Stadt hatte schon immer mehr davon gehalten, die Welt die Welt sein zu lassen, aber diese Stadt, diese Stadt.

Wir gingen schweigend bis zur Tür, dann legte mein Vater mir die Hand unters Kinn und zwang mich, ihm in die Augen zu sehen. »Und dass du nicht etwa auf den Gedanken kommst, ein Wort mit ihr zu sprechen. Sie ist eine unanständige Frau. Ich will nicht, dass sie dir irgendwelche ungehörigen Ideen in den Kopf setzt, hörst du?«

»Ja, Vater«, flüsterte ich.

Mir war nicht erlaubt an der Verhandlung teilzunehmen.

»Das ist nichts für Mädchen wie dich. Dazu ist das eine viel zu ernste Angelegenheit.«

Obwohl ich letzte Nacht kaum ein paar Stunden geschlafen hatte, saß ich den ganzen Vormittag am Fenster und wartete darauf, dass er zurückkehrte.

Als er seinen Hut an den Ständer hängte und in die Küche trat, wo wie immer sein frisch gebrühter Kaffee auf ihn wartete, sagte er nichts, sondern faltete die Hände zum Gebet und forderte mich mit einem strengen Blick auf, es ihm gleichzutun. Nachdem er sein Gebet gesprochen hatte, löffelte er Zucker in den Kaffee.

»Du gehst anschließend in ihr Haus und bringst ihr neue Kleider.«

Ich nickte.

»Es müssen anständige Kleider sein, Tochter. Danach schläfst du besser ein paar Stunden. Du hast eine lange Nacht vor dir.«

Ich stand auf und knickste vor ihm.

Er nickte mir zu und trank seinen Kaffee.

Als ich aus Miss Ryans Haus zurückkehrte, saß er schon in seinem Stuhl auf der Veranda und hielt die Bibel aufgeschlagen im Schoß.

Es fiel mir nicht schwer mir auszumalen, was er da nachgelesen hatte: Hesekiel 23:45. *Darum werden gerechte Männer sie richten nach dem Recht, das für Ehebrecherinnen und für Mörderinnen gilt; denn sie sind Mörderinnen und Ehebrecherinnen und ihre Hände sind voll Blut.*

Er glaubte an die Weisheit darin und war überzeugt, dass sie ihm Trost schenken würde.

Er sah auf, als ich mit dem in Papier eingeschlagenen Kleid zur Tür trat.

»Geh nur nach oben, Tochter. Ich werde mir nachher schon selbst etwas zu essen machen. Ich wecke dich, wenn es an der Zeit ist.«

Ich knickste. »Ja, Vater.«

Ich öffnete die Tür und ließ ihn allein dort in der warmen Sonne sitzen.

In meinem Zimmer legte ich das Päckchen auf meinem Toilettentischchen ab, öffnete die Schürze, breitete sie sorgfältig über die Stuhllehne und legte mich aufs Bett. Ich bezweifelte, dass ich wirklich Schlaf finden würde.

Vier Stunden lang sah ich zu, wie die hellen Lichtflecken von einer Seite der Zimmerdecke zur anderen wanderten. Als sie beim Fenster angekommen waren stand ich auf und suchte eine neue helle Schürze aus dem Schrank hervor, die ich über das schwarze Kleid streifte und zuband.

Nachdem ich das Päckchen für Miss Caroline Ryan ergriffen hatte, war ich bereit für eine weitere Nacht im Dienst von Anstand und Moral.

Der Judge war in seinem Arbeitszimmer. Er hatte die Tür einen Spalt offen gelassen, wohl um sicher zu gehen, dass er mich die Treppe herabkommen hören würde.

»Sheriff Nichols lässt etwas zu essen vom Hotel herüberschicken, bevor er nach Hause geht.«

Kam nicht in Frage, dass ich etwa auch nur einige Krümel Brot aus seiner Speisekammer mit zum Gefängnis nahm, solange er mein Abendessen und Caroline Ryans Henkersmahlzeit auf Rechnung der Stadt vom Hotel beziehen konnte.

»Ist recht, Vater. Auf Wiedersehen«, sagte ich und knickste genau so, wie er es gerne sah.

»Auf Nichols Schreibtisch liegt eine Heilige Schrift. Du kannst ihr daraus vorlesen, wenn sie danach verlangt.

»Das werde ich.«

»Geh jetzt.«

»Auf Wiedersehen, Vater.«

»Auf Wiedersehen, Tochter.«

Ich setzte meine Haube auf, band sie unter dem Kinn zu, ging die paar Schritte bis zur Tür und öffnete sie leise.

Bis ich die Tür wieder hinter mir schloss, spürte ich seine Blicke in meinem Nacken.

Die frische klare Abendluft tat mir gut. Ich hob das Gesicht gen Himmel und blinzelte ein paar Mal in die sinkende Sonne.

Der Weg von unserem Haus bis zu Nichols Büro, in dem das Gefängnis untergebracht war, kam mir länger vor als gewöhnlich. Ich sah Joe Klein, der mit seiner Werkzeugkiste zum Saloon ging, eine Farmersfrau scheuchte ihre beiden Sprösslinge über die Straße zu ihrem Wagen, auf dem ein Schwarzer mit einem zerbeultem Hut auf sie wartete.

In Nichols Büro roch es nach schwerem, schwarzen Tabak.

»Mistress Bellman.«

Nichols erhob sich von seinem Stuhl und griff nach den Schlüsseln für die Tür zu den vier Zellen hinter seinem Büro.

»Ihr seid früher dran, als ich erwartet hatte.«
Er wies auf das Päckchen unter meinem Arm.
»Bluse und Rock. Der Richter fand es angemessen.«
Nichols zuckte die Achseln.
»Ein umsichtiger Mann, Euer Vater.«
Gewiss.

Ich nickte und sah zu Boden, wie er es erwartete. Wie sie alle hier erwarteten.

Nichols war sichtlich froh über mein Erscheinen. Gab ihm das doch die Gelegenheit, sich für einen Schwatz in den Saloon zu verdrücken, bevor er dann am Hotel vorbei ging, um mir dort den Korb mit dem Abendessen zu holen.

Zurückgekehrt würde er ihn dann auf dem Schreibtisch abstellen, mir gut gelaunt eine angenehme Nacht wünschen, die Fensterläden schließen und zuletzt von draußen drei Mal den Schlüssel im Schloss umdrehen.

Ich mochte weder das rechte Geschlecht noch das passende Alter haben, um an der Verhandlung teilnehmen zu dürfen, doch dafür Miss Ryan hängen zu sehen, war ich in den Augen meines Vaters weder zu jung, noch vom falschen Geschlecht. Im Gegenteil, behauptete er doch, das stärke meinen Sinn für Anstand und Moral.

»Ist Zeit, was?«

Neben der Zellentür stand der Stuhl, auf dem ich die vergangene Nacht verbracht hatte. Ich erhob mich und sah zu, wie Nichols Caroline Ryans Zelle aufschloss.

Er öffnete die Tür, ich betrat Miss Ryans Zelle, bedankte mich artig bei ihm und sah zu wie er die Zelle dann wieder verschloss.

»Ihr wisst ja, Mistress Bellman. Ruft einfach, wenn Ihr fertig seid.«

Ich bereitete Caroline vor. Ich half ihr, sich umzuziehen und anschließend ihr Haar hochzubinden.

Nachdem ich Nichols gerufen hatte, blieb ich mit ihm noch solange in der Zelle, bis er Miss Ryan wieder Fesseln angelegt hatte.

Auch das wurde von mir erwartet – Nichols war Junggeselle, und dass er bei einer solchen Verrichtung allein mit der Gefangenen in der Zelle geblieben wäre, hätte man hier in der Stadt als nicht statthaft angesehen.

Es stand nur zu hoffen, dass der Richter meine Wahl für Miss Ryans Kleider begrüßte. Ein einfacher Rock, lang und schwarz, ein Mieder und eine blütenweiße gestärkte Bluse, die ich auf der Kommode neben ihrem Bett gefunden hatte.

Miss Ryan setzte sich auf ihre Pritsche.

Nichols wartete, bis ich aus der Zelle trat und meinen Platz auf dem Stuhl vor der Zelle wieder eingenommen hatte, dann verschloss er sie wieder.

Der Tag versprach so warm und sonnig zu werden, wie es für Anfang Oktober in dieser Gegend der Welt nur möglich war.

Ich führte Miss Ryan am Arm aus dem Gefängnis die Straße hinab zum Galgen. Neben mir ging der Mayor und neben ihm Judge Bellman und vor uns Nichols, der sich einen schwarzen Frack übergezogen hatte, der ihm eine seltsam steife Haltung vermittelte.

Die Leute, die vorm Galgen warteten, waren angemessen still. Und wäre da nicht der Strick mit der Schlinge unter dem Galgenbaum gewesen, hätte man meinen können, der Reverend mit seinem Hut und der Bibel hätte an diesem schönen Morgen beschlossen, den Gottesdienst unter freiem Himmel zu feiern.

Ich blieb auch dann noch bei Miss Ryan, als sie zwischen Nichols und dem Richter die zehn Stufen zur Schlinge hinaufstieg.

Ich hatte all die Zeit meine Blicke züchtig niedergeschlagen gehalten und änderte auch jetzt nichts daran. So sah ich nicht viel außer Miss Caroline Ryans schwarzem Rocksaum und wie sie ihre Füße auf die Stufen setzte und dann auch die drei Schritte hin zur Falltür trat.

Hinter dem Galgen stand der schwarze Wagen von ›Smyth's Funeral Home‹. Später würde Smyth über Miss Ryan sagen, dass sie eine schöne Leiche war und vor allem bereits passend angezogen. Smyth gab sich stets Mühe, irgendetwas Gutes über die Toten zu sagen. Jedenfalls solange die keine Schwarzen oder Chinesen waren.

Der Reverend hielt den Hut in der Hand, als Miss Ryan den Galgen betrat. Er nickte ihr zu und setzte den Hut wieder auf, sobald sie die Falltür erreicht hatte.

Nichols sah den Judge an. Der Judge sah Nichols an und Nichols streifte Miss Ryan vorsichtig die Schlinge über den Kopf und zog sie dann unsicher fest.

Derweil reichte mir der Judge einen breiten Ledergürtel. Er erwartete, dass ich ihn kurz über den Knien um Miss Ryans Beine schlingen würde. Dies einem der Männer zu überlassen, wäre nicht angebracht gewesen. Erst recht unstatthaft wäre es, sollte Carolines Rock etwa auffliegen während sie in die Schlinge stürzte und den Blick auf ihre bestiefelten Beine freigeben.

Ich tat, was von mir erwartet wurde. Und vermied dabei Miss Ryans Blick begegnen zu müssen. Sie bebte und zitterte. Ich hatte Mühe, den Gürtel um ihre Knie zu schlingen. Wer hätte es ihr verdenken sollen?

Ich zog den Gürtel straff und führte ihn durch die Schnalle, genauso wie man es mir zuvor geraten hatte.

Caroline Ryan verzichtete auf irgendwelche letzten Worte. Ich konnte den Schrecken in ihren Augen sehen und wie sie sich auf die Lippen biss, in dem Moment, als ich von ihr weg trat und jeder ahnte, dass es Zeit für sie war.

Die Leute vorm Galgen hielten den Atem an.

Ich nickte den Männern auf dem Schafott höflich zu, machte einen leichten Knicks und stieg die zehn Stufen wieder hinunter, während der Reverend hinter mir mit leiser Stimme ein Gebet sprach.

Wie zuvor hielt ich auch jetzt meine Blicke gesenkt und konzentrierte mich darauf, meinen Füßen zu befehlen auf den Stufen vorsichtig einen Schritt vor den anderen zu setzen.

Ich war am Fuße der Stufen angekommen.

Ich spürte, dass es jetzt soweit war.

Eine atemlose Spannung ging von all den versammelten Menschen aus, die sich gar nicht anders, als einzig durch den Knall der Falltür lösen konnte.

Ich hätte mich jetzt, einmal am Fuße des Galgens angelangt, in die erste Reihe der Zuschauer einordnen und wie alle anderen zum Judge, Nichols, dem Reverend und Miss Ryan hinaufsehen können.

Doch ich tat es nicht.

So sah ich nicht wie Miss Ryan ein letztes Mal zum Himmel aufblickte oder den Kopf ein wenig hin und her drehte, wie man es wohl tat, wenn man sich an einem zu engen Blusenkragen störte. Und sah auch nicht, wie der Sheriff den Hebel herumriss, die Falltür auslöste und Miss Ryan in die Schlinge stürzte. So sah ich nicht, wie sie verzweifelt die gefesselten Hände zu Fäusten ballte und ihren Mund zu einem stummen Schrei öffnete.

All das sah ich nicht. Ich sah nicht einmal, wie es nach einer endlosen Minute mit ihr zu Ende ging.

Was ich stattdessen sah, waren die Gesichter der Zuschauer. Und was ich hörte, waren ihre dumpfen »Ahs!« und »Ohs!« und das Knarren des Seils und der harte trockne Knall mit dem die Falltür herunterklappte.

Was ich sah, waren die Gesichter all der guten Männer, Frauen und Kinder von Hope, der Stadt, die sich selbst genug war und für die Welt um sie herum keine Rolle spielte. Und was ich dazu hörte, war der Applaus, der unter ihnen aufbrandete, sobald sich Miss Ryans Gestalt reglos in der Schlinge drehte.

Was ich sah und hörte war mir genug.

Alle anderen würden wochenlang von nichts Anderem reden, als diesem frischen klaren Morgen, an dem Miss Caroline Ryan bekommen hatte, was sie verdiente.

Ich hingegen würde stumm bleiben. Alle anderen mochten eine Hinrichtung gesehen haben. Ich aber hatte einen Blick in die Hölle geworfen. Und die Hölle gab kein gutes Gesprächsthema ab. Jedenfalls nicht hier in Hope und nicht außerhalb der vier weißen Bretterwände der Kirche.

Erst dann sah ich mich an jenem Morgen wieder zum Galgen um, als der Richter mir missbilligend seine schwere Hand auf die Schultern legte und mich dazu zwang ihm für eine Sekunde in die Augen zu blicken.

»Komm, Tochter«, sagte Judge Bellman und nahm meinen Arm um mich nach Hause zu führen.

Im Haus kam es mir kälter vor. Ich hatte das Gefühl, die Welt um mich herum hätte plötzlich an Tiefe, Glanz und Farben verloren. Sogar die Sonne schien sich damit abgefunden zu haben, nur noch als ihre eigene Kopie vom Himmel zu scheinen.

An diesem Abend sah ich, dass der Judge die Tür zu seinem Zimmer einen Spalt offen gelassen hatte.

Ich tat, was von mir erwartet wurde: Ich zog das blaue Kleid an und legte ganz leicht den teuren Lippenstift auf, den der Judge mir aus Reno schicken ließ, bevor ich in die neuen Stiefel schlüpfte, die er mir aus Frisco mitgebracht hatte.

Einige Wochen darauf standen wir nach dem Sonntagsgottesdienst beisammen. Wir, das waren die Mädchen aus den Familien der besseren Gesellschaft von Hope. Sonntag für

Sonntag hielten wir nach dem Gottesdienst unseren unschuldigen, kleinen Schwatz.

Die Leute, die unserem Grüppchen ab und an einen Blick zuwarfen, glaubten, wir sprachen über die Predigt oder die Sonntagsschule, in der jede von uns abwechselnd unterrichtete. Und genau das taten wir gewöhnlich auch.

Wir, die Mädchen der besseren Gesellschaft von Hope. Wir, jene sechs Mädchen in züchtig langen Röcken und unschuldig hellen Hauben. Wir, jene sechs Mädchen aus Hope, die wir seit unserem zwölften oder dreizehnten Jahr Sonntag für Sonntag in den Zimmern unserer Väter, klaglos taten, was von uns erwartet wurde.

Doch an diesem Sonntag steckte ich nach unserem unschuldigen Schwatz jeder meiner Freundinnen heimlich ein Papiertütchen zu. Es enthielt ihren Anteil jenes hellen Pulvers aus dem Fläschchen, das ich zusammen mit Miss Ryans Kleidern aus ihrem Haus mitgebracht hatte.

Dieses Fläschchen war sorgsam verstöpselt gewesen als ich es fand. Und ich fand es an einem ungewöhnlichen Ort, nämlich zwischen Miss Caroline Ryans Unterwäsche in ihrem Schrank.

Auf dem kleinen Papierschnipsel, der darauf klebte, hatte irgendwer einen Totenkopf und zwei gekreuzte Knochen gekritzelt.

Auch an diesem Sonntag würden wir Mädchen aus Hope klaglos tun, was von uns erwartet wurde.

Doch es würde das letzte Mal sein.

Und selbst, falls man dann die richtigen Schlüsse zu ziehen begann, würde man einen neuen Richter dazu brauchen, einen neuen Reverend, einen neuen Bürgermeister, Bestatter, Lehrer und Apotheker, um an uns Mädchen der besseren Gesellschaft von Hope dieselbe Art von Gerechtigkeit zu üben, wie man es an der armen Miss Ryan getan hatte.

Ich blickte zum Friedhof hinüber, den alle hier nur ›Boot Hill – Hügel der Stiefel‹ nannten. Ohne es wirklich sehen zu können, spürte ich doch, dass nach und nach auch alle anderen von uns Mädchen der besseren Gesellschaft lange, nachdenkliche Blicke auf das staubige Gräberfeld warfen.

Hartwig Hochstein

KRIMINELLE FANTASIE

Felix Mayer stand lächelnd in der Wohndiele seines Penthauses am Rande des Musikviertels. Schwarzer Manchester-Anzug, weinroter Rolli, handgenähte Schuhe, das graumelierte Haar leicht gelockt, eine schwarze Hornbrille auf der Nase, die linke Hand liebevoll um die Hüfte seiner Frau gelegt, in der rechten ein Glas Prosecco.

So begrüßte Mayer die Gäste, mit denen er das Erscheinen einer neuen Krimi-Anthologie feiern wollte: Zwei befreundete Buchhändler mit ihren Begleiterinnen, ein Verlegerkollege, die Literaturkritikerin der örtlichen Tageszeitung, die Klatschreporterin des Anzeigenblattes, die Ereignisse wie dieses in ihrer Kolumne abzuhandeln pflegte und die zehn Autoren und Autorinnen des Taschenbuchs. Der freundlich-friedliche Auftakt eines Abends, der dramatisch enden sollte.

Denn Karin Köhler, eine der Schreiberinnen, trieb die Szene Tränen in die Augen. Tränen der Verzweiflung, der Ohnmacht, der unbändigen Wut. Seit langem hatte sie sich als Gastgeberin, nicht als Gast bei Mayerschen Buchpräsentationen gesehen.

Wie oft hatte Felix ihr ins Ohr geflüstert, seine ältere Frau bald für sie zu verlassen. Beim schnellen Sex im Konferenzzimmer des Verlages, auf ihren heimlichen romantischen Wochenenden in der kleinen, aber feinen Pension im Thüringer Wald, in den kurzen, aber heftigen Nächten im Hotelzimmer während der Frankfurter Buchmesse. Worte ohne Wert. So wie das Versprechen, den Kriminalroman, an dem sie monatelang gearbeitet hatte, im Frühjahr in Leipzig herauszubringen.

Bestseller-Autorin und Verlegers-Gefährtin, vielleicht gar Gattin. Blöderweise hatte sie sogar ihrer besten Freundin von dieser Zukunft erzählt, so fest glaubte sie daran. Bis an jenem Sommerabend, an dem ihr Traummann im Freisitz am Glashaus Tacheles mit ihr redete, wie er es nannte. Bei aller Liebe, sagte er in jenem ironisch-süffisanten Tonfall, den sie so sehr mochte, wenn er über andere sprach und der sie so sehr verletzte, als es um sie selber ging, bei aller Liebe sei es naiv von ihr zu glauben, er könne seine Frau verlassen. Schließlich stecke deren Geld im Verlag, außerdem unterstütze sie neue Projekte immer wieder mit Zuschüssen aus ihrem väterlichen Erbe. Nein, ohne Elvira und ihre Kohle könne er den Laden gleich dicht machen, ein weiterer Verlag der einst ruhmreichen Buchstadt Leipzig würde sang- und klanglos untergehen. Und ihr Roman? Naja, dem fehle es an krimineller Fantasie, habe seine Lektorin gemeint. Ein Urteil, dass er, sorry, leider teilen müsse, ihn zu drucken sei reine Papier- und Geldverschwendung.

Für Karin brach eine Welt zusammen. Den Schock milderte auch nicht das Angebot, bei der neuen Kurzgeschichten-Sammlung mitzumachen. Das tue er, fügte Mayer in zynischem Unterton hinzu, obwohl ihn seine bekannteren Autoren sicher fragen würden, warum er wieder mal einer schreibenden Hausfrau eine Plattform biete.

Eine Kurzgeschichte! Welch ein Trost, welch ein Hohn. Selbst für eine Aufnahme ins Syndikat, der prestigeträchtigen Vereinigung deutschsprachiger Kriminalschriftsteller, würde diese läppische Veröffentlichung nicht reichen. Statt Penthaus-Wohnung, Lesereisen mit einem attraktiven Mann an ihrer Seite, Besprechungen im Feuilleton erwartete sie wieder das bittere Single-Leben, dass sie geführt hatte, bevor sie Felix Mayer vor zwei Jahren bei einem Messe-Empfang kennengelernt hatte: Zweiraum-Appartement in der Platte in Grünau, mickrige Honorare für Beiträge in der sogenannten Kultur-Ecke des Anzeigenblatts, bei denen das wichtigste die Namen der an anderer Stelle inserierenden Veranstalter und Sponsoren waren, die langen, einsamen Abende einer Enddreißigerin ohne Zukunft.

Nein, nicht mit ihr, schwor sich Karin. Sie würde einen Schlussstrich ziehen, Rache nehmen, koste es, was es wolle. Und zwar so, dass niemand mehr an ihrer kriminellen Fantasie zweifeln konnte. Die Story sollte ihre erste und letzte Veröffentlichung sein, die Anthologie das letzte Buch, das Mayer herausbrachte ...

Am Morgen vor der Party bereitete sie ihren Racheplan sorgfältig vor. Sie schluckte drei Voltaren, wartete eine halbe Stunde, kniff sich dann so feste wie möglich in beide Oberarme, schlug mit den Fäusten auf Rippenbogen und Busen, kratzte sich den Hals blutig. Bewusst zog sie am frühen Abend den leicht fusselnden Angora-Pullover an. Und auf die erste Seite eines ihrer Autoren-Exemplare der Anthologie, die Felix in der Hand gehabt hatte, dessen Fingerabdrücke man finden würde, schrieb sie: *Für Felix statt einer Widmung: Um Mitternacht packe ich aus. Das wird der Höhepunkt Deiner Party.*

So ausstaffiert machte sie sich im Taxi auf den Weg zum Verleger-Empfang.

Streit, Angriff, Abwehr, Notwehr – so musste ihre Abrechnung, ihre Rache laufen. Zorn und Verzweiflung würden ihr die notwendige Kraft verleihen.

Bei der Begrüßung, Küsschen links, Küsschen rechts, sorgte sie dafür, dass ihr Pullover Fussel-Spuren auf Mayers Anzug hinterließ. Das Buch mit der Droh-Widmung platzierte sie so neben den übrigen Party-Mitbringseln, dass es später niemand übersehen konnte. Nach dem Begrüßungs-Toast spülte sie mit einem Prosecco eine Faustan runter, kippte ein zweites Glas hinterher. Schluss, mehr ging nicht! Sie musste ruhig, fit und nüchtern bleiben.

Nach einer knappen Stunde pflegte ihr Ex-Geliebter, sich auf ein, zwei Zigaretten allein auf seine große, zum Clara-Park gelegene Terrasse zurückzuziehen. »Um sich von deren Gequatsche zu erholen«, hatte er ihr gegenüber mal über seine zuvor umschmeichelten Gäste gelästert. So würde es auch heute sein, das war ihre Chance.

In der Tat: Nach der erwarteten Weile nahm der Verleger seine Frau kurz in den Arm, nickte seinen Gesprächspartnern zu, ergriff Zigarettenschachtel und Feuerzeug, trat durch die große Glastür ins Freie. Karin folgte ihm auffällig und schnellen Schritts, drehte dann aber blitzschnell zur gegenüberliegenden Terrassenseite ab. Dort warf sie sich mit dem Rücken gegen das eiserne Geländer, versetzte es in klirrende Schwingungen, trat sich die Fersen blutig, schleuderte die Schuhe weg. Dazu wilde Schreie: »Lass das! Ich will nix von Dir! Bleib doch bei Deiner blöden Frau! Aua, Hilfe!«

Mayer reagierte wie kalkuliert. Mit einem »Was soll das?« stürmte er auf die sich wie eine Furie gebärdende Karin zu. Die wartete ab. Als er nahe genug bei ihr war, um es für die aufmerksam gewordenen Partygäste nach einem Handgemenge aussehen zu lassen, aber weit genug weg, um sie noch festhalten zu können, sprang sie in die Höhe, warf den Kopf nach hinten, stürzte sich mit einem letzten, diesmal echten Schrei rückwärts sechs Stockwerke in die Tiefe.

Zwei Stunden später: Vor dem Haus flackerte das Blaulicht, Karins Leiche war mit einem Tuch zugedeckt, in dessen Arbeitszimmer saß Kommissar Marx dem völlig verwirrten Verleger gegenüber. »Aber Herr Mayer, das glauben Sie doch selbst nicht, dass Frau Köhler freiwillig in den Tod gesprungen ist. Ich habe noch keine Selbstmörderin erlebt, die sich so umgebracht hat. Außerdem: Die Drohung im Buch, die Spuren an der Leiche und an ihrem Anzug, die

Zeugenaussagen. Nein, nein. Sie hatten Angst, dass Ihre Ex-Geliebte ihre Drohung wahrmacht, über ihr heimliches Verhältnis auspackt. Sie fürchteten um Ihre Frau, deren Geld, Ihren Verlag, Ihr Ansehen in der Stadt. Darüber stritten sie mit Karin Köhler, die aber ließ sich nicht von ihrem Plan abbringen, es kam zum Handgemenge, Sie haben sie übers Geländer gestoßen. Mein Rat: Nehmen Sie sich einen guten Anwalt. Vielleicht kommen Sie dann mit Totschlag im Affekt davon . . .«

Mandy Kämpf

TANZ IN DEN TOD

Meist sind es die sonnigen Tage, an denen wir gemeinsam durch das Leben gehen. Dann laufen und tanzen wir durch Tag und Nacht, setzen uns in ein Café, betrachten die Menschen um uns und wippen zu der Melodie des sonnigen Augenblickes. Hundenasen schnüffeln an uns, Grashalme kitzeln und der feine Staub der Stadt benetzt unsere Haut. Wir sind ein perfektes Team. Vom ersten Tag an bis zum letzten. Der letzte Tag ist heute angebrochen.

Es ist acht Uhr morgens, der Radiowecker summt leise eine fröhliche Melodie. Durch die Fensterscheiben streut sich das Licht der Morgensonne und fällt als bunte Flimmerpunkte auf den gut polierten Parkettboden, auf Bett und Tisch, an die gegenüberliegende Wand und auf den bunten Berg von Klamotten, welcher sich fröhlich in der hinteren Ecke des geräumigen Schlaf- und Wohnraumes erhebt. Einer dieser Flimmerpunkte hat auch uns getroffen und wir schmücken uns mit seinem Glanz, wie mit einer edlen Brosche. Im Bett raschelt und schnieft es leise. Ein verschlafenes Paar graublauer Augen blinzelt über den Deckenrand in den hellen Morgen. Mona.

Mona ist unsere Freundin. So bezeichnen wir sie am liebsten. Eine Freundin, mit der man gern tolle Sachen unternimmt, die spontan und ein bisschen verrückt ist. Ein Mädchen zum Pferde stehlen und eine Frau voller Geheimnisse. Die meisten davon kennen wir. Wir leben schließlich mit ihr zusammen. So wissen wir, dass ihre leuchtend roten Haare in Wirklichkeit straßenköterblond sind. Die Durchschnittshaarfarbe der Deutschen. Wir wissen auch, dass sie nachts eine Beißschiene trägt, damit sie nicht mit den Zähnen knirscht, oder dass ihr Morgenritual aus einem trägen Blick in den Standspiegel neben der Eingangstür, einer Kontrolle zu neuen Fältchen um die Augen, einer rückwärtigen Ansicht zu anderen Fältchen und einem tiefen Seufzer besteht. Erst danach wird die Espressomaschine und zeitgleich das Küchenradio bedient. Während der Kaffee sich zischend durch das Sieb drängt und aromatische Düfte im Zimmer verteilt, wiegt sich unsere Freundin zum Takt der Musik. Dabei fallen ihr ein paar vorwitzige, rote Ponysträhnen in ihr sommersprossiges, ungeschminktes Gesicht. Lächelnd schiebt sie diese hinter ihr Ohr und greift nach dem gerade piepsenden Handy. Am Aufleuchten ihrer Augen erkennen wir, dass es eine freudige Nachricht sein muss. Vielleicht eine ihrer vielen Verabredungen zum Tanz? Das wäre großartig. Dann wären wir wieder mit von der Partie. Oder eine Freundin, mit der man wunderbar durch die Stadt und Geschäfte bummeln kann. Auch das wäre prima, weil sie uns bestimmt mitnimmt.

Wir sind übrigens ein Paar wunderschöner Highheels, genauer gesagt – und darauf legen wir wert – Peeptoes. Der große Zeh liegt also frei. Wir umschmeicheln den Fuß unserer Besitzerin mit schwarzem Glanzleder. Dazu gehört ein schmaler, zwölf Zentimeter hoher Absatz für einen wippenden, anmutigen Gang. Als Krönung ziert eine Lackschleife das Oberleder am Spann, was zugleich mädchenhaft-feminin und reizvoll ist. Dazu noch ein kleines Riemchen zum Umspannen der Fesseln und fertig sind wir – die Lieblingsschuhe von Mona. Kennengelernt haben wir uns vor zwei Jahren. Es war Liebe auf den ersten Blick. Damals standen wir noch zusammen mit anderen Schuhen in einem kleinen Laden, der auf eine kleine Gasse hinausführt, welche sich wiederum einem kleinen Marktplatz zuwendet, auf welchem damals Mona eingetroffen ist. Wie wir später erfahren, leitet Mona einen vergleichsweise erfolgreichen Modeblog – so eine Seite im Internet, wo aktuelle Trends vorgestellt werden – und war auf der Suche nach neuen Stücken für ihr aktuelles Thema. Dieses war ›Schuherotik‹. Und da kommen wir ins Spiel. Seitdem sind wir unzertrennlich.

Mittlerweile sitzt Mona frisch geduscht und mit einer dampfenden Tasse Kaffee vor ihrem anderen Freund, auf den wir zugegebenermaßen etwas eifersüchtig sind. Stunden verbringt sie mit ihm, schaut ihn an und berührt ihn. Ihren Laptop. Manchmal ist sie auch wütend auf ihn, was uns wiederum freut, dann klimpert sie unsanft auf seinen Tasten herum, schimpft und flucht, weil er nicht macht, was sie will. Oder weil er zu langsam ist und ihre Gedanken zu schnell. Geduld ist einfach nicht Monas Stärke, das wissen wir. Manchmal fängt sie dabei an, mit den Füßen zu trippeln. Das ist insoweit unschön, weil wir uns dabei an ihren Füßen befinden. Meistens ist sie jedoch ein friedliches und vor allem fröhliches Wesen.

Heute scheint der Laptop zu machen, was Mona von ihm verlangt. Wir sehen, wie sie ihn mit bunten Bildern füttert und in einer halsbrecherischen Geschwindigkeit dazu Texte eingibt. Das kann Stunden dauern. Bin dahin begnügen wir uns mit einem kleinen Schläfchen im wundervollen Sommersonnenlicht. Wir träumen von Spaziergängen in der Stadt, von einem Einkaufsbummel in den vielen kleinen Modeboutiquen, von neuen Röcken und Hosen, Kleidern und Jacken, zu denen wir ausgezeichnet passen und welche unsere Schönheit hervorheben. Wir sind gern ein wenig eitel.

Unsere Tagträume werden jäh durch ein unsanftes Rütteln unterbrochen. Lange Schatten an den Wänden lassen erkennen, dass der Tag schon fortgeschritten ist. Mona steht vor uns und trägt ein zauberhaft schwingendes, mit weißen Punkten überhäuftes Kleid im Stil der Fünfziger Jahre. An ein mit zarter Spitze umsäumtes Corsagenoberteil schmiegt sich nahtlos ein Tellerrock, ebenfalls mit Spitze unterfüttert. Ihr rotes Haar trägt sie offen. Ein prächtiger Kontrast zu dem schwarzen Grundton des Kleides. Ihr Gesicht ist fast ungeschminkt, nur den Mund hat sie mit einem blutroten Lippenstift akzentuiert. Sie sieht wunderschön aus. Doch das Bild ist noch nicht perfekt. Ein Outfit ist erst dann komplett, wenn die Schuhe dazu passen. Also wir.

Beschwingt verlassen wir mit Mona die Wohnung, in Vorfreude auf das, was uns an diesem herrlichen Tag erwartet. Und das war erst einmal ein klebriger Eisfleck, genau vor der Eingangstür des Hauses. Klasse! Toll! Unsere spitzen Absätze bohren sich in die zerlaufene Masse und hüllen uns in ein weißes Sahnegewand. Pfui! Mona starrt auf uns herunter, erste Wutfältchen machen sich auf der Mitte ihrer Stirn breit. Doch bevor diese komplett von ihr Besitz ergreifen können, strafft sie diese mit einem breiten Lächeln. *Nanu?*, fragen wir uns. Was ist da los? Mona zaubert ein Taschentuch aus ihrer Tasche – ein wirklich gekonntes Hermés-Imitat – und wischt uns mit spitzen Fingern sauber. Dann geht es weiter den Bordstein entlang, zwischen den Häuserzeilen hindurch, immer in der Sonne tänzelnd. Bis wir vor einem Café stehen bleiben. Das *Kleeblatt*. Inmitten der Stadt, umgeben von all den schönen Boutiquen und einem stetigen Strom von Menschen, treffen wir hier auf Susi, Monas beste Freundin. Das Café *Kleeblatt* ist eher klein, fast winzig und umfasst im Innenraum gerade vier Tische. Leroy, der Inhaber, ein kleiner, runder Mann aus Brüssel, hatte es im Artdeco-Stil eingerichtet. Hier gibt es den weltbesten Kaffee Latte mit dem köstlichsten Gebäck. Macarons. Ähnlich einem großen Biskuit legen sich zwei Kuchenteilchen aufeinander, welche mit berückender Creme gefüllt sind. Ein Sinnesgenuss. Leroy hat aufgrund des Wetters Stühle und Tische nach draußen geräumt.

Dort sitzen wir nun, Susi, Mona, wir und ein anderes Paar Sandaletten. Kritisch beschauen wir das Schuhwerk der Freundin. Susi ist eher der burschikose Typ, jemand der gern bequeme Kleidung und ebensolche Schuhe trägt. Nicht wirklich reizend, aber unglaublich praktisch. Ein Gespräch lohnt also nicht, so lauschen wir lieber den Worten unserer Trägerinnen. Dabei erfahren wir Brandneues. Mona hat eine Verabredung. Heute Abend schon, also in knapp zwei Stunden. Sie nennt ihn ihren Mr. Strange, aber eigentlich heißt er Erik. Na hoffentlich hat Mona das englische ›strange‹ nicht mit merkwürdig, statt fremd verwechselt. Erik hat sie im Internet angesprochen. In einer sogenannten Partnerbörse. Gespannt hören wir weiter zu. Auf dem Kopfsteinpflaster vor uns tanzen erneut Lichtpunkte, wie schon am Morgen, während wir erfahren, dass er siebenunddreißig Jahre, also fünf Jahre älter als Mona ist. Er arbeitet als Bauunternehmer und ist von seiner ersten Frau geschieden. Diagnose Alltagsdifferenzen. Sie hatten sich auseinandergelebt. Wie so oft.

Die kritische Susi fragt natürlich gleich nach einem Foto des Mannes, doch das kann ihr Mona nicht vorlegen. *Schade*, finden wir ebenfalls. Wir hätten gern seine Passform abgecheckt. Doch Mona spricht von der Romantik des Augenblickes und dass sie nicht visuell voreingenommen zu diesem Treffen gehen möchte. Er schreibt ihr doch so schöne Nachrichten, also muss er ein wenigstens innerlich schöner Mensch sein. Aha! Deshalb das versonnene Lächeln am Morgen. Mona erzählt ihrer Freundin von ihrem ersten Versuch in der Online-Partnerbörse, der gleich von Erik gekrönt wurde. Ein bisschen verliebt sei sie schon, verrät sie Susi. Wir spüren deren Skepsis, als sie etwas von falscher Identität vor sich hin brummt und dass Mona vorsichtig sein soll. »Ach Papperlapapp!«, ruft diese fröhlich und das finden auch wir. Ein wenig Spannung gehört zum Leben dazu, sonst verläuft es genauso öde wie das von Susi. Susi arbeitet als Verwaltungsfachangestellte bei einer Versicherung, trägt mausgraue Kleider zu ihrer mausbraunen Kurzhaar-Frisur. Ihr Freund ist die gleiche Erscheinung in männlich. Der Höhepunkt ihrer Beziehung besteht aus zwei Ausflügen im Jahr an den Bodensee, was sie dann Urlaub nennen. Trotz dieser mausgraubraunen Welt, welche sie um sich erschaffen haben, scheinen sie glücklich zu sein. Allein Mona ist der Farbtupfer darin, ein kunterbunter Fleck auf grauer Leinwand.

Zwei Kaffee Latte und vier Macarons später verabschieden sich die Freundinnen voneinander. Nicht ohne das Versprechen, dass Mona anruft, sobald sie von ihrer Verabredung daheim angekommen ist. Wir sind schon genauso neugierig wie sie.

Nachdem wir uns auf der Toilette eines Fünf-Sterne-Restaurants frisch gemacht haben – Mona erneuert Puder und Rouge und entstaubt uns anschließend mit einem Papiertuch – sitzen wir wieder an einem Tisch, flankiert von schweren Holzstühlen, als wir ein paar schicke, rotbraune Lederschuhe entdecken, welche gerade die Eingangstür passieren. *Das sind Schuhe von der handgenähten Sorte*, erkennen wir sofort. Mit Ledersohle. Tragbar nur an trockenen Tagen. Eitel schmiegen sie sich an ihren Träger, keinen um sich beachtend, bleiben sie vor uns stehen. Hoffentlich ist der Besitzer nicht genauso selbstverliebt und geschniegelt wie die beiden. Neugierig lugen wir unter dem Tisch hervor, als Mona aufsteht, um den Ledersohlenträger zu begrüßen. Erik, ihr

Date. Nun ja, schlecht sieht er nicht aus, aber siebenunddreißig Jahre waren sicher gelogen. Das zurückgegelte Haar zeigt erste graue Spuren an den Schläfen. Unter seinen himmelblauen Augen haben sich schon zahlreiche Fältchen eingenistet und auch die Stoppeln seines Dreitagebartes weisen erste graue Schatten auf. Ansonsten ist Erik ein stattlicher Mann. Zu stattlich für Mona. Zu steif. Zu höflich. Zu beredt. Zu erfahren. Einfach von allem zu viel.

Sie sprechen jetzt seit fast einer Stunde miteinander und wir merken, wie Monas Nervosität steigt. Das Gespräch entwickelt sich immer mehr zu einem Monolog, welchen natürlich Mr. Strange anführt. Und bald schon merken wir, dass sich der Fremde zu Mr. Merkwürdig entwickelt. Das Trippeln von Monas Füßen hat wieder begonnen, während Erik von der wirtschaftlichen Lage seines Unternehmens redet, von seinem durchaus beeindruckendem Nettoeinkommen und seinem teuren Cabrio, als Zweitwagen für den Sommer. Wir wenden uns von den rotbraunen Lederslippern ab. Sie beachten uns ja doch nicht. Nun ist Mona keine Frau die auf den Mund gefallen ist. Ehrlich und geradeheraus teilt sie ihrem Gegenüber gern ihre Meinung mit. Und diese lässt auch heute nicht lang auf sich warten. Hätten wir gewusst, dass dies Monas letzte Meinung sein sollte, wir wären schnell mit ihr weggerannt. So freuen wir uns auf den Augenblick der Wahrheit, der sicher gleich aus unserer Freundin herausplatzen würde. Und da kommt sie schon. Ungeschminkt, offen, gerade, erschreckend ehrlich.

Mona erklärt ihrem Date freundlich und bestimmend, dass sie ihn sympathisch, aber mehr auch nicht findet. Er ist eben nett. »Ui, welcher Fauxpas!«, quietschten wir beim Aufstehen Monas. Nett ist selten ein gutes Wort, wenn es um zwischenmenschliche Beziehungen oder Personenbeschreibungen geht. Wir spüren förmlich wie die Stimmung kippt, als sich Erik in seinen Lederschuhen erhebt. Aggressiv richten sich die rotbraunen Schuhspitzen uns entgegen, gerade so, als wollen sie am Rand aufreißen und uns ihre Zähne zeigen. Einen Schritt zurücktretend beobachten wir sie argwöhnisch. Von oben hören wir eine kalte Stimme, die Mona nachdrücklich befiehlt, sich wieder zu setzen. Die Verabredung ist noch nicht vorbei. Im schneidenden Tonfall macht ihr Erik begreiflich, dass sie nicht nach einer Stunde über ihn urteilen könne. Dazu sei sie viel zu jung und unerfahren und als Modetussi gar nicht bereit für ernsthafte Gespräche. Dieser Meinung ist Mona nicht. Sie strafft ihren Rücken, wie um ihre Aussage und Haltung zu bekräftigen, wirft im Losgehen einen Geldschein auf den Tisch und verschwindet mit uns auf die Straße. Tief durchatmend ruhen wir auf dem nächtlichen Kopfsteinpflaster. Der Hitze des Tages ist einem laues Lüftchen gewichen. Eine angenehme Nacht, um nach Hause zu laufen. Die vor Nachtschwärmern pulsierende Stadt hinter sich lassend, läuft Mona, während sie ihr Handy aus der Tasche holt, ihrem Zuhause entgegen. Wir überqueren Straßen und Ampeln und Mona erzählt unterdessen jedes Detail des heutigen Abends ihrer Freundin Susi. Bald schon weicht fröhliches Gekichere dem Ärger über die verpatzte Verabredung. Ein letzter Nachtgruß und das Versprechen einer SMS an ihre Freundin, sobald sie in ihrer Wohnung ist, begleiten uns durch die Nacht. Das lustige Gespräch mit Susi über verschiedene Profilneurosen bei Männern hat auch uns ruhiger und gelassener gestimmt. Die Erinnerung an die aggressiven, rotbraunen Lederschuhe und ihren Träger verblassen und wir freuen uns auf eine ruhige Nacht und den nächsten Tag. Sich derlei schönen Gedanken hingebend, biegen wir in die Straße ein, in der wir leben. Ein wenig befahrener Seitenarm der stetig lärmenden Hauptstraße. Es ist ruhig hier, nur das leise Stadtgeflüster der Nacht wispert in den Bäumen, die in einer Allee angeordnet sind. Schatten huschen über den Gehweg und zwei Katzen trollen sich in die Gebüsche. Ein aufgescheuchter Vogel flattert erschrocken empor und verschwindet in der Dunkelheit. In den hübsch sanierten Altbauten flammen nur noch wenige Lampen durch die Fenster. Es ist schon spät. Leicht ermüdet vom langen Laufen erreichen wir das Haus zu unserer Wohnung. Nur noch durch den Torbogen, ab zum Hintereingang und die Treppe hinauf, dann haben wir es geschafft und können uns vom Tag ausruhen. Mona sucht in ihrer Tasche nach dem Schlüssel und schüttelt diese, um dem Klappern folgen zu können. Schon biegen wir um die Ecke, als uns plötzlich ein Hindernis stoppt. Schemenhaft erkennen wir ein weiteres Paar Schuhe direkt vor uns. Erschrocken hält Mona inne und will gerade loslachen, da sie ihren Nachbarn, einen vierzigjährigen Nachtschichtarbeiter im Pflegedienst hinter der Gestalt im Dunkeln vermutet. Doch das Lachen bleibt Mona im Hals stecken. Selbst wir sind ganz starr und erblicken stirnseitig die Lederslipper. Die Erkenntnis trifft uns wie ein plump gesetzter Tanzschritt. Es ist Mr. Strange, die unangenehme Verabredung mitsamt Begleitern.

Mona zieht entgeistert die Luft durch die Zähne. Sie fühlt, wie sich ihre Nackenhärchen aufstellen und ein kalter Schauder ihre Haut benetzt. Den Schlüssel griffbereit in ihrer Hand haltend, will sie sich gegen seinen eventuellen Angriff wehren. Doch er ist schneller und packt ihr Handgelenk. Mit diabolischer Stimme zischt er in Monas Ohr: »Jetzt zeige ich dir, wie nett ich sein kann, du kleines Miststück. Du hast dich mit dem Falschen angelegt.«

Eine schreckliche Ahnung erfasst uns, als Monas Körper mit einem erstickten Aufschrei zu zittern beginnt. Er hat sie am Hals gepackt, während er versucht, ihre Hände und Beine mit dem freien Arm abzuwehren. Mona versucht zu schreien, doch es kommen nur erstickte Laute aus ihrer Kehle. Schon drückt er sie an die Hauswand, gleich daneben ist die Tür. Warum kommen wir nicht hinein? Nur schnell die Treppe hinauf. Dann sind wir sicher und können uns ausruhen. Das ist doch alles, was wir wollen. Wir merken, dass wir langsam den Boden unter den Absätzen verlieren. Wie beim Tanz bewegen wir uns in der Luft. Ein schneller Step. Der Mond steht direkt über uns und bricht sein weißes Licht in einer plötzlich auftauchenden, metallenen Klinge.

Meist sind es die sonnigen Tage, an denen wir gemeinsam durch das Leben gehen. Doch heute wurde der letzte Schritt getan und der letzte Tanz geprobt. Wir liegen in einer Pfütze aus Blut, die uns immer größer werdend wie ein abstraktes Gemälde einrahmt. Auf dem Pflaster vor der Eingangstür liegt Monas Handy. Eine Nachricht blinkt auf: »Vergiss mich nicht. Susi.«

Frank Kreisler

DER SCHAL UND DER CLOWN

Ronny steht im Flur ihrer 3-Zimmer-Wohnung und hat das Gesicht im tiefblauen Schal seiner Frau Maja vergraben. Er riecht am weichen Stoff und zieht den Duft ihrer Haut, der sich darin verfangen hat, lange und tief ein, wie ein Taucher Atemluft im maritimen Abgrund. Seit einiger Zeit trägt sie diesen Schal ständig, nur heute nicht.

Ronny denkt jetzt daran zurück, wie sie eines Abends in der Tür stand und diesen Schal, dieses unglaubliche Blau um den Hals geschwungen hatte. Er war so verblüfft, dass er für einen Moment davon überzeugt war, die blondgelockte Lottofee aus dem Ersten würde ihn besuchen. Ronny weiß noch ganz genau, wie er mit belegter Stimme Maja fragte, wo sie den her habe.

Dabei hat er es sofort geahnt. Mit diesem Schal wirkte sie wie eine andere Frau, fast mondän, nicht mehr wie seine. Da konnte nur irgendein Kerl dahinter stecken!

»Selbst gekauft«, entgegnete sie und drehte sich weg, mit leicht gerötetem Gesicht und niedergeschlagenen Augen.

Das geht ihm jetzt durch den Kopf.

Von wegen - selbst gekauft!, denkt er mit angespanntem Gesicht und öffnet die Tür zum benachbarten Zimmer. Er bleibt nicht lange und kommt ohne Schal wieder heraus.

Ronny hat heute noch etwas vor.

Es ist Februar. Die Karnevalssaison nähert sich ihrem Höhepunkt. Eigentlich will sich Ronny nicht verkleiden. Doch als er sein von Wut, Hass und großer Enttäuschung gezeichnetes Gesicht im Spiegel sieht und erschrickt, beschließt er, es doch zu tun. Er verkleidet sich als Clown, mit buntem Kostüm und roter Perücke. In den großen aufgenähten Taschen verstaut er keine Süßigkeiten, sondern ein paar Geldscheine. Er malt sein Gesicht bunt an. Ein breites, aufgetragenes Grinsen ziert seinen verbitterten Mund und die Augen sind nicht traurig, sondern fiebrig vor abgrundtiefer Anspannung. Er hat noch etwas vor heute Nacht und dafür braucht er Mut.

Als Ronny das Haus verlässt, setzt Schneetreiben ein. Er geht auf die andere Straßenseite und schaut zu seiner Wohnung hinauf, wie immer, wenn er das Haus verlässt. Im ersten Stock sind alle Fenster geschlossen und dunkel. Durch die Lichtkegel der Straßenlaternen fällt schwerer Schnee und taut auf dem Pflaster. Viele Menschen sind unterwegs an diesem Abend, die meisten tragen Kostüme, über die sie Mäntel geworfen haben: Schwan, Indianer, Mönch, Nonne, Hund, Katze, Gurke, Mülltonne mit Guckloch. Ronny, der zurechtgemachte Clown, geht in den ›Tröster‹, eine Kneipe, ein paar Minuten entfernt. Seit das mit dem Schal passiert ist, hat er seinen Stammplatz ans Fenster verlegt, mit Blick auf die Straße. Er trinkt, nickt ein und hat sie bisher immer verpasst.

»Na, Ronny, hältst du Ausschau nach 'ner verruchten Lady?« Das ist Manne, der Wirt und Obertröster, heute als Teufel zurechtgemacht. Er hat Ronny trotz des Kostüms erkannt und setzt fröhlich nach: »Wo ist deine eigentlich?«

»Ich hab keine verruchte Lady«, entgegnet Ronny, der permanent grinsende Clown, scharf. In diesem Punkt versteht er keinen Spaß, absolut nicht.

»Schon klar, Mensch. Sei nicht so empfindlich.« Manne klopft ihm freundschaftlich auf die Schulter.

»Sie hat eine Betriebsfeier und flattert erst spät wieder ein«, sagt er und denkt bei dem Wort ›flattern‹ an einen Schmetterling, der ... nun ja, es gibt Sammler, die Schmetterlinge erst mögen, wenn sie aufgespießt in einer Glasvitrine zur Ruhe gekommen sind und nicht mehr wegflattern können!

»Betriebsfeier, soso«, brummt Manne und geht.

Ronny findet den Gedanken scheußlich und trinkt aus dem Bierglas, das Manne vor ihm hingestellt hat. Dabei verwischt das aufgemalte Grinsen ein wenig. Er trinkt in der nächsten Stunde ein Bier nach dem anderen und findet den Gedanken an aufgespießte Schmetterlinge bald gar nicht mehr so schrecklich.

Ein Mann betritt die Kneipe und redet kurz mit Manne. Obwohl auch an anderen Tischen Plätze frei sind, steuert der Fremde geradewegs auf Ronny zu.

»Tach und Helau. Ist der Platz hier noch frei?«, fragt der Fremde, der irgendwie beunruhigt scheint und Ronny gar nicht richtig ansieht, sondern die Straße im Blick hat.

Noch bevor Ronny nickt, setzt sich der andere zu ihm an den Tisch und beide sehen stumm aus dem Fenster die Straße hinunter.

Ronny weiß, wie die Straße von hier aus aussieht, er kennt sie zur Genüge. Er hat hier oft und lange auf Maja gewartet und literweise Bier in sich hineingeschüttet. Er weiß wie die Straße ohne Maja aussieht, dunkel und leer. Deshalb schaut er sich jetzt verstohlen den Tischnachbarn an. Ein Mann um die vierzig, etwa zehn Jahre älter als Ronny. Buschiges braunes Haar, eine große Nase, so von der Seite betrachtet ist der Mann gutaussehend. Aber sein Hemd sieht nicht gut aus, eine Art Holzfällerhemd, schön warm im Winter. Ronny macht darauf ein paar Farbkleckse aus. Wohl ein Handwerker auf Feierabendbier oder so.

Doch er bestellt Kaffee. Es ist selten, dass im ›Tröster‹ jemand Kaffee trinkt. Das weiß Ronny genau. Jemand, der hier schon einmal Kaffee getrunken hat, bestellt den nicht noch einmal. Mannes Kaffee schmeckt einfach nicht. Entsprechend angewidert verzieht der Fremde nach dem ersten Schluck das Gesicht und schiebt die Tasse weit weg. Und außerdem: Wer in den ›Tröster‹ kommt, steht in der Regel auf andere Getränke, tröstliche eben.

»Sie warten auf jemanden?«, fragt Ronny.

Der Mann blickt ihn aus großen dunklen Augen an.

»Vielleicht«, antwortet er. »Vielleicht auch nicht.«

Und schon sieht er wieder aus dem Fenster.

Na, klasse, denkt Ronny. *Eleganter lässt sich »Halt die Klappe und lass mich Ruhe« nicht sagen. Dann eben nicht.* Ronny zuckt mit der Schulter, auf der eine Sonnenblume aus Stoff prangt.

Der Fremde wühlt ein Geldstück aus der engen Tasche, legt es auf den Tisch und verlässt den ›Tröster‹ grußlos.

Doch er geht nicht gleich, sondern stellt sich vor das Fenster, sieht die Straße hinunter und versperrt Ronny die Sicht.

Nanu, was ist denn das, denkt Ronny, der gebannt auf den Hinterkopf des Mannes starrt. Ein buntes, eckiges Käppchen entdeckt er da, verborgen im buschigen Haar.

Verdammt!, denkt Ronny, *so ein Käppchen hast du doch schon einmal gesehen. Wo war das?* Er grübelt. Es war wichtig, es war unangenehm, es tat sehr weh! Das weiß Ronny noch, mehr weiß er nicht. Er kommt nicht darauf, jedenfalls nicht jetzt. Der Alkohol, den er intus hat, hat sein Gedächtnis lahm gelegt. Die Erinnerungen sind wie in Spiritus eingelegt, unkenntlich und nicht zu gebrauchen.

Nur eins begreift Ronny: Der Mann kann für ihn kein Fremder sein. Doch ihn, Ronny, scheint der Mann nicht zu kennen, selbst nüchtern nicht. Was ist denn das!

Ach Mensch, stöhnt Ronny und zermartert sich weiter das Gehirn. Erfolglos.

Der fremde Mann geht jetzt die Straße hinunter. Er scheint es eilig zu haben. Ronny sieht ihm hinterher. Doch plötzlich bleibt der Fremde stehen, im Lichtkegel einer Straßenlaterne und schaut zu einer Wohnung hinauf. *Der steht unter der fünften Laterne,* denkt Ronny, der eben die Lichtkegel abgezählt hat. *Unter der fünften! Das kann doch nicht wahr sein! Doch, tatsächlich! Der Kerl schaut zu der Wohnung hinauf, in der er und Maja ...!*

Jetzt fällt es ihm wie Schuppen von den Augen. Verdammter Mist. Er weiß plötzlich, wo er dieses Käppchen schon einmal gesehen hat! Das war ... genau ... Ronny wird es schwarz vor Augen, er japst nach Luft und ist unfähig, sich zu bewegen. Es war der Schock seines Lebens. Und der ist noch gar nicht so lange her, höchstens drei Wochen.

Damals war er sehr aufgewühlt wegen des Schals und überhaupt und ist Maja gefolgt. Heimlich, wie ein Spürhund, der endlich einen frischen Knochen zum Verbeißen gefunden hat, sah er nur Maja und heftete sich an ihre Fersen. Für alles andere hatte er keinen Blick. Und als er dann am Fenster stand, wusste er nicht, wie er da hingekommen war. Nun ja, es befand sich zu ebener Erde. Aber er weiß nicht, auf welchem Weg er dorthin gekommen war. Darauf hatte er nicht geachtet.

Der Raum hinter dem Fenster war dämmrig und eigentlich nur an einer Stelle hell erleuchtet. Und genau in diesem Licht stand Maja. Er sah, wie sie ohne Eile ihre gelbe Bluse aufknöpfte, sie auszog und beiseitelegte. Dann knöpfte sie ihre Jeans auf und zog sie aus. Erst jetzt bemerkte Ronny den Mann, der ihr dabei zusah. Er saß rechts vor einer Staffelei und Ronny sah ihn nur von hinten. Das bunte rechteckige Käppchen auf seinem Kopf ist ihm gleich aufgefallen, sozusagen ins Auge gesprungen. Gebannt sah Ronny wieder auf Maja. Sie öffnete gerade ihren BH und legte ihn ab. Sonst freute sich Ronny immer über den Anblick ihrer Brüste, heute gab es dafür keinen Grund. Und nun zog sie mit nur einer Hand den schmalen Slip an den Beinen herunter und stand splitternackt vor dem fremden Mann und sah ihn an, kein bisschen rot im Gesicht. Sie lächelte sogar. *Mein*

Gott, dachte Ronny, *was wird das hier?* Ronny weiß bis heute nicht, warum er nicht hineingestürmt ist und den Spuk beendet hat, mit der Faust in die Fratze des fremden Mannes geschlagen und seine Frau mit sich gezerrt hat. Er vermutet aber, es lag an Maja. Sie sah so entspannt aus. Er hätte nichts in seinem Sinne erreicht, eher im Gegenteil. Das glaubte er zumindest und wahrscheinlich hatte er damit recht.

Also sah er weiter, zitternd und angstvoll, seiner privaten Apokalypse zu.

Sie setzte sich auf den dunklen Stuhl, der neben ihr stand. Den blauen Schal hatte sie um den Hals gelegt und die Knie waren gegeneinander gedrückt.

Der Kerl am Malgestell betrachtete Ronnys Frau von oben bis unten und nickte anerkennend mit dem Kopf. Was er sah, gefiel ihm. Plötzlich gab er ihr ein Zeichen und sie öffnete ihre Schenkel ein wenig. Aber das wenige war ihm nicht genug. Der fremde Mann bedeutete ihr, sie noch etwas weiter zu öffnen. Sie gehorchte und Ronny sah zu. Jetzt nahm der Maler seinen Pinsel und tauchte ihn in Farbe. Ronny verstand die Welt nicht mehr.

Und daran hat sich bis jetzt nichts geändert. Was ist mit Maja los? Warum tut sie das? Was soll er noch mit dieser Frau?

Und dieser verdammte Kerl sucht sie jetzt. Das geschieht ihm ganz recht! Ronny sieht die Straße hinunter. Wo ist er eigentlich abgeblieben?

»Na, du Clown, willste noch was?« Das ist Manne, der mit einem vollen Tablett neben ihm steht.

»Nee, danke. Zahlen!«, macht es Ronny knapp, legt einen Geldschein hin und geht, ziemlich wacklig auf den Beinen.

Bevor er den ›Tröster‹ verlässt, sieht er kurz in den Spiegel an der Garderobe. Das Grinsen ist verwischt und seine schmalen, verbitterten Lippen sind zum Vorschein gekommen, seine Augen sind gerötet. Er ist angespannt, wahnsinnig wütend und fühlt sich jetzt stark genug, sein Vorhaben für den heutigen Abend umzusetzen. Ronny geht auf die Straße.

Dort ist es dunkel und leer. Der Schnee ist in Regen übergegangen. Der sickert durch seine Haare bis auf die Haut. Ein wenig von dem Wasser rinnt über das Gesicht und weicht die aufgetragene Farbe ab. Neben einer gehörigen Portion Verbitterung kommen auch Wut und Gemeinheit zum Vorschein. Ronnys Schritte hallen auf dem nassen Pflaster wider. Er sieht sich nach dem Maler um und glaubt anfangs, er habe sich hier irgendwo versteckt, in einem Hauseingang oder hinter einer Hausecke, um Maja abzupassen. Doch Ronny kann ihn nirgends entdecken. *Er ist sicher nach Hause gegangen*, denkt er, *oder sucht sein schönes Modell anderswo, vielleicht bei einem Malerkollegen, hahaha.* Auf jeden Fall scheint er sie zu vermissen. Das ist alles, was Ronny auch nur annähernd verstehen kann. Er lacht hämisch in sich hinein. Seine rasende Eifersucht ist kalter Bosheit gewichen.

Jetzt sind auf der Straße wieder Leute zu sehen, einige mit Hunden, andere mit Kostümen.

Der düstere Clown hat sein Haus schnell erreicht und steigt in die 1. Etage hinauf. Er schließt leise die Wohnungstür auf und schlüpft in den Flur. Er knipst das Licht an und geht an dem Spiegel vorbei, der rechts neben der Tür hängt, ohne einen Blick hineinzuwerfen. Er geht auf knarzigen Dielen über den Flur und öffnet eine Tür, geht hinein und schließt sie gleich wieder.

Bevor Ronny das Licht anknipst, prüft er, ob die Vorhänge richtig zugezogen sind. Er zupft den dunklen Stoff an allen Ecken solange zurecht, bis er meint, kein Licht dringt aus dem Zimmer, sobald er es anknipst. Dann ist es soweit.

Ein Deckenfluter verströmt dezentes, warmes Licht im Raum.

In der Mitte steht ein dunkler Holzstuhl. Und darauf sitzt, nackt, gefesselt und ohnmächtig, Maja. Das heißt, so ganz nackt ist sie nicht. Ronny hat ihr eine weiße Weste angezogen. Steht ihr richtig gut, findet er. Schön weiß und unbefleckt. Von anderen Kleidungsstücken hat sie ja nie etwas gesagt. Noch gestern Abend meinte sie ausweichend: »Ich habe eine weiße Weste«, als Ronny argwöhnisch danach fragte, wo sie gewesen sei. Dabei hat er natürlich gewusst, wo sie sich wieder entblättert hat. Und dann meinte sie noch: »Mensch, es ist nichts passiert! Was willst du eigentlich?«

Ronny sah sie nur an und sagte nichts.

Ja ja, ging es ihm dafür durch den Kopf. *Nichts passiert – auf jeden Fall nichts, was du nicht auch gewollt hast. Ich weiß, ich weiß.*

Maja hat tatsächlich eine weiße Weste. Ronny hat sie im Schrank gefunden. *Hier hängt sie gut*, hat er gedacht.

Die Sicherung ist Ronny erst durchgebrannt, als Maja gestern Abend nackt vor dem Ehebett stand und sich den Pyjama anziehen und wie jeden Abend bis oben hin zuknöpfen wollte. Auf ihrem Rücken, auf dem linken Schulterblatt und an der Hüfte entdeckte Ronny Malerfarbe, auf ihrer weichen Haut den flüchtigen Abdruck einer Hand. Zunächst wurde ihm schwarz vor Augen und beinahe wäre er der Länge nach hingeknallt. Doch zweimal tief durchatmen und sein Gehirn bekam wieder genug Sauerstoff. Sein erster Gedanke war, ihre Weste wäre wohl nicht mehr weiß. Wirklich nicht! Und der zweite Gedanke galt seinem Laptop, 17 Zoll und irre schwer. Den schlug er Maja auf den Kopf, sodass sie ohnmächtig auf das Bett sackte. Als sie wieder zu sich kam, saß sie gefesselt auf dem dunklen Stuhl.

»Was soll das? Bist du übergeschnappt? Mach mich sofort los!«, begann Maja zu zetern.

Ronny hielt ihr den Mund zu und knebelte sie.

»MhhMhh Mhhhhh«, waren die einzigen Geräusche, zu denen Maja noch in der Lage war.

Sie versuchte sich zu befreien. Doch jede Bewegung war zwecklos und schmerzte. Darauf konnte sich Ronny verlassen. Die weiße Weste hatte er ihr zum Hohn übergezogen. Ansonsten war sie nackt. Er hat vorhin kurz überlegt, was er mit dem blauen Schal machen soll. Er könnte ihn ihr um den schönen schmalen Hals legen und langsam zuziehen. Das wäre was. Und ihr dabei in die Augen sehen und dann sagen: »Es passiert gerade nichts.« Aber er traute sich nicht. Stattdessen band er ihr mit dem Schal die Beine so zusammen, damit sie nicht gespreizt dasitzen konnte. Dieser Anblick war unerträglich für ihn, weil er ihn an den Maler erinnerte und daran, dass Maja ihm gehorcht hat. Mit dem blauen Schal um die Beine sah sie aus wie ein lieblos eingepacktes Geschenk. Viel mehr empfand Ronny für Maja nicht mehr. Zumindest redete er sich das ein. Dann verließ er das Zimmer wieder.

Der Alkohol ist gut für das, was Ronny Mut nennt. Er setzt sich Maja gegenüber auf das Bett und überlegt, wie er sein Vorhaben, Maja noch heute Nacht umzubringen, damit kein Maler und auch kein anderer Unbefugter sich an ihrer Nacktheit erfreut, in die Tat umsetzen kann. Die gönnt er keinem und das wird ja wohl jeder verstehen und wenn nicht, ist ihm das auch egal. Ronny rätselt noch immer, woher die beiden sich überhaupt kennen.

»Ich hänge dich an den Füßen auf und schächte dich wie eine Ziege«, sagt Ronny zu der langsam zu sich kommenden Frau, die ihn entsetzt ansieht und unverständliche Laute von sich gibt.

Allerdings ist es nicht sicher, ob Ronny das alles in seinem Zustand überhaupt hinbekommt: sie an den Füßen zu fesseln, an einer stabilen Vorrichtung an die Decke zu ziehen, mit einem spitzen Messer die Halsschlagader zu öffnen und dann zu verhindern, dass es eine Überschwemmung gibt. Es kann durchaus sein, dass der alkoholisierte Ronny einfach einschläft und so schnell nicht wieder munter wird.

Doch im Moment traut er sich das alles zu.

Und deshalb steht er jetzt auf.

Beim Einzug der beiden vor ungefähr zwei Jahren hat Ronny in der Zimmerdecke eine Eisenstange fest in stabilen Holzbalken verankert. Für Dekoration, Lichterketten, aber auch für eine Liebesschaukel dient sie als Befestigung. Die Stange hält also was aus. Genau hier will er seine Angetraute kopfüber von der Decke baumeln lassen.

Ronny sucht auf wackligen Beinen die Materialien für das blutige Spektakel zusammen: Strick, Messer, Klebeband, Plane und so weiter. Das dauert eine Weile. Der Clown bringt alles ins Schlafzimmer, wo Maja – nun ja – nicht gerade auf ihn wartet. Sie sitzt ruhig auf dem Stuhl und versucht auch nicht mehr sich zu befreien. Darüber wundert sich Ronny nur kurz. Vielleicht hat sie aufgegeben oder sie glaubt, Ronny veranstalte einen Karnevalsscherz mit ihr, irgendwas zum Totlachen oder so.

Als er mit einem fingerdicken Strick ihre Füße fest zusammenbindet, bemerkt er im linken Augenwinkel, dass noch jemand im Zimmer ist. Für den Bruchteil einer Sekunde nimmt er einen Schatten wahr und dann bewegt sich die Gardine leicht, obwohl das Fenster geschlossen ist. Doch er ist so besessen von seiner Tätigkeit, so sehr in seinem Tunnelblick gefangen, dass er dieser Beobachtung keine Bedeutung beimisst.

Ein fataler Fehler. Nur wenige Augenblicke später saust ein gut gepolsterter Baseballschläger, der keine Spuren hinterlässt, auf Ronnys Kopf nieder und streckt ihn zu Boden. Während er reglos daliegt, kommt jemand hinter der Gardine hervor und befreit Maja von ihren Fesseln. Ronny ist nicht lange bewusstlos. Als er die Augen aufschlägt und den Angreifer erkennt, ruft er zwar erleichtert, denn er hatte mit dem Auftauchen des Malers gerechnet, aber dennoch irritiert: »Mensch, Manne, was machst du denn hier? Willste mir helfen oder was?«

»Dir Clown bestimmt nicht«, entgegnet Manne mit tiefer Verachtung.

»Was willste dann hier, he?« Ronny liegt noch immer am Boden.

»Haste wohl nicht gemerkt oder was: Dir eine überbraten, was sonst?«, entgegnet Manne gelassen.

Währenddessen hat Maja sich angekleidet und zeigt jetzt auf Ronny.

»Was machen wir mit dem nun?«, fragt Maja Manne.

»Lass mich mal machen...« Manne hat schon einen Plan.

Endlich ist Ronny ein Licht aufgegangen.

»Was? Ihr Zwei? Ich dachte, du und der Maler.« Ronny fällt aus allen Wolken.

»Jaja, du und deine Eifersucht. Die hat dich ganz schön an der Nase herumgeführt. Haste in die falsche Richtung geguckt. Dahin, wo es fast nichts zu sehen gab, nur Finsternis und Hirngespinste. Während du aus dem Fenster gestarrt und auf Maja gewartet hast, war sie hinter dir und ganz nah bei mir, meistens. Manchmal auch beim Maler«, entgegnet Manne hämisch. »Ich bin der Tröster. Der Maler hat mir einen großen Gefallen getan. Er hat sie für mich gemalt mit diesem wunderschönen blauen Schal, den ich ihr nur für das Bild gekauft habe. Hättest ihr ja auch mal einen Schal oder so schenken können: einen grünen, einen gelben, einen braunen. Vielleicht wäre alles anders gekommen.«

Ronny ignoriert die beiden letzen Sätze.

»Wie bist du eigentlich hier hereingekommen? Maja konnte ja nicht...«

»Ich hab einen Schlüssel, für alle Fälle. Das wollte Maja so.«

»Ach, und heute ist so ein Tag für alle Fälle, oder wie?«

»Aber sicher. Maja hätte heute Modell sitzen sollen. Doch als der Maler hier auftauchte, wusste ich, dass irgendetwas mit Maja sein muss«, entgegnet Manne, noch immer sichtlich betroffen.

»Jaja, ich weiß, ich hab den Maler erkannt . . .«

»Was, du hast ihn erkannt?« Damit hat Manne nicht gerechnet.

»Ja, sicher, aber das ist eine andere Geschichte. Die erzähle ich dir nicht.«

»Ist geschenkt«, entgegnet Manne. »Die interessiert mich auch nicht. Ich hab ihn dir an den Tisch geschickt. Er sollte dir irgendeinen Hinweis entlocken, was mit Maja sein könnte. Aber Reden ist seine Sache wohl nicht. Auf jeden Fall war ich ziemlich beunruhigt. Ich bin dir gefolgt und in die Wohnung gekommen, als du hier herumgetorkelt bist, das Mordszeug zusammensammeln. Haste nicht gemerkt, was? - Den Rest kennst du.«

»Okay, und was soll jetzt passieren? Du hast Maja, von mir aus könnt ihr gehen . . .«, schlägt Ronny großspurig vor. Er meint tatsächlich, die Angelegenheit wäre damit erledigt.

»Tja, genau das ist das Problem. Dich brauchen wir hier nicht mehr . . .«

»Okay«, schlägt Ronny vor. »Dann haue ich eben ab und ihr habt eure Ruhe.«

»Nee, Ronny, das geht so nicht. Du wolltest Maja umbringen.«

»Okay, ich tue es ja nicht.«

»Das ist ja klar. Aber Strafe muss sein, Ronny, das verstehst du doch, oder? Bist doch ein großer Junge.« Manne und Maja sehen auf Ronny herab.

»Nee, verstehe ich nicht. Es ist doch nichts passiert.«

»Das nennst du nichts passiert?«, entgegnet Manne wütend und deutet auf die Vorbereitungen zum bluttriefenden Mord, die Ronny getroffen hatte.

Etwa eine Stunde später ist Ronny tot. Mit Majas Schal um den Hals hängt er neben der Liebesschaukel. Der Todeskampf, stellt ein Gerichtsmediziner später fest, hat ungewöhnlich lange gedauert, fast zwanzig Minuten.

Im ›Tröster‹ wird über nichts anderes als über Ronnys grausames Ableben geredet.

»2,7 Promille hatte der intus. Er hat sich aufgehängt und langsam erdrosselt. Der war zu besoffen, um sich aus der Schlinge wieder zu befreien. Kratzspuren am Hals deuten darauf hin, dass er es verzweifelt versucht hat.«

»Ja, und den Stuhl hatte er umgestoßen und der war dann unerreichbar weit weg. Da hing er dann und hat ziemlich lange am Schal gezappelt. O Gott, wenn ich mir das vorstelle...«

»Warum hat er sich mit einem Schal aufgeknüpft, mit einem Strick wäre alles viel schneller gegangen. Vielleicht stimmt da was nicht«, gibt einer der Gäste zu bedenken.

»Das war Selbstmord, eindeutig«, übernimmt Manne schleunigst das Wort. »Was der gesoffen hat in letzter Zeit und ist immer so melancholisch gewesen, da am Fenster hat er gesessen und hinaus gestarrt und gewartet, worauf auch immer. - Und manchmal«, Manne spricht jetzt pietätvoll leise, »hat er auch vom Tod gesprochen. Ich hab nicht genau verstanden, was er gemeint hat und ihm auf die Schulter geklopft und vorsichtshalber gesagt: Mach keinen Mist, Ronny, denk an Maja.«

»Ja, und was ist denn nun mit Maja«, ruft einer der ledigen Gäste und wechselt damit das Thema. »Wo ist sie? Wir wollen sie sehen!«

»Tja, sie hat es jetzt sehr schwer«, entgegnet der Tröster mit einer Krokodilsträne im Augenwinkel, »aber um sie kümmert sich schon jemand.«

Traude Engelmann

WIESO MORD?

Auf gutes Aussehen legt Bernd schon lange keinen Wert mehr. Warum sollte er auch? Er mag es eher bequem als schön, und das möglichst ohne Zugeständnisse. Eine Neigung, die seine Hannelore zeit ihrer fünfunddreißigjährigen Ehe mit ihm zu bekämpfen versucht hat. Der Erfolg war mäßig, aber immerhin vorhanden. Die beiden Anzüge, die in bestem Zustand altmodisch geworden waren, trug Bernd einige Male dem Hausfrieden zuliebe – um stets schnell wieder in die ausgeleierten Jeans und T-Shirts zurück zu fliehen. Heute, sechs Jahre nach Hannelores Ableben, ist er fest davon überzeugt, dass ihn nichts und niemand mehr in ein repräsentatives Kleidungsstück zwängen könnte. Was ihn durchaus mit Zufriedenheit erfüllt. Denn den Kampf gegen die Unannehmlichkeiten guten Aussehens hat er für immer gewonnen.

Eingeschlossen den gegen alle diese angeblich notwendigen Einschränkungen beim Essen und Trinken. Die ihm Hannelore – davon ist Bernd überzeugt – damals doch nur aus Sorge um den Erhalt der Anzüge auferlegt hatte. Ihm ist es zwar egal, dass ihr ein guter Zustand von Hosenbünden und Knopfleisten mehr am Herzen lag als sein eigener. Aber dass er sich dafür eine spartanische Lebensweise aufdrängen lassen musste, das bringt ihn noch immer in Rage. Voller Selbstmitleid erinnert er sich seiner einstigen Gelüste nach Schweinshaxen und Sahnetorte, Bier und Limonade, die ihm zynisch mit Vollkornbrot und Gemüse, Mineralwasser und Tee ausgetrieben werden sollten.

Wer könnte das auf Dauer ertragen? Er jedenfalls nicht.

Genau genommen hat Hannelore von Gesundheit immer nur geredet, aber gemacht hat sie ihn krank – freudlos, lustlos, unzufrieden. Gottlob ist das längst vorbei. Heute, allein und ungegängelt, geht es ihm doch viel besser als damals. Er gibt seinem Körper, was dieser verlangt – auch wenn das nicht wenig ist. Und er darf Köpfchen haben, wann es ihm passt. Der Schlauberger zeigt sich für seine Begriffe vor allem bei der Wahl der Konfektionsgröße. Bei seinem Frühbekenntnis zu XXL. Damit luchst er den Klamotten zwischen den Stadien locker und eng sitzend ordentlich viel Tragezeit ab. Um diese in aller Ruhe zu genießen – bei Schlemmereien in Hülle und Fülle.

Gegenwärtig hat Bernd eine lange Reihe guter Tage noch vor sich, denn Jeans und T-Shirt sind am Flattern. Er sitzt beim Frühstück mit reichlich Brötchen und Butter, Spiegeleiern und Schinken, als es klingelt. Vor der Tür, die er erst nach langem Zögern geöffnet hat, steht eine ihm unbekannte Frau. Obwohl sie in Hannelores Alter sein dürfte, sieht sie atemberaubend aus – schlanke, biegsame Gestalt, hübsches Gesicht, aparte Frisur. Ihr Kleid, ein geblümtes Chiffongebilde in Lindgrün und Beige, erinnert an den Frühling, der draußen seinen Anfang genommen hat – was Bernd plötzlich bewusst wird. Genau genommen aufgrund des Lächelns, das ihm die Schöne schenkt, während sie sich vorstellt. *Ach*, wundert er sich, *so also sieht sie aus, die neue Nachbarin vom selben Treppenabsatz*. Erika heißt sie, aha. Und nett ist sie, sehr sogar. Was könnte man dazu sagen? Nichts. Oder? Zu spät. Die Besucherin ist wieder gegangen.

Irgendetwas wurmt Bernd an dieser Begegnung. Nachträglich wünscht er sich, mit einer geschmeidigen Rede brilliert zu haben. Sowie als markante Erscheinung – kräftig, straff, muskulös. Dass es in dieser Beziehung schlecht um ihn bestellt ist, teilt ihm gnadenlos der Spiegel mit. Auf einmal schmeckt Bernd das Frühstück nicht mehr. Er räumt es weg, steigt in den Keller hinunter und putzt sein Fahrrad. Als er am Abend von seiner ersten langen Tour zurückkehrt, ist er verschwitzt, todmüde und ohne Appetit. Seine Lebensfreude hängt plötzlich nicht mehr vom Essen und Trinken ab. Sondern von Erika. Sie soll – verdammt noch mal – in Zukunft nicht mehr vor ihm weglaufen. Weil er gut aussehen wird. *Abwarten, meine Liebe.*

Von da an zwingt sich Bernd zu stetiger Enthaltsamkeit am Tisch und Beharrlichkeit auf dem Fahrrad. Deshalb darf er seine Figur bald als attraktiv genug einschätzen, um sie seiner Nachbarin vorführen zu können. Er kauft sich einen neuen Anzug, nicht zu eng und nicht zu weit, sowie einen Strauß Rosen; und somit bestens ausgerüstet klingelt er nebenan. Na also, Erika scheint tief beeindruckt zu sein. Denn sie bittet ihren Überraschungsgast – übrigens wieder zauberhaft lächelnd – näher zu treten und auf ihrer Couch Platz zu nehmen. Dort allerdings endet dessen soeben erst begonnener Siegeszug in die Welt der Schönen und Erfolgreichen jäh, denn auf der Couch sitzt schon jemand. Es ist ein Mann mit schmalen Hüften und breiten Schultern – ein Typ, den Bernd seit jeher hasst, weil er bei Frauen immerzu einen Vorsprung hat. Und nun auch bei Erika. Bernd schluckt seine Enttäuschung hinunter und entschuldigt sich mit der Mär von einer Familienfeier. Dann geht er zähneknirschend fort. Der Rivale soll sich noch wundern.

Dieses Vorhaben leitet eine neue Phase der Selbstdisziplin ein. Statt im Park in die Pedale tretend, malträtiert sich Bernd jetzt hinter seiner Wohnungstür stehend. Stundenlang schaut er durch den Spion und erschnüffelt Erikas Leben. Ob sie zu Hause ist oder nicht, ob sie Besuch hat oder nicht – er weiß es. Wenn sie das Treppenhaus betritt, entnimmt er Kleidung und Zubehör, wohin sie gehen und wann sie zurückkehren wird. Manchmal, wie zufällig, gesellt er sich zu ihr und verwickelt sie in ein Gespräch über das Wetter und die Welt. Das macht ihn offenbar vertrauenswürdig. Erika gesteht ihm – leider auch diesmal lächelnd – ihre Liebe zu dem Mann, der auf der Couch saß. Einschließlich ihrer beider Hochzeit, die kommenden Freitag stattfinden werde. Nur zu zweit. Ohne Tamtam. Nachmittags Standesamt, am Abend Flug nach Rom. Nichts zum Weitersagen.

Freitag also. Siebenter Himmel mit dem Anderen. Bernd kann es nicht fassen. Mühsam tappt er zurück in seine Wohnung. Er ist schweißnass und zittrig. Plötzlich fühlt er sich krank. Drei Tage später bescheinigt ihm der Arzt zu hohe Blutzuckerwerte. Er habe den Diabetes mellitus, Typ 2. Und das schon lange. Aber alle Achtung vor seinen sportlichen Aktivitäten. Weiter so. Denn die Körpermasse sei noch lange nicht akzeptabel. Also kürzer treten. Keinen Zucker, kein Fett, kein Auszugsmehl. Gemüse, Gemüse. Bernd ist zumute, als höre er Hannelores Engel singen. Und sehe Erika mitleidig lächeln. Kein Wunder, sie hat ja immer auf Taille geachtet. Nun heiratet sie natürlich diesen getrimmten Schönling. Der sich die leckeren Sachen sicher verkneift. Um sich im Wettbewerb mit einem Kranken nach vorn zu protzen. Schluss mit diesen üblen Tricks. Er, Bernd, wird zeigen, wie schnell er aufholen kann. Allen.

Nun ist Freitag. Schon am Morgen gegen acht klingelt Bernd bei Erika, um ihr seine Hilfe anzubieten. Sie lächelt nicht, sie ist aufgeregt. Während ihrer einwöchigen Abwesenheit, plappert sie, möge er doch bitte ihren Gummibaum zur Pflege übernehmen, hier diesen. Danke im Voraus. Keine Zeit, keine Zeit. Sie müsse packen. Um Himmels willen, der Koffer stehe noch unten im Keller. Und am Brautkleid seien auch noch ein paar Stiche nötig. Dabei habe sie noch nicht einmal gefrühstückt. Wann denn auch? Tschüss. Bernd bleibt nichts anderes übrig, als sich mit der Pflanze zu trollen. Aber er bezieht Posten. Schon wenige Minuten später beobachtet er, dass Erika im Aufzug verschwindet. Über die Treppe schleicht er ihr nach bis in den Keller. Vom Gang aus sieht er, dass die Tür zu ihrem Abstellraum einen Spaltbreit offensteht, und hört sie rumoren. Dann zieht seinen Blick mit magnetischer Kraft der Schlüssel an, der außen im Schloss steckt. Plötzlich überfällt ihn eine Erkenntnis: Keine Braut, keine Hochzeit – zumindest nicht mit dem heutigen Kandidaten. Also handeln. Bernd drückt leise die Tür zu und schließt ab. Von Erika dringt kein Laut auf den Gang heraus. Ihre Gefangennahme hat sie wohl nicht bemerkt.

Von da an absolviert Bernd sein Tagesprogramm ohne Spion. Er meldet sich in einem Fitnessstudio an, unternimmt eine lange Radwanderung und besucht ein Lokal für Vegetarier. Dort schmeckt es ihm hervorragend, weil er mit sich zufrieden ist. Er hat den Lauf des Schicksals zu seinen Gunsten korrigiert. Nun braucht er nur noch zu warten, bis der Termin der Trauung geplatzt ist. Peng. Dann wird er den Befreier mimen und die Braut trösten. Alles Roger. Am Nachmittag gegen drei kehrt er heim und schläft ein Stündchen. Dann fällt ihm plötzlich der Bräutigam ein. Sollte dieser Möchtegerngatte vielleicht nach seiner Liebsten suchen? Bernd stürzt zum Spion. Draußen herrscht Ruhe, niemand ist zu sehen. Gut so. Und wenn sich Erika und ihr Auserwählter doch noch finden?

Besorgt schleicht Bernd erneut in den Keller hinunter. Erstaunlicherweise ist im Gang Betrieb. Etliche Leute, die jeweils entweder einen weißen Kittel oder eine Kombination in Rot und Gelb tragen, bilden einen Kreis, dessen Innerem Jammerlaute entweichen. Als Bernd näher tritt, öffnet sich der Kreis. Zu sehen ist eine Trage, auf der die beiden Liebesleute liegen – er schluchzend, sie stumm. Für immer. Einer der Weißbekittelten erhebt sich soeben. Die Ursache für den Exitus, lässt er die anderen wissen, müsse durch Obduktion noch nachgewiesen werden. Aber da die Tote laut den Informationen dieses Hinterbliebenen – er zeigt auf den Bräutigam – unter Diabetes mellitus, Typ Eins, gelitten habe, sei mit Sicherheit eine grausame Kettenreaktion auf zu langen Verpflegungsentzug vonstattengegangen. Also schwere Unterzuckerung, Ohnmacht, Ende. Vor einer Stunde hätte die Patientin noch gerettet werden können. Arme Frau. Bernd macht steifbeinig kehrt.

Drei Tage lang vermag er nicht, etwas Essbares zu sich zu nehmen. Er probiert einen der beiden alten Anzüge wegen dessen dunkler Farbe an und stellt fest, dass er ihm zu weit geworden ist. Sein Arzt lobt ihn. Am Mittwoch nach dem Unglück stehen drei Polizisten vor der Tür. Einer von ihnen, er trägt Zivil, nimmt Bernd aufgrund des dringenden Tatverdachts fest, seine Nachbarin vorsätzlich getötet zu haben. Sowohl Indizien als auch Beweise sprächen dafür. Bernd ist empört. Wieso Mord? Merkt denn keiner, dass er zutiefst trauert? Dass er zu einer solchen Tat gar nicht fähig gewesen wäre? Ganz im Gegensatz zu seinem Racheakt vor sechs Jahren, als er Hannelores Herztropfen durch Wasser ersetzt hat – wirklich vorsätzlich. Damals verdächtigte ihn trotzdem keiner des Mordes. Warum denn heute?

Jan Flieger

DIE TODESNIERE

Fischborn war auf der Suche nach einer neuen Frau. Er war einfach schon zu lange allein gewesen, nachdem ihn Helena nach einer langen Zeit der Gemeinsamkeit ohne Angabe der Gründe verlassen hatte. Wie aber wollte er je wieder eine Liebe finden, wie er sie bei Helena verspürt hatte?

Im Internet hatte er es versucht, war aber gescheitert. Alle Frauen konnten Helena nicht das Wasser reichen. Nun versuchte er es mit einer Kontaktanzeige in der größten regionalen Zeitung. Seine Annonce sollte sich abheben von den anderen Kontaktanzeigen.

Er formulierte lange, wog jedes Wort ab, das in der Zeitung stehen sollte, und entschloss sich endlich zu folgendem Text:

Charmanter Optimist, 45 Jahre, gutaussehend, einfühlsam, schlank, humorvoll, Romantiker, der den Kerzenschein liebt, sucht die große Liebe. Sie soll vorzeigbar sein, unkompliziert, liebevoll und Interesse haben an Ausflügen, Reisen, Kultur, Tanz, Kuscheln, Wandern, Natur. Bild ist sehr erwünscht.

Beinahe stolz blickte er auf diesen Text, der endlich den Durchbruch bringen sollte, den großen Wurf.

Die Briefe kamen, die Briefe allzu liebeswilliger Damen, die, genau wie er, auf der Suche waren nach dem großen Glück. Schon lange. Und die immer fleißig auf Annoncen schrieben. Über dem »Hallo«, mit dem der eine Brief begann, sah er ein Foto, blickte in Augen, veilchenblau und sanft, in einem schönen Gesicht, das von blonden Haaren umspielt wurde.

Was für eine Frau!

Was für ein Engelsgesicht!

Da war die Liebe auf den ersten Blick!

Es gab sie wirklich!

Wieder und wieder las er den Brief:

Hallo,

Ihre Anzeige hat mich sehr angesprochen, da Ihre Interessen und Vorstellungen den meinen sehr ähnlich sind. Mein Wunsch wäre es, tatsächlich einen Partner zu finden, mit dem ich mein Leben teilen könnte.

Zu zweit ist das Leben einfach ein wenig bunter und schöner, und ein Glas Rotwein bei Kerzenschein macht allein wirklich nicht glücklich.

Nun möchte ich mich aber erst einmal vorstellen. Ich bin 1,60 m groß, Mitte 30, blond, schlank, sportlich und nicht so ernst, wie es auf dem Passfoto ausschaut. Auch ich liebe die Natur, Konzerte, Kino, Tanz, Kunst und Bücher, stehe aber auch allen interessanten Dingen, die das Leben zu bieten hat, aufgeschlossen gegenüber. In meinem Wesen bin ich ein ausgeglichener und freundlicher Typ.

Mir ist wohl bewusst, dass es nicht so leicht ist, sich auf einen anderen Menschen einzulassen. Es stellt schon eine große, aber auch interessante Herausforderung dar, der ich mich aber gern stellen würde.

Das soll aber erst einmal genügen, es muss ja auch noch Gesprächsstoff übrig bleiben.

Es würde mich freuen, wenn ich Ihr Interesse an meiner Person geweckt habe. Dann sollten Sie mich einfach anrufen.

Es folgten eine Handynummer und ein herzlicher Gruß, verbunden mit dem Wunsch für eine gute Woche.

Tabea hieß die Traumfrau.

Und so rief er diese Engelsfrau an, immer ihr Bild vor Augen.

Sie schien sehr erfreut zu sein, ihre Stimme klang herzlich, und es wurde rasch ein Treffen vereinbart, der gemeinsame Besuch des großen Antiquitätenmarktes am Sonnabend. Der Eingang sollte der Treffpunkt sein, meinte sie, denn da könne man sich nicht verfehlen.

Aber wie hätte er diese Frau verfehlen können?

Niemals!

Er schlief sehr unruhig in der Nacht, die vor dem Treffen lag, immer wieder wach liegend, überlegend, was er sagen sollte, was er preisgeben könnte, wie er sich am wirkungsvollsten vorstellen müsste. Eine für ihn neue Situation kam auf ihn zu.

Schon eine halbe Stunde vor dem vereinbarten Termin stand er am Treffpunkt, hoffend, dass sie schon eher erscheine. Aber das tat sie nicht. Kam sie überhaupt?

Auf die Minute genau erst sah er sie kommen.

Sie lachten sich an.

Sie umarmten sich.

Sie ließ ihm ihre Hand, auch beim Bummel durch die Gassen und Hallen mit den vielen Ständen. Er hatte keinen Blick mehr für die Angebote, nur noch für diese Frau.

Er hatte die große Liebe gefunden.

Da war dieses Bauchgefühl, von dem man immer sprach.

Es war unglaublich!

Eine Kontaktanzeige hatte ihm die große Liebe gebracht!

Sein ganzer Körper war wie elektrisiert.

Und wieder der Blick in diese Augen.

In dieses Veilchenblau!

Er fotografierte Tabea begeistert vor einem Stand mit Büchern, einmal, zweimal, blickte auf die entstandenen Bilder, wobei er sie mit dem rechten Arm umfasste und sie an sich presste.

Eine Püppi, dachte er, *eine blonde Püppi, eine große Püppi.*

»Wie eine Püppi«, sagte er lächelnd.

Sie erwiderte nichts, blickte ihn aber ein wenig seltsam an.

Er küsste ihre Wange. Es sollte eine Entschuldigung sein. Sie ließ die Zärtlichkeit zu.

Auch einen erneuten Kuss.

Und immer wieder gab es Zärtlichkeiten von seiner Seite, die sie, wenn auch ein wenig vorsichtig, erwiderte.

Er lebte wie in einem Rausch. Das Umfeld, der Trubel des Antiquitätenmarktes, interessierte ihn nicht mehr, nur diese Frau, dieser blonde einmalige Engel.

Sie hatten beide einen Arm um die Hüften des anderen gelegt, lächelten sich an, immer wieder, während sie weiter herumbummelten und den anderen über sich erzählten.

Es waren unendlich schöne Stunden in diesem brodelnden Meer aus Menschen, es war eine Kulisse, die er nicht mehr wahrnahm.

Mit einem Lächeln, das nie aus ihrem Gesicht weichen würde, liefe sie in den Tagen darauf herum, versicherte sie ihm am Telefon. Alle würden es ihr sagen. Sie wäre das Glück in Person.

Zwei große Fotos von ihr hingen nun in seiner Wohnung, an Orten, wo er sie immer betrachten konnte, wenn er durch die Zimmer schritt oder das Haus verließ. Ein Foto hing in seinem Wohnzimmer, ein Foto auf dem Flur.

Und er strahlte sie an, so, als hätte er sie leibhaftig vor sich.

Sie lebte getrennt von ihrem Mann, hatte ihn verlassen und sich eine kleine Wohnung gesucht. Sie hatte oft wenig Zeit, da sie nach der Arbeit im Büro noch ehrenamtlich tätig war und auch ihren Arbeitsplatz oft viel später verließ. Wo er sich befand, verriet sie ihm nicht. Dafür kannte er die Doppelgarage, in der noch immer ihr Auto stand, neben dem ihres einstigen Mannes.

Er konnte sich abfinden mit dieser Situation. Da war ja ihre Liebe, ihre grenzenlose Liebe, da war ihre Zärtlichkeit.

Aber jedes Glück hat auch ein Ende, so ist das im Leben. An einem Tag, als sie auf der Couch Arm in Arm saßen, machte sie ihm ein Geständnis. Sie sei krank. Schwerkrank. Sie bräuchte eine neue Niere, eine Spenderniere. Von einem Gehirntoten oder einem Lebendspender. Doch in Deutschland sank die Zahl der Organspender ständig, da viele Menschen korrupte Ärzte nicht unterstützen wollten. Und so stand sie auf einer Warteliste mit vielen Namen. »So ist das Leben«, sagte sie betrübt. In ihren Augen sah er Tränen.

Er zögerte keinen Augenblick.

»Ich helfe dir«, brach es förmlich aus ihm heraus. »Ich gebe dir eine von meinen Nieren! Ich kann gut mit einer leben!«

Die Hilfe wollte sie zunächst ausschlagen, da sie diese einfach nicht annehmen könne. Es wäre unmöglich.

Dann aber stimmte sie zu, wenn auch sehr zögernd, widerstrebend.

»Das Schicksal«, sagte er, »hat uns einfach zusammengeführt. Das Schicksal gibt es wirklich.«

Sie legte ihr Gesicht auf sein Herz, verharrte so und streichelte sanft seine rechte Schulter.

»Ich bin so glücklich«, gestand sie. »So unsagbar glücklich. Ich bin die glücklichste Frau der Welt.«

Diese Engelsfrau ist eine Niere wert, dachte er. *Diese Niere wird uns noch inniger zusammenschweißen. Diese Liebe wird nicht so enden wie die von Helena. Sie ist einmalig.*

In dieser Nacht wollte sie mit ihm schlafen. Sozusagen als Belohnung. Doch er versagte. Seine den hohen Blutdruck senkenden Medikamente wirkten in übler Weise auf seine Potenz. Und er hatte gehofft, ohne die blaue Pille auszukommen und sie nicht genommen. Als er den Fehler begriff, war es zu spät. Früh ging es dann doch. Sie ritt auf ihm und erlebte, wie sie ihm gestand, einen vaginalen Orgasmus der besonderen Art. Das hatte er wahrgenommen, denn ihr Gesicht war über seinem gewesen. Es war so herrlich, den Orgasmus der Frau, die er vergötterte, auch optisch zu erleben. Und es war ihm gelungen, Helena endlich aus der Erinnerung zu verdrängen. Für immer.

Seine Lebendspende in der Sektion Transplantationschirurgie an der Uniklinik war nur möglich, da sich beide, wie sie glaubhaft nachweisen konnten, in besonderer persönlicher Verbundenheit nahestanden.

Die Nierentransplantation verlief erfolgreich.

Tabea hatte nun zwei, er hatte eine Niere.

Im Transplantationszentrum wünsche sie keine Zärtlichkeiten, hatte sie ihm gesagt, da solle er sich zurückhalten, wenn sie sich sähen, auf einem Flur etwa oder in einem Besucherraum. Schweren Herzens folgte er ihrem Wunsch, der, gewissermaßen, wie ein kleiner Befehl geklungen hatte. Aber sie hatten ja noch alle Zeit der Welt. Ihr Glück war unendlich. Wie ihre Liebe.

Als sie am gleichen Tag entlassen wurden und er zurück in seiner Wohnung war, rief er Tabea auf ihrem Handy an. Aber er erreichte sie nicht, so oft er es auch versuchte. War ihr etwas geschehen? Er wurde unruhig, suchte ihre Wohnung auf.

Aber ihren Namen las er nicht mehr auf dem Klingelschild. So fragte er eine Frau aus dem Haus, eine sehr alte Frau, die es betreten wollte und ihn misstrauisch beäugte.

»Die Dame ist ausgezogen. Ihre Möbel wurden geholt, als sie im Krankenhaus war.«

»Wohin?«, wollte Fischborn wissen.

Die Frau hob die Schultern und senkte sie wieder.

»Es ziehen so viele ein und wieder aus. Da weiß man nichts voneinander. Ich habe auch nicht mit ihr gesprochen. Ich habe sie selten gesehen. Immer mit einem Mann, der nicht bei ihr wohnte.«

Fischborn war erschrocken. Er war nicht dieser Mann gewesen.

Und dann kam ein Brief, am Tag darauf. Er erkannte ihre Handschrift.

Und so bebte er am ganzen Körper, als er ihn hastig aufriss. Endlich! Nun würde er wissen, wo sie jetzt wohnte, obwohl auf der Rückseite des Umschlags ihre Anschrift fehlte.

Er faltete den Brief auseinander und begann, ihn zu lesen, wobei sein Herz heftig klopfte und immer heftiger, je weiter er den Worten folgte.

Lieber,
es zerreißt mir beinahe das Herz, denn ich muss Dir etwas gestehen.
Ich muss Dir sehr wehtun.
Ich habe endgültig begriffen, dass mein Mann noch tief in meinem Herzen lebt. Erst, wenn man am Rand des Todes stand, begreift man das wohl. Und da habe ich gestanden.
Ich weiß es. Ich habe es gespürt vor der OP. Die Gefühle für Dich waren ein Strohfeuer, sie waren heftig und erloschen.
Ich will wieder mit meinem Mann leben. Ich bin schon bei ihm.
Du wirst mir wohl nie verzeihen können.
Es ist furchtbar.
Aber ich kann nicht anders.
Meine Gefühle sind einfach so.
Sie lassen mir keine andere Wahl.
Ich kann mich gegen sie nicht wehren.

Du musst mich vergessen!
Bitte!
Ich muss aus Deinem Leben herausgehen.
Suche keinen Kontakt mehr.
Leb wohl.
Tabea

Wieder und wieder las er den Brief, diesen für ihn so unfassbaren Inhalt, der so furchtbar war, so niederschmetternd.

Und auch sein Freund las diesen Brief, presste dabei die Lippen fest aufeinander, hielt die Stirn gerunzelt.

»Was sagst du dazu?«, wollte Fischborn wissen.

Der Freund kaute auf seiner Unterlippe, ehe er sprach. Er war ein guter Freund.

»Mir kommen da seltsame Gedanken. Sie können falsch sein, natürlich. Mir fehlt einfach der tiefere Einblick. Aber . . .«

Dann blickte er Fischborn nachdenklich an.

»Schalte einen Privatdetektiv ein. Lass ihn das Ganze untersuchen. Erzähle ihm eure Geschichte. Vergiss nichts. Kein Detail.«

»Einen Privatdetektiv?«, fragte Fischborn überrascht.

»Ja. Ohne die Wahrheit zu kennen, kannst du nicht weiterleben.«

»Die Wahrheit?«

Der Freund nickte.

»Die Wahrheit. Du musst sie wissen. Ein Privatdetektiv bekommt viel heraus. Er lässt sich nicht so einfach täuschen. Ich habe so eine dunkle Ahnung. Aber ich will die Gedanken noch nicht aussprechen. Sie können auch falsch sein und dich so unnötig verletzen.«

Fischborn saß wie erstarrt.

Er blickte zu Tabeas Foto, das im Wohnzimmer hing.

Eine dunkle Ahnung?, dachte er immer wieder.

Fischborn recherchierte im Internet, als der Freund ihn verlassen hatte, wurde fündig. Jens Pommer hieß der Detektiv, dem er sich anvertrauen wollte.

Und so rief er ihn an.

Der Detektiv kam am Tag darauf, auf die Minute genau, die vereinbart war. Er wollte alles wissen, wirklich alles. Er las die Kontaktanzeige und Tabeas Brief. Sein Gesicht blieb unbewegt starr, auch als Fischborn die Geschichte seiner Beziehung mit Tabea schilderte.

»Das alles ist wirklich seltsam«, sagte der Detektiv. »Aber ich werde Licht für Sie in dieses Dunkel bringen.«

Welches Dunkel?, dachte Fischborn. Aber wohl war ihm nicht bei seinen Gedanken. Der Preis für diesen Mann war hoch, aber nun war er bereit, ihn zu zahlen.

In den Tagen, die folgten, stand er in einer ständigen Spannung, wartete auf eine Nachricht. Vielleicht sogar doch auf einen Anruf Tabeas. Aber der kam nicht. Er stand vor ihrem Foto, starrte es an, starrte in die so sanften, so veilchenblauen Augen.

Er liebte sie noch immer.

Es war ihm bewusst.

Er konnte ihre Fotos nicht abhängen.

Und er versuchte, sie zu verstehen.

Frauen sollten ja so anders empfinden als Männer, so ganz anders.

Der Detektiv rief ihn an und teilte mit, dass er nun glaube, alles zu wissen, und ob er kommen könne.

»Gleich?«, fragte Fischborn.

»Ja.«

Fünfzehn Minuten später saß ihm der Detektiv in seiner Wohnung gegenüber. Sein Gesicht wirkte ernst, wie das eines Bestatters.

»Schießen Sie schon los«, drängte Fischborn, dessen Herz heftig klopfte.

Der Detektiv atmete tief durch, ehe er begann.

»Es war ein abgekartetes Spiel.«

»Ein abgekartetes Spiel«, wiederholte Fischborn ungläubig diese Worte.

»Ja. Ein Spiel um eine Niere. Um Ihre Niere, Herr Fischborn, genauer gesagt.«

»Ich verstehe nicht recht . . .«, stammelte Fischborn.

»Sie werden es gleich verstehen.«

Fischborn sah sich eindringlich gemustert.

»Die Frau brauchte eine Niere. Sie wartete schon lange. Nur fand sich kein Spender. Da entwickelte sie mit ihrem Mann einen Plan. Sie würde sich von ihm trennen. Aber nur zum Schein. Sie würde eine kleine Wohnung nehmen und dann Kontaktanzeigen von Männern beantworten, von Männern, wo man erkennen konnte aus der Art der Anzeige, dass sie einen gewissen Hang zur Romantik verspürten.«

Fischborn schüttelte den Kopf.

»Ich verstehe immer noch nicht.«

Der Detektiv hob die Hände, so dass Fischborn seine Handflächen sehen konnte.

»Warten Sie ab. Sie werden es gleich verstehen. Sie schrieb Männer an, traf sich mit ihnen und spielte ihnen schon beim ersten Treffen die große Liebe vor. Und die Männer glaubten ihr. Besonders ihren Augen. Hatte sie einen Mann an der Angel, so brachte sie die Niere ins Spiel. Sie forderte die Männer nicht auf, eine Niere zu spenden, sie wartete ab. Reagierte der Mann nicht, ließ sie ihn sofort fallen. Sie aber, Herr Fischborn, bissen an. Diese Frau war der Köder, den Sie schluckten. Sie waren bereit, eine Ihrer Nieren zu spenden. Während der gesamten Zeit war die Frau in Wirklichkeit mit ihrem Mann weiter verbunden, eng verbunden, deshalb hatte sie auch so wenig Zeit für Sie, fand Ausflüchte. Sie lebte mit zwei Männern. Und das Spiel um die Niere lief weiter und weiter. Aber die große, die romantische Liebe gibt es längst nicht mehr, glauben Sie mir. Die gibt es nur in Filmen. Das Leben ist eine Arktis.«

Fischborn fröstelte es unversehens.

Der Detektiv schwieg einen Augenblick lang, ehe er fortfuhr.

»Also waren Sie bereit, ihr eine Niere zu spenden, die Zärtlichkeiten der Frau lullten Sie völlig ein. Sie liebten sie abgöttisch. Aber auf einem Schachbrett waren Sie ein Bauer, der geopfert wurde. Deshalb erhielten Sie nach der erfolgten Operation von ihr einen Brief, einen Abschiedsbrief. Den hatte sie längst geschrieben, vor Monaten, er lag bereit. Sie hatte ihn gut durchdacht, und ihr Mann hatte ihr gewiss geholfen.«

»Das ist nicht möglich!«, stieß Fischborn hervor.

»Doch! Es ist möglich. Es ist so geschehen. Sie verschwand aus Ihrem Leben, da sie ja nun die Niere besaß, die zweite Niere, die sie dringend brauchte.«

»Das ist doch Wahnsinn«, keuchte Fischborn.

Der Detektiv schüttelte den Kopf.

»Es ist kein Wahnsinn, es ist Realität, die nackte, schonungslose Realität. Die will man nie hören. Sie hat es mit mehreren Männern versucht. Zum letzten Opfer entschlossen sich die Männer nicht. Nur Sie taten es, Herr Fischborn. Sie sind ein Romantiker. Das ist nicht gut in der heutigen Zeit. Die ist hart. Wenn Sie heute eine Beziehung eingehen, sollten Sie daran denken, dass sie schon morgen zu Ende sein kann. Wenn Sie so herangehen, schützen Sie sich. Dann hätten Sie auch keine Niere gespendet.«

Der Detektiv räusperte sich, ehe er fortfuhr.

»Sie lebt wieder mit ihrem Mann zusammen. Und es geht ihr gut. Sehr sogar. Sie wirkt glücklich!«

»Das glaube ich alles nicht«, stammelte Fischborn.

Ein flüchtiges Grinsen huschte über das Gesicht des Detektivs.

»Denken Sie ruhig über dieses Gespräch nach. Ich bin Detektiv und ich blicke oft in menschliche Abgründe, die unvorstellbar scheinen. Aber es gibt sie. Sentimental darf man nicht sein und auch nicht romantisch. Ihr Lehrgeld, das Sie nun zahlen müssen, ist hoch. Das gebe ich zu. Aber Ihre andere Niere könnten Sie sowieso nicht mehr spenden. Das klingt sarkastisch, aber es ist so. Durch meine Arbeit bin ich zum Zyniker geworden. Ich hinterfrage alles. Immer. Kein Abgrund ist mir fremd, glauben Sie mir. Das Leben ist ein gewaltiger Abgrund. Wenn man ihn immer im Auge hat, stürzt man nicht hinab. Übrigens – am nächsten Freitag fährt sie mit ihrem Mann in den Urlaub. Das sagt doch alles. Oder nicht?«

Fischborn bebte am ganzen Körper.

Schweigend saßen sie sich gegenüber, und Fischborn wich den Augen des Detektivs aus. Er atmete stoßweise. Er blickte zur Decke des Raumes, wo eine Fliege um die Lampe kreiste.

Aber langsam begann er zu begreifen.

»Juristisch gesehen ist sie nicht zu fassen«, mahnte der Detektiv. »Wie wollen Sie ihr die Absicht beweisen, Sie bewusst getäuscht zu haben? Sie kann alles auf ihre Gefühle schieben. Jeder Richter glaubt ihr.«

Fischborns Augen waren hart geworden.

»Zerstören Sie nicht Ihr eigenes Leben durch eine, sagen wir, unüberlegte Tat«, riet der Detektiv.

Fest blickten sich beide an.

Wie zwei Boxer im Ring vor einem Kampf.

Die Gedanken Fischborns konnte der Detektiv nicht lesen. Aber einen Kunden würde er nie verraten, das war etwas, was er nie tat. Der Kunde war sein König. Immer.

»Nehmen Sie die Fotos der Frau von der Wand«, riet der Detektiv beim Abschied.

Fischborn hängte die Fotos von Tabea ab und warf sie in

den Mülleimer, zusammen mit ihrem in viele Teile zerrissenen Abschiedsbrief. Nichts sollte ihn an sie erinnern.

Tabea Hauser und ihr Mann starben bei einem Autounfall auf der Fahrt zu ihrem Urlaubsort. Ihr Auto war ungebremst in den Gegenverkehr gerast. Der Garagennachbar sagte aus, dass Hausers Garage in der Nacht vor der Urlaubsreise aufgebrochen worden sei. Aber, da seltsamerweise nichts entwendet wurde, wollten Hausers auf eine Anzeige verzichten.

Die Techniker, die den zerstörten Unfallwagen untersuchten, konnten die technische Ursache zunächst nicht finden, entdeckten dann aber Manipulationen an der Bremsleitung. Dieser Umstand wiederum passte mit dem seltsamen Einbruch in der Garage zusammen. Da Hauser als Vermögensberater eine Vielzahl von Menschen in den Ruin getrieben hatte, gab es viele Feinde, die alle ein Motiv besaßen, ihn in die Hölle zu schicken.

Man redete viel in der Stadt über diesen so tragischen Unglücksfall. Hauser, diesem durchtriebenen Burschen, gönnten viele den Tod. Aber Tabea Hauser tat allen leid. Sie war eine so freundliche und – im Gegensatz zu ihrem Mann – grundehrliche Frau gewesen, die ausgerechnet dann starb, als ihr Leben durch eine Spenderniere wieder einen Sinn bekommen hatte.

Als die Polizei auch Fischborn vernahm, erfuhr sie von ihm, er wäre freundschaftlich mit dem Ehepaar Hauser verbunden gewesen. Das Spenden der Niere für Tabea Hauser war für ihn eine Frage der Menschlichkeit. Einmal in seinem Leben habe er etwas sehr Gutes tun wollen. Den Abschiedsbrief Tabea Hausers verschwieg er, auch die besondere Nähe zu dieser Frau sowie den Detektiv. Nach der Nacht vor dem Unfall der Familie Hauser befragt, gab er an, er habe bei einem Freund geschlafen. Die Beamten glaubten ihm, nachdem sie den Freund vernommen hatten. Fischborn war für sie sowieso nur eine Nebenspur gewesen.

Tabea Hauser wurde eingeäschert.

Zusammen mit der Todesniere.

Stefan B. Meyer

KINDER DER STADT

Es war kurz vor zwölf und der Laden war leer. Wieder einmal. Langsam wurde es zu einer traurigen Gewohnheit. Wo früher wenigstens ein oder zwei Kunden zwischen den Regalen rumirrten, war heute nicht mehr als Luft. Aber seit der vom Insolvenzverwalter eingeleitete Ausverkauf begonnen hatte, fühlte sich diese Leere, die allmählich auf die Warenregale überzugreifen begann, auch noch trostlos an.

Monika Schmidt schwitzte. Ein frühsommerliches Hochdruckgebiet brütete über der Stadt und die Handelskette, zu deren Trümmern ihr kleines Reich hier im Leipziger Süden gehörte, war nicht eben dafür bekannt, ihren Angestellten jemals ein angenehmes, geschweige denn ein klimatisiertes Betätigungsumfeld bereitgestellt zu haben. Außerdem war sie seit heute Morgen damit beschäftigt, die Regale im hinteren Teil des L-förmigen Raumes auszuräumen und die Lücken im Bereich des Einganges zu füllen, damit das Angebot von draußen betrachtet nicht ganz so schäbig wirkte, wie es tatsächlich schon seit einer ganzen Weile war. Im letzten Jahr häuften sich die Probleme mit den Lieferanten, manche Produkte trafen spät oder nie bei ihr und in den umliegenden Filialen ein, und als Zeitungen und Nachrichten schließlich die Pleite ihres Arbeitgebers vermeldeten, schämte sie sich zunächst für das verkommene Bild, das einige der Berichte zeichneten, später empfand sie Wut und vor allem Ratlosigkeit. Zum einen darüber, dass sich während der zehn Jahre, in denen sie hier arbeitete, so gut wie nichts verändert hatte. Zum anderen darüber, dass, obwohl sich nichts verändert hatte und der Laden schon immer lief, wie er nun mal lief, alles so plötzlich und ohne Widerruf zu Ende gehen sollte.

Monika Schmidt war zweiundvierzig, sie schleppte nur wenige überflüssige Pfunde mit sich herum und bis auf ein leichtes Ziehen im Rücken, das immer dann eintrat, wenn sie sich so oft wie heute bückte, fühlte sie sich fit. Nicht topfit, aber immer noch fit genug, um es locker mit den jungen Mädchen aufzunehmen, die hier nachmittags mit Stöpseln im Ohr und einer Portion Eis oder Döner derartig träge vorbeischlurften, dass man meinte, gleich müsste jemand kommen und ihre Batterie wechseln. Sie stand auch nicht so unter Druck, wie viele ihrer alleinerziehenden Kolleginnen – ihre beiden Töchter waren aus dem Gröbsten raus und ihr Mann arbeitete als Abteilungsleiter in einem Baumarkt. Schon einmal hatte sie neu anfangen müssen und auch diesmal würde es irgendwie weitergehen, aber wie und wo, das wusste sie noch nicht. Sie wusste nur, dass sie nächsten Monat nicht mehr hier in diesem Laden stehen würde.

Als sie hörte, wie sich die Ladentür öffnete, unterbrach sie ihre Gedanken. Sie erhob sich, schob die zwei Kartons Waschpulver, die sie auf dem Arm hatte, in einen der oberen Regalböden, tupfte sich mit einem Taschentuch die Stirn ab und lief nach vorn. An der Kasse wartete ein Mann um die dreißig. Er trug ein verblasstes grünes T-Shirt, Jeans und trotz der riesigen Sonnenbrille mit undurchdringlichen schwarzen Gläsern war sie sich sicher, ihn hier noch nicht gesehen zu haben.

»Gibt's Prozente auf alles?«, fragte der Mann, und spielte auf die meterlangen Aufkleber an, die seit Montag an den Schaufenstern prangten.

Monika Schmidt deutete mit dem Zeigefinger auf ein Schild über dem Zigarettenaufsteller. »Außer auf Tabakwaren«, antwortete sie.

Ein enttäuschter Zug erschien um seine Mundwinkel. Der

Mann roch nach einer Mischung aus Schweiß und Rasierwasser – sie tippte auf ›Original Western Style‹ für knapp zwei Euro – und das, obwohl die Stoppeln um seine Wangen mindestens zwei Tage alt waren.

»Dann nehm ich 'nen Dreierpack Feuerzeuge«, sagte er.

Sie ließ ihr Hinterteil in den Drehstuhl sinken, entnahm dem Haken in Reichweite zwei Packungen, legte sie auf das kurze Laufband, von dem sie gar nicht mehr wusste, ob sie es jemals benutzt hatte, und sagte: »Suchen Sie sich eine aus, andere Farben gibt's nicht mehr!«

Er tippte achtlos auf das nächstliegende Päckchen und bestellte noch eine große Schachtel Zigaretten.

Sie scannte die Waren ein und nannte ihm einen Betrag, den er ihr passend aus einer Handvoll Münzen, die er umständlich aus seiner Hosentasche hervorkramte, auf das Band zählte. Daraufhin schloss sie mit dem an einem Bändchen um ihren Hals befestigen Schlüssel die Kasse auf. Die Münzen klimperten, als sie im Inneren der Kasse versanken. Auf ihr routinemäßiges, aber durchaus freundlich klingendes »Dankeschön!« reagierte er nur mit einem knappen Kopfnicken, dann wandte er sich um und verließ wortlos den Laden.

Monika Schmidt wartete, bis die Tür ins Schloss gefallen war, dann atmete sie erleichtert auf. Bei Laufkundschaft war sie immer besonders angespannt, auch wenn sie aus eigener Erfahrung wusste, dass diese Anspannung unbegründet war. Statistisch gesehen zumindest. Ein einziger Überfall bei hunderten unbekannten Kunden über all die Jahre hinweg war bestimmt keine schlechte Quote. Aber genau dieser einzige bestimmte seitdem ihre Gedanken, wenn jemand den Laden betrat, den sie noch nie gesehen hatte. Sie schloss die Kasse ab, stand auf und warf noch einen Blick nach draußen, bevor sie wieder zurück zu den Regalen im hinteren Teil des Raumes ging.

Frank Steier hatte gesessen. Mehrmals. Über drei seiner siebenundzwanzig Lenze hatte er unter Aufsicht uniformierter Staatsdiener verbracht. Das erste Mal war es eine Jugendstrafe gewesen, für etwas, was Richter und Ankläger als schweren Raub bezeichneten, seiner Meinung nach aber eher eine Meinungsverschiedenheit war. Dann, später, für einen Betrug, den man ihm seiner Meinung nach nicht wirklich nachgewiesen hatte, und dann nochmal für Raub und Urkundenfälschung, die er seiner Meinung nach nicht begangen hatte. Er hätte also, seiner Meinung nach, ein unbeschriebenes Blatt sein müssen, aber er besaß genug Realitätssinn, um zu wissen, dass er genau dies nicht war und dass es womöglich keinen Weg dorthin zurück gab. Seine letzte Bewährung war vor ein paar Monaten abgelaufen, er hatte eine Weile die Füße stillgehalten und besserte seinen Regelsatz zur Zeit damit auf, ab und zu mit geklauten Nummernschildern im näheren Umland der Stadt gratis zu tanken. Wenn das Bare knapp wurde, hielt er sich an die Jungs, die oft in seiner renovierungsbedürftigen Bude in Kleinzschocher hockten und es cool fanden, mit einem Erwachsenen wie ihm ohne Stress eine zu rauchen und eine Horrorfilm-DVD anzusehen. Sobald seine Geldbörse nach Futter schrie, begleitete er die Kerle auf kleinere Raubzüge. Das bedeutete für ihn, sie zu fahren und vom Auto aus im Auge zu behalten.

Frank Steier warf die eben gekaufte Packung Feuerzeuge auf das Armaturenbrett, riss die Jumboschachtel Zigaretten auf und steckte sich eine in den Mund. Dann bot er dem Jungen auf dem Beifahrersitz eine an und als dieser sich bedient hatte, reichte er die Schachtel nach hinten weiter. Der Junge neben ihm, ein für seine angeblich vierzehn Jahre ausreichend großes, aber recht schmächtiges Kerlchen mit Pickeln auf den sonnengeröteten Wangen, gab ihm Feuer, im Innenspiegel beobachtete er, wie der Zwillingsbruder seines Nebenmannes bei seinem Sitznachbarn das Gleiche tat.

»Die Frau ist allein da drin«, sagte er schließlich. »Um die Zeit scheint sich keine Sau für den Laden zu interessieren und in der Kasse sind, meiner Meinung nach . . .«, er überlegte, ». . . trotzdem mindestens hundertzwanzig plus Münzen. Mindestens.«

Die Jungs sagten nichts. Gedankenversunken pusteten sie Rauchwolken durch die offenen Fenster, während eine Straßenbahn kaum eineinhalb Meter am Wagen vorbeifuhr und dafür sorgte, dass ein winziger Windhauch die Hitze für einen Moment beiseite wehte.

»Okay«, meldete sich Marcel zu Wort. »Aber ich nehm nur einen Zwilling mit!«

Frank Steier nickte anerkennend. Er kannte Marcel, laut eigener Aussage sechzehn Jahre alt, schon länger. Vor zwei Tagen war er mal wieder aus irgendeinem dieser Wohnprojekte ausgebüxt, bei denen sogenannte jugendliche Intensivtäter von mehr oder weniger lächerlichen, sogenannten Sozialarbeitern in einem Haus zusammengepfercht wurden. Dabei konnte man seiner Meinung nach prima mit Jungs wie Marcel auskommen – man brauchte nur die richtige Wellenlänge, musste sie fair behandeln und klare Ansagen machen.

»Klar«, sagte er. »Zusammen fallen die beiden doppelt auf.« Er grinste über seinen Scherz und stupste seinen Sozius mit dem Ellenbogen in die Seite, ohne ihn beim Namen zu nennen, denn die Brüder sahen sich zum Verwechseln ähnlich. »Ihr müsst euch nur einig werden, wer mit reingehen soll!«

»Ich mach das!« sagte der Bruder auf der Rückbank sofort.

»Wieso du?« Der Zwilling vorn drehte sich streitsüchtig um. »Denkst du, nur weil du zwei Minuten älter bist . . .«

Marcels Hand, die ihn an der Schulter ergriff, ließ ihn innehalten. »Du kommst das nächste Mal dran!«, sagte der und sein eindringlicher Blick ließ keine Widerrede zu.

Frank Steier musste schon wieder grinsen, als er Marcels abgeklärten Gesichtsausdruck sah. Ohne diesen Mist, den er sich manchmal reinzog, wirkte der Junge richtig zielorientiert. Er warf die Kippe aus dem Fenster und sagte: »Ihr seid euch einig?«

Sein Nebenmann nickte und von hinten kamen zustimmende Geräusche. Im Außenspiegel vergewisserte er sich, dass drüben vor der Drogerie alles so war, wie es sein sollte. Keine Menschen auf dem Bürgersteig, nur weiter unten beim Döner, kurz hinter der nächsten Seitenstraße, kam gerade jemand heraus und ging mit seiner gefüllten Tüte in die Gegenrichtung.

»Also dann«, Frank Steier griff erneut nach den Zigaretten und lehnte sich entspannt zurück, »lasst euch nicht aufhalten!«

Hildegard Reimann hielt sich mit ihrem Rollator relativ nahe der Bordsteinkante. So ließ sie auf dem Fußweg genug Platz für die Radfahrer, für die sie durchaus Verständnis hatte. Der Gehweg war breit genug und der über all die Jahrzehnte nur notdürftig geflickte Straßenbelag, in dem als zusätzliche Schikanen die Straßenbahnschienen eingebettet lagen, stellte für Zweiradfahrer eine echte Herausforderung dar.

In einem halben Jahr würde Hildegard Reimann die siebzig erreichen und sie war immer noch recht gut zu Fuß, aber sie schätzte das Gefährt wegen des großen Korbes, in dem sie ihre Einkäufe verstauen konnte, ohne sich damit abschleppen zu müssen. Aus dem parkenden Wagen, an dem sie eben vorbeikam, entwich Zigarettenrauch und sie war sicher, dass sich das Milchgesicht neben dem Fahrer in einem Alter befand, in dem Kekse und Schokolade als Genussmittel völlig ausreichen sollten. Dass der Bubi ihrem tadelnden Blick auswich, verbuchte die pensionierte Grundschuldirektorin als sicheres Anzeichen für das Vorhandensein eines Gewissens. Sie war so auf den minderjährigen Schornstein fixiert, dass sie nicht bemerkte wie in etwa fünfzig Metern Entfernung zwei weitere Jugendliche sich anschickten, jene Drogerie zu betreten, die auch ihr Ziel war.

»Warte!«

Marcel hielt seinen jüngeren, entschlossen den Eingang anstrebenden Begleiter am Ärmel fest, sah sich nochmal prüfend nach allen Seiten um und entdeckte niemanden außer einer offensichtlich gebrechlichen Frau in Rufweite, dann sagte er: »Wenn wir drin sind, machst du nur, was ich sage! Kapiert?«

Victor, so hieß der um zwei Minuten ältere Zwilling, nickte ernst. Trotzdem erkannte Marcel das nervöse Feuer in dessen Blick. Dieses Feuer, das ihn an seinen ersten Raubzug erinnerte. Damals, er war dreizehn gewesen, ging es noch nicht um Geld oder Drogen, sondern einfach nur um Spaß. Drei Tage lang hatte er im Clarapark mit seinem Fahrrad alten Leuten die Handtaschen im Vorbeifahren entrissen, der ›Handtaschenpflücker‹ wurde er daraufhin von einer Zeitung genannt. Irgendwann wurde er zwar geschnappt, doch er war zu jung, um dafür belangt zu werden. Natürlich ließ das Feuer mit der Zeit nach, aber so eine Art Schwelbrand, der blieb in einem drinnen. Wahrscheinlich für immer. Marcel lächelte aufmunternd, ließ Victors Ärmel los, klopfte ihm mit der flachen Hand auf den Rücken und gab ihm einen Stups.

»Gut, geh'n wir!«

Monika Schmidt wischte den Staub von den leergeräumten Regalen. Als sich die Eingangstür öffnete, warf sie den Lappen in den Wassereimer, rubbelte sich die Hände an der Kittelschürze ab und ging nach vorn. Zwei Jugendliche, die sie hier in der Gegend noch nicht gesehen hatte, warteten an der Kasse.

»Hallo«, sagte sie, kurz bevor sie die Kasse erreichte, »wie kann ich Ihnen helfen?«

Der Jüngere der beiden, er mochte höchstens vierzehn sein, wirkte irgendwie blass und teilnahmslos. Er trug ein kurzärmeliges Kakihemd, das von seinen schmalen Schultern herabhing wie ein Segel bei vollkommener Flaute. Der andere, der sicher zwei, drei Jahre älter war, hatte nur eine Anglerweste über den nackten Oberkörper geworfen, sodass man die Tätowierungen auf seiner Brust andeutungsweise erahnen konnte, und strahlte über das ganze sonnengebräunte Gesicht.

»Kaugummi?« sagte er, dabei zeigte er seine weißen, auf eine charmante Art schiefen Vorderzähne und starrte unverblümt auf ihr Dekolleté.

Monika Schmidt setzte sich auf ihren Stuhl, deutete auf das Regal hinter dem Zigarettenaufsteller und wartete, bis sich der Ältere diesem zuwandte, bevor sie verstohlen an sich hinunter blickte, um zu überprüfen, ob sie der Kundschaft ausreichend zugeknöpft gegenübertrat. Der Blasse, der um diese Uhrzeit normalerweise in der Schule sein sollte, betrachtete scheinbar gelangweilt die Decke.

»Was kosten die?«, wollte der Ältere wissen und hielt ein Päckchen hoch.

»Das, was drüber steht, minus dreißig Prozent«, den letzten Teil des Satzes spulte Monika Schmidt schon seit Anfang dieser Woche ab.

»Das sind dann neunundneunzig minus dreißig, oder?«, fragte er weiter.

»Sechsundsechzig Cent«, sagte der blasse Blonde fast beiläufig.

Sein Begleiter sah ihn an. »Ich kann selber rechnen!« Dann wieder dieser unverschämte Blick in ihre Richtung. Er warf zwei Päckchen auf das Band und kramte in einer seiner vielen Westentaschen herum. Sie scannte die Kaugummis ein, nannte den Preis und hob den Kopf. Ein 2-Euro-Stück landete neben dem Kaugummi auf dem Kassenband.

Monika Schmidt griff danach und öffnete die Kasse. Das flippende Geräusch, das sie im selben Moment vernahm, musste das Hervorschnellen der Klinge gewesen sein. Sie riss zunächst erstaunt die Augen auf, doch dann verfiel sie, angesichts der direkt vor ihrer Kehle verharrenden Messerspitze, in eine Art Lähmung. In der Bewegung erstarrt hielt sie die Hände mit gespreizten Fingern oberhalb der offenen Kasse und über ihren Nacken jagte ein, ob der herrschenden Temperaturen, erstaunlich kalter Schauer. Dass es diesmal ein Messer war anstatt einer Pistole, die sich später als Schreckschusswaffe herausgestellt hatte, machte kaum einen Unterschied, allerdings stellte sich bei ihr so etwas wie stoische Routine ein – es kommt, wie es kommt, und meistens verschwindet es auch wieder.

»Geh da rüber!«, befahl der Unverschämte seinem Komplizen und machte, eine schnelle Bewegung mit dem Kinn, woraufhin dieser sich auf die andere Seite der Kasse begab und Monika Schmidt so den potenziellen Fluchtweg versperrte.

Der Ältere deutete auf die Geldscheine. Sein Grinsen war so abgeklärt, als täte er derartiges nicht zum ersten Mal.

»Gib uns dein Geld, dann passiert dir nichts!«

Monika Schmidt hob die Augenbrauen und ließ die Hände in den Schoß sinken. »Mein Geld?«, echauffierte sie sich. »Das ist nicht mein Geld!«

»Na umso besser, du Blöd . . .«, das Messer bewegte sich nervös vor ihrem Gesicht. »Mach schon!«

Monika Schmidt verschränkte die Arme trotzig vor der Brust und lehnte sich so weit zurück, wie es der nicht für das Zurücklehnen hergestellte Stuhl zuließ.

»Bedient euch doch!«, sagte sie.

Auf ein Zeichen seines Wortführers schnappte sich der strohblonde Junge eine der Tüten, die für Kleineinkäufe bereitlagen, und sammelte das Geld aus der Kasse ein. Plötzlich ließ der Klingelton eines Handys ihn zusammenzucken.

Die Kasse war ausgeräumt und Victor sah Marcel fragend an. Der hob nur die Schultern. »Geh schon ran!«

Victor reichte ihm die Tüte und holte sein Telefon aus der Hosentasche. Die angezeigte Nummer war die seines Bruders.

»Ja?«, meldete er sich.

»Frank hier, gib mir mal Marcel!«

»Für dich«, sagte Victor. Hinter dem Kopf der Frau, damit diese es nicht bemerkte, zeigte er mit dem Finger in Richtung Auto. Dann hielt er seinem Partner das Telefon am ausgestreckten Arm entgegen. Der hob nur kurz das Kinn, dann griff er zu.

Monika Schmidt regte sich nicht. Sie beobachtete die beiden Nachwuchskriminellen aus den Augenwinkeln und war sicher, dass sie es bald hinter sich haben würde. Bei ihrem ersten Überfall war sie brutal herumgestoßen worden, die beiden hier machten nicht den Eindruck, als suchten sie Körperkontakt.

»Was gibt's?«, meldete sich Marcel.

»Bring Zigaretten mit, wenn du schon mal da bist!«, sagte Frank Steier. »Hätt ich fast vergessen!«

»Stimmt, ich auch!« Marcel nickte, gab das Handy zurück und wendete sich der hinter ihrer Kasse eingeklemmten Frau zu.

»Wir brauchen noch ne große Tüte!«, sagte er im Befehlston. Seine Unverschämtheit hatte längst jegliche Spur von so etwas Ähnlichem wie Charme verloren.

»Da unten«, sagte Monika Schmidt und nahm vorsichtig

eine Hand aus dem Schoß, um ihm mit dieser zu verstehen zu geben, dass er sich nur zu bücken brauchte.

Ohne das Messer auch nur um einen Millimeter sinken zu lassen, gelang es ihm, sich eine der Tüten zu nehmen. Gerade wollte er Victor diese geben, als dessen Telefon schon wieder dudelte. Dieselbe Nummer, Marcel sah es dem Kleinen prompt an. Diesmal bekam er das Gerät sofort in die Hände gedrückt. Marcel hob es an sein Ohr.

»Ich bin's nochmal.« Frank sprach schneller als sonst, wirkte aber nicht wirklich beunruhigt. »Ihr kriegt gleich Besuch. Aber es ist nur ne alte Schachtel, also meiner Meinung nach kein Grund zur Panik.«

Marcel drehte sich zum Eingang um, aber dort war noch niemand zu sehen.

»Los!«, sagte er zu Victor, »komm hier rüber! Gleich kommt ne Oma rein, pass auf, dass sie keinen Scheiß macht!«

Dann nahm er Victors vorherige Position ein. Die Messerspitze zeigte jetzt auf Monika Schmidts Hüfte und war von der Tür aus nicht zu sehen.

Als Hildegard Reimann den Laden betrat, bot sich ihr zunächst ein vertrauter Anblick. Monika, die sie schon gekannt hatte, als die noch Schülerin gewesen war, saß an der Kasse und ein Kunde stand hinter ihr. Dass sie plötzlich beiseite gedrängt wurde und ein anderer Mann – ach, was! – ein Kind die Tür zudrückte, verwirrte sie anfangs. Aber dann – der scheinbare Kunde begann Zigarettenschachteln in eine Tüte zu werfen und in der Hand, welche die Tüte hielt, sah sie ein Messer aufblitzen – wurde ihr schlagartig bewusst, geradewegs in einen Raubüberfall hineingeraten zu sein. Sie suchte Blickkontakt mit ihrer ehemaligen Schülerin, die keineswegs erschrocken wirkte, und deutete deren wortlose Botschaft dahingehend, dass sie es wohl gleich hinter sich hätten.

»Okay, hau'n wir ab!«

Marcel versenkte die Messerklinge und ging mit den beiden Tüten auf die Tür zu, in Erwartung, dass Victor diese öffnen würde. Als der nichts dergleichen tat, bellte er ihn an: »Worauf wartest du? Penner!«

»Die Alte hat sicher noch Geld in der Tasche«, sagte der Kleine und zeigte auf die Handtasche der Oma.

Die Frau blickte den großen, aber schmächtigen, blonden Jungen an, der den Ausgang versperrte und ihre Finger verkrallten sich automatisch in den Trageriemen. Zornig und mit fester Stimme erwiderte sie: »Du gehörst in die Schule, mein Junge, und dein Kumpan da«, sie deutete mit wackeligem Kinn auf den Kerl mit der komischen Weste, »der weiß genau, dass er in deinem Alter auch besser in der Schule aufgehoben gewesen wäre . . .«

»Es reicht, Oma! Den Scheiß hör ich mir nicht länger an!« Marcel schob Victor weg und öffnete die Tür. »Los jetzt, Abflug!«

Mit zwei großen Schritten war er draußen, wobei er fast über den Rollator gefallen wäre, der den Eingang blockierte. Aber er umkurvte das Gerät im letzten Moment und eilte weiter. Victor war dicht hinter ihm. Er hörte seine Schritte. Schließlich drosselte er seine Geschwindigkeit.

Zügig, aber nicht zu hastig, steuerten die beiden Franks Auto an.

»Wie geht's Ihnen, Frau Reimann?«, fragte Monika Schmidt, als die beiden Ganoven den Laden verlassen hatten.

»Ich bin wohl mit dem sprichwörtlichen Schrecken davongekommen«, sagte die alte Dame und starrte nachdenklich auf die Öffnung, durch die der kriminelle Nachwuchs eben verschwunden war.

»Na Gott sei Dank!« Monika Schmidt erhob sich und stand nach wenigen Schritten neben ihrer ehemaligen

Deutschlehrerin, die die Riemen ihrer Handtasche immer noch so fest umschlossen hielt, als würde ein Rennpferd daran zerren. »Jetzt rufe ich erst mal die Polizei und dann erledigen wir in aller Ruhe ihren Einkauf. Die brauchen sowieso wieder ne halbe Stunde.«

Die Polizisten Pohl und Pietsch hatten am Vormittag zwei nächtliche Kellereinbrüche aufgenommen, anschließend einen von drei vermissten Schulschwänzern beim Fernsehen mit dem Freund seiner Mutter vorgefunden und in seiner Schule abgeliefert, danach einen betrunkenen Weinhändler mit Liebeskummer, der ohne erkennbare Verletzung in der Notaufnahme des Sankt-Elisabeth-Krankenhauses saß und vom dortigen Personal seit Stunden nicht vom Fleck zu bewegen war, nach Hause geschafft, und dann noch vor einem Supermarkt am Connewitzer Kreuz ein als gestohlen gemeldetes Fahrrad samt aktuellem Benutzer sichergestellt. Gegen zwölf meldeten sie sich zur Mittagspause ab und aßen in einer Hochschulkantine Spaghetti Bolognese beziehungsweise Schnitzel mit Spargel und Kartoffeln und kauften sich je einen Becher Latte macchiato zum Mitnehmen. Die Mitteilung vom Überfall zweier Männer auf eine Drogerie, welche kaum drei Autominuten von ihrem derzeitigen Standort entfernt lag, erreichte sie just in dem Moment, in dem sie ihren Streifenwagen bestiegen.

Monika Schmidt und Hildegard Reimann waren damit beschäftigt, den Korb des Rollators so effektiv wie möglich mit verschiedenen Artikeln aus dem Laden vollzupacken. Sie staunten nicht schlecht darüber, dass kaum fünf Minuten nach dem Anruf ein Polizeiwagen eintraf. Die Verkäuferin war gleich doppelt überrascht, weil sie einen der aussteigenden Uniformierten kannte.

»Bernd!«, rief sie. Ihre ältere Tochter und seine Jüngste gingen in dieselbe Klasse und waren eng befreundet, was dazu geführt hatte, dass man sich neben den obligatorischen Elternabenden auch schon hin und wieder privat zusammengefunden hatte, um die ein oder andere Flasche zu leeren.

»Hallo, Moni! Solltest du deinen Laden nicht wenigstens mal vorübergehend zumachen?«

»Ist längst passiert, ich helfe hier nur noch kurz!«

»Hast du gesehen, wohin die Täter gelaufen sind?«

Monika Schmidt schüttelte den Kopf.

Polizeioberkommissar Bernhard Pohl, 52, Bürgerpolizist für den Bereich Connewitz, stülpte seine Dienstmütze über, zupfte sein hellblaues Diensthemd über den längst nicht mehr durch Einziehen zu verbergenden Bauch zurecht und sah sich um. Außer den beiden, offensichtlich nicht eben traumatisierten Frauen, schienen sich keine Menschen in unmittelbarer Nähe aufzuhalten, nur aus einem Fenster im dritten Stock eines Nachbarhauses winkte ein Mann im Unterhemd, zeigte dabei in Richtung Innenstadt und rief etwas, das aber vom Lärm eines vorbeifahrenden LKW verschluckt wurde.

Bernhard Pohl tauschte einen kurzen Blick mit seiner Kollegin aus, woraufhin diese den Eingang des Nachbarhauses anstrebte, dann wendete er seine Aufmerksamkeit wieder der Drogerie zu. Er stellte sich der älteren Frau, die trotz der Hitze eine ausgeleierte Strickjacke trug, vor und fragte nach ihrem Namen.

»Reimann, Hildegard Reimann, Herr Inspektor...«

»Kommissar reicht.« Nie hörten die Leute zu, wenn er seinen Dienstgrad nannte. »Und Sie waren auch im Laden während des Überfalls?«

»Ich bin sozusagen mitten hineingeraten.« Die Frau zeigte mit einem überaus schlanken Zeigefinger dorthin, woher sie vermutlich gekommen war.

»Genau«, mischte sich Monika Schmidt ein, »und die beiden schienen das vorher gewusst zu haben...«

»Moment!«, unterbrach Bernhard Pohl, hob eine Augenbraue und drehte sich zu seiner Bekannten um. Monika hatte die Hände in die Hüften gestimmt und schien darauf zu brennen, ihr Wissen mit ihm zu teilen. »Also dann mal von vorn!«

Monika Schmidt erzählte, wie die beiden jungen Männer in den Laden kamen, um angeblich Kaugummi zu kaufen, wie ihr nach dem Öffnen der Kasse plötzlich ein Messer vor den Hals gehalten wurde und das Geld in einer Tüte verstaut wurde.

Sie erwähnte die zwei Anrufe und dass nach dem ersten die Zigaretten eingepackt wurden und nach dem zweiten Frau Reimann aufgetaucht war.

»Die wurden also von irgendwem gewarnt, der sich draußen aufgehalten hat. Hast du – oder haben Sie schon mal einen der beiden gesehen?«

»Ich hab die hier noch nie gesehen.« Monika Schmidt war sich sicher.

Hildegard Reimann schien nachzudenken. »Nein, ich glaube nicht, aber . . .«

In dem Moment gesellte sich Bernhard Pohls Kollegin, Polizeihauptmeisterin Franziska Pietsch, 37, zu ihnen, tippte zum Gruß an die Mütze und sagte: »Der Mann da oben hat vor etwa zehn Minuten gesehen, wie unsere zwei Jungs dort drüben in einen roten PKW einstiegen und Richtung Kreuz wegfuhren. Und er schwört, dass sie hinten eingestiegen sind.«

»Roter PKW? Geht's nicht genauer?«

»Der Mann ist schon recht betagt. Er sieht nicht mehr so gut.«

»Na wenigstens ist er nicht farbenblind.«

»Herr Inspektor«, meldete sich Hildegard Reimann zu Wort, und die Polizistin konnte sich ein Grinsen nicht verkneifen. »Ich bin sicher, es war ein älterer Ford Escort . . .«

»Aha?« entfuhr es Bernhard Pohl staunend. Ein kurzer wortloser Austausch mit seiner Kollegin ließ Eingeweihte die stumme Eintracht erkennen, mit der beide daran dachten, die Frau in den Kreis der Zeugen des Monats aufzunehmen.

»Ich bin«, fuhr Hildegard Reimann ungerührt fort, »auf dem Weg zur Drogerie an dem Auto vorbeigekommen. Mein verstorbener Mann fuhr genauso einen, Baujahr '92, auch einen roten.«

»Ein roter Ford Escort ist letztens irgendwo beim Schwarztanken abgelichtet worden«, sagte Franziska Pietsch.

»Ich erinnere mich«, stimmte Bernhard Pohl zu. »Haben Sie zufällig auf das Kennzeichen . . .?«

»Nein«, jetzt schnitt Hildegard Reimann ihrerseits dem Polizisten das Satzende ab. »Habe ich nicht, aber da wusste ich ja auch noch nicht, dass . . .«

»Befand sich jemand im Wagen?«

»Sie meinen, ob jemand drin saß?«

Bernhard Pohl nickte.

»Ja, und das ist ja das Komische . . .« Jetzt machte Hildegard Reimann eine Pause und genoss es, dass die Aufmerksamkeit der Polizisten und der Verkäuferin fast körperlich spürbar wurde.

»Was?« drängte Franziska Pietsch schließlich, aber eine Straßenbahn verschaffte Hildegard Reimann noch weitere Sekunden des Genusses.

»Also das Komische«, nahm sie dann ihren Faden wieder auf, »vorn auf dem Sozius saß ein Junge, ein Kind noch. Geraucht hat er wie ein Schlot und als ich ihn tadelnd ansah, hat er ein schlechtes Gewissen bekommen . . .« Wieder eine Pause, aber die eindringlichen Blicke der Polizisten trieben sie voran. »Und dieses Kind sah haargenau so aus wie der blonde Junge in der Drogerie.« Jetzt reckte sie stolz das Kinn und wartete.

»Das glaub ich jetzt nicht!« Franziska Pietsch, Bürgerpolizistin für den Betreuungsbereich Knauthain, Knautkleeberg, Großzschocher, schob ihre Mütze in den Nacken und atmete hörbar ein. »Hellblond? Und mit leicht pickeliger, rosafarbener Gesichtshaut?«, fragte sie.

»Genau!«, antwortete Hildegard Reimann und Monika Schmidt stimmte lautlos zu, auch wenn sie nur den einen gesehen hatte.

»Unsere Schulschwänzer?«, reimte sich Bernhard Pohl zusammen. »Die Hütchen? Bist du sicher?«

»Absolut! Das können nur die beiden gewesen sein. Ich informiere die Kollegen.«

Franziska Pietsch drehte ab und lief zum Streifenwagen.

»Die Hütchen?« Monika Schmidt verzog den Mund. »Ist das ein Code oder so was?«

»Nein, das sind die Zwillinge Victor und Eugen Hut«, sagte Bernhard Pohl. »Genannt: die Hütchen. Die haben wir schon seit ner ganzen Weile auf dem Schirm, aber Raubstraftaten gehörten bisher nicht zu ihrem Repertoire. Seit zwei Tagen suchen wir sie, ihre Schule hat sie abkömmlich gemeldet, bei ihrer Mutter sind sie seitdem nicht aufgetaucht. Die Frau ist nett, aber mit den Kindern völlig überfordert und spricht kaum deutsch.«

»Eine Schande!«, sagte Hildegard Reimann. »Da muss man doch unterstützend eingreifen! Was sagt denn das Jugendamt dazu?«

Bernhard Pohl machte eine abschließende Handbewegung und lächelte. »Leider kann ich jetzt nicht mit Ihnen darüber diskutieren. Wenn meine Kollegin zurückkommt, nehmen wir den Vorgang auf. Und dann beschreiben Sie mir diesen älteren Jungen mal etwas genauer, mein Instinkt sagt mir, dass wir den auch schon näher kennen.«

Frau Reimann stöhnte: »Langt es, wenn Monika das macht. Ich bin erschöpft und würde gern meine Einkäufe nach Hause schaffen.« Der Satz klang eher fordernd als nach einer Bitte.

Bernhard Pohl betrachtete den vollgepfropften Korb des Rollators. Entweder die Frau hatte sich reichlich eingedeckt, oder sie hatte einen speziellen Kundenbonus erhalten. Bernhard vermutete stark das Zweite. »Ihre Ein-käu-fe?«, sagte er deswegen betont langsam und er spürte den angespannten Blick, den er von Monika Schmidt dafür abbekam, förmlich auf seiner Wange brennen.

»Sie können davon ausgehen, dass ich nicht weglaufen werde, falls Sie noch Fragen haben«, sagte Hildegard Reimann. »Nicht wahr, Monika?«

Monika Schmidt nickte zustimmend. »Der Inspektor geht davon aus«, sagte sie und fand ein Lächeln für ihren Bürgerpolizisten.

»Also dann empfehle ich mich fürs Erste!« Die alte Frau hob eine schlanke Hand zum Gruß und begann, ihr Gefährt über die holprigen Betonplatten zu schieben.

»Über diese sogenannten Einkäufe«, Bernhard Pohl sah Monika Schmidt mit einem wissenden Ausdruck an, »reden wir ein andermal!«

Monika Schmidt war sich ihrer Schuld durchaus bewusst. Aber immerhin besaß ihre alte Deutschlehrerin jetzt Zahnpasta, Feuchttücher, Spülmittel und diverse andere Sachen, die eine ganze Weile ausreichen würden. Sie schenkte Bernd, diesem von Grund auf gemütlichen Ordnungshüter alter Schule, ein melancholisches Lächeln.

»Ihr könntet mal wieder zum Grillen kommen«, sagte sie. »Dann diskutieren wir das aus.«

Frank Steier zählte das Geld, das übrig geblieben war. Nach dem gelungenen Diebstahl waren sie durch die Stadt nach Markkleeberg gefahren.

Auf dem Parkplatz eines abgelegenen Supermarktes hielt

er an. Er schickte die Jungs Getränke holen, schloss den Wagen ab und gemeinsam machten sie sich mit einem Sixpack Bier und Cola bestückt, zu Fuß durch den nur wenige hundert Meter langen Waldweg hinunter zum Ostufer des Cospudener Sees.

Frank Steier saß im Schatten eines hohen Strauches breitbeinig auf dem Rasen, ein paar Schritte vor ihm plätscherten die Wellen in den Kies und ein angenehmes Lüftchen wehte vom Wasser herüber. Die Jungs hockten um ihn herum, gemeinsam bildeten sie einen Kreis, oder, seiner Meinung nach, eher ein Viereck. Er strich das Münzgeld ein und steckte es in die Hosentasche.

»Hundertdreiunddreißig Euro«, sagte er. »Das macht für jeden ... « Er hob den Kopf, sah in die Runde und freute sich auf die Anerkennung, die seine nächsten Worte auslösen würden, »und meiner Meinung nach sollte jeder den gleichen Teil abkriegen«, fuhr er fort, »Also wäre das, macht das ...«

»Dreiunddreißigfünfundzwanzig«, sagte einer der beiden blassen, Cola trinkenden Jungs.

»Was für ne bescheuerte Zahl«, blaffte Marcel. Er hatte gerade sein Bier zur Hälfte geleert und goss Cola in die Flasche, bis diese überschäumte und er den Mund zu Hilfe nehmen musste.

»Also dreißig für jeden«, sagte Frank Steier. »Der Rest ist Spritgeld.«

Die anderen nickten zustimmend und er begann mit der Aufteilung. Vorher vergewisserte er sich, dass es keine unliebsamen Zuschauer gab. Doch heute war es ungewöhnlich leer am See. Dabei müsste es doch jede Menge Menschen geben, die um diese Zeit nichts Besseres zu tun hatten. Er schob sich seinen Anteil in die Hosentasche und hob sein Bier. »Na dann, Prost!«, rief er und die anderen stießen an. Das daraufhin entstehende dumpfe Klacken ließ wohl allein bei ihm nostalgische Erinnerungen an gläserne Colaflaschen aufkommen. Dass es mal Cola ausschließlich in Glasflaschen gegeben hatte, wussten die Jungs vermutlich nicht mehr.

Marcel warf seine leere Flasche zur Seite und stopfte die Geldscheine achtlos in eine der Westentaschen. »Fährst du noch in die Stadt?«, wollte er wissen.

Frank Steier verneinte kopfschüttelnd. Er ahnte, wusste es im Grunde, dass Marcel nach etwas suchte, das härter war als Alkohol. Und teurer. »Ich mach mich dann auf den Heimweg. Wieso?«

»Ich brauch ne neue Handykarte. Auf meiner alten ist so gut wie nichts mehr drauf und die Sozialarbeiterwichser quatschen mir die Mailbox zu!«

»Quatschen können die!«

»Ich muss dann nur bei dir die Anmeldung im Internet machen.«

»Kein Problem, komm einfach vorbei! Egal wann.«

Marcel kannte diesen Blick von Frank. Ihm war klar, Frank wusste Bescheid. Und er schätzte es sehr, dass der ihm keine Vorschriften machte. Er steckte sich eine Zigarette in den Mund, pulte einen Stein zwischen den Grasbüscheln vor seinem Schoß heraus und warf diesen mit einer sensenartigen Bewegung auf den See hinaus, in der Hoffnung, den Stein ein paar Sprünge machen zu sehen. Aber der Stein wurde einfach verschluckt, wie ein Wurm von einem Barsch. Missmutig wandte er sich an die Zwillinge. »Was macht ihr mit dem Geld?«, wollte er wissen.

Die beiden starrten Löcher in das Gras und hielten ihre angetrunkenen Colaflaschen fest. Einer sagte: »Ich würd mir gern ein Fahrrad kaufen.« Der andere nickte dazu, als hätte er dasselbe sagen wollen.

»Ein Fahrrad?« Marcel lachte, und musste schon wieder an seine Zeit als Handtaschenpflücker denken. »Vergiss es!« Er nahm sich ein neues Bier, schraubte den Deckel ab und schüttelte missbilligend den Kopf. »Das kostet mindestens ... ich weiß nicht! Kauf dir einen Bolzenschneider für 20 Euro und dann holst du dir ein Fahrrad!«

Die Zwillinge antworteten nicht und wichen Marcels Blick aus. Draußen auf dem See erschien ein weißes Segel.

»Die Jungs sind eben anders als du«, sagte Frank Steier. »Und irgendwann haben sie trotzdem ihr Fahrrad.«

Die Zwillinge lächelten einträchtig. Marcel hob skeptisch die Augenbrauen.

»Irgendeinen Traum hat doch jeder.« Frank Steier zeigte mit dem Hals seiner Bierflasche auf das Segelboot.

»Schaut mal ...«

Stefan B. Meyer

FEIERABEND

»... seid ihr noch draußen in Engelsdorf?«

Dieser letzte Satz aus der Funkzentrale sorgte dafür, dass Polizeihauptmeisterin Franziska Pietsch, die hinter dem Steuer saß, die Augenbrauen anhob und ihren Nachbarn ansah.

»Ich fürchte, die woll'n was von uns«, murmelte sie.

»Negativ«, beantwortete Polizeioberkommissar Bernhard Pohl die Frage des Kollegen und fügte nachdrücklich hinzu: »Wir sind schon in Anger-Crottendorf und haben seit einer Viertelstunde Feierabend.«

»Anger-Crottendorf trifft sich gut«, kam es ungerührt aus dem Lautsprecher. »Ihr müsst noch einen kleinen Abstecher zum Paunsdorf-Center machen. Eben hat sich ein Bürger namens Zimmermann gemeldet, der heute um zehn Uhr im Revier Südwest seinen PKW als gestohlen gemeldet hat. Angeblich hat sein Nachbar besagtes Fahrzeug vor fünf Minuten von der Riesaer Straße in die Schongauer einbiegen sehen. Ein silbergrauer Ford Focus '04, Kennzeichen, Moment...«, der Kollege las das Kennzeichen irgendwo ab und Bernhard Pohl schrieb mit. Dann zuckte er mit den Schultern und sagte: »Wir kümmern uns drum.«

Franziska Pietsch verdrehte die Augen in Richtung Himmel und setzte den Blinker, um die kommende Wendemöglichkeit wahrzunehmen.

Schweigend entfernten sich die beiden Polizisten weitere Minuten vom Ende ihrer Schicht.

Die südliche Einfahrt zum Paunsdorf-Center lag schon in

Sichtweite, als sich die Polizeihauptmeisterin zu Wort meldete.

»Allein der Parkplatz hat mindestens drei, vier Hektar! Ganz zu schweigen von den Parkhäusern. Außerdem hab ich Hunger und muss mal dringend für kleine Mädchen.«

»Du hast die Parkplätze vor dem Bad und den Klitschen auf der anderen Seite vergessen.«

»Hab ich nicht. Ich hab das verdrängt.«

»Wenigstens werden wir ein Klo für dich finden. Und irgendwo zwei Kaffee holen.«

Seit ihrer Mittagspause vor über fünf Stunden in einer Kantine im Süden der Stadt waren sie ununterbrochen im Einsatz gewesen, zuletzt hatten sie sich bei der winterlichen Kälte auf einer ruhenden Baustelle in Engelsdorf zusammen mit dem Bauherren die Ohren abgefroren, um auf Mitarbeiter einer Sonderkommission zu warten, welche die Edelmetalldiebstähle in der Region bearbeitete.

Franziska Pietsch bog in die Einfahrt zum Einkaufszentrum ab, rollte im dritten Gang langsam auf den ersten Kreisverkehr zu und fragte: »Wo, zum Teufel, fangen wir an?«

»Bei McDoof«, antwortete Bernhard Pohl.

Marcel und Chris waren beileibe keine unbeschriebenen Blätter, aber eingefahren war noch keiner von ihnen. Chris' bisherige Höchststrafe bemaß sich in zwanzig geleisteten, echt anstrengenden Arbeitsstunden, Marcels erste Haftstrafe war zur Bewährung ausgesetzt worden, da der Jugendrichter ihn für eine Nebenfigur bei den Raubüberfällen seines einschlägig vorbestraften und vor allem erwachsenen Komplizen Frank hielt. Und während Frank seine zwei Jahre absaß, nutzte Marcel dessen Bude ab und an als Unterschlupf.

Chris wuchs in einem ehemaligen Bauernhof in Markranstädt bei seiner Oma, einer ehemaligen LPG-Vorsitzenden, auf, er war da immer noch gemeldet und besaß ein eigenes Zimmer, ließ sich aber nur noch selten dort blicken. Marcel, dessen letzte Meldeadresse er einem sogenannten sozialen Wohnprojekt zu verdanken hatte, zur Zeit ohne festen Wohnsitz, wohnte bei einem Kumpel in Grünau, einem Stadtteil, in dem es sich eigentlich prima chillen ließ. Aber seit das öffentliche Gerede über irgendwelche Kinderbanden die Gegend um das Allee-Center in Verruf gebracht hatte, waren sie auf der Suche nach ruhigeren Plätzen. Die Stadt war schließlich groß genug und da mittlerweile beide ihr achtzehntes Lebensjahr vollendet hatten, ging ihnen das Jugendamt nicht mehr auf die Nerven.

Den Tabakladen in Gohlis hatten Chris und Marcel gestern Abend noch zu Fuß ausgenommen. Mit der Beute von 86 Euro waren sie in einer Gaststätte in Plagwitz eingekehrt und hatten zwei Steaks mit Pommes und Grünzeug verzehrt und je zwei Halbe getrunken. Das Auto war ihnen auf dem Weg in Richtung Schleußig eher zufällig in die Fänge geraten – Marcel entdeckte einen Schlüsselbund zwischen zwei quer zur Fahrbahn geparkten Fahrzeugen. Der Autoschlüssel mit Ford-Aufschrift passte in den grauen Focus, neben dem der Fahrer den Schlüsselbund offenbar verloren hatte. Marcel setzte sich hinter das Lenkrad und Chris nahm neben ihm Platz, der Wagen sprang mühelos an und während sie gemächlich zwischen den Häuserreihen hindurch rollten, überkam sie plötzlich ein unbändiges Gefühl von wahrer Freiheit, einer Art Freiheit, welche den Pissern, die tagtäglich in ihre Wagen stiegen, als sei dies das normalste von der Welt, längst abhanden gekommen war. Falls sie es denn jemals gehabt hatten.

Die Tankanzeige stand im oberen Drittel und sie unternahmen eine spontane Spritztour über die B2 nach Zwenkau, kauften in einem Supermarkt in Markkleeberg einen

Sechserpack Bier, ein paar Dosen Pink-Energy und zwei Flaschen Wodka und besuchten abends Andreas, einen Kumpel von Frank, der ein winziges Anwesen in Knauthain besaß, in dessen Hof sie den Wagen vor neugierigen Blicken geschützt unterbringen konnten. Mit selbst gemixten Drinks und zwei oder drei Horrorfilm-DVDs läuteten sie die Nacht ein und kurz nachdem Andreas sein Gras auspackte und ein paar dicke Tüten gekreist waren, fielen sie in einen Tiefschlaf, aus dem sie erst heute Nachmittag erwachten. Und weiterfuhren. Oder, wie Chris es auf dem Weg zum Paunsdorf-Center genannt hatte, ihr eigenes Roadmovie durchzogen. Auch wenn das Autoradio Kacke war und sich kein anderer Sender einstellen ließ.

»Wir brauchen Bares, Bruder«, sagte Chris als sie den McDirtyBurgerPalace verlassen hatten und mit ihren gefüllten Papiertüten durch die Passagen schlenderten. Traurig betrachtete er die letzten Münzen, bevor er sie in die Hosentasche steckte.

Marcel nickte und rückte sein Basecap zurecht, dann zog er ein frittiertes Nugget aus der Tüte und steckte es in den Mund. »Lass mal hier bisschen umseh'n«, meinte er kauend.

»Scheiße, Mann. Die Läden hier drin sind alle total überwacht. Wenn wir's überhaupt bis zum Auto schaffen, ham' die hier Portraits von uns.« Chris klappte den Deckel seiner Schachtel auf und griff nach dem Burger. »Fuck!« fluchte er und leckte sich die mit Soße besudelten Finger ab.

»Mann, ich red' nicht von den verfickten Läden«, antwortete Marcel, ließ sich auf einer Bank vor einem Schuhgeschäft nieder und wartete, bis Chris sich neben ihn gesetzt hatte. Dann sagte er: »Ich red' von den ganzen Leuten hier. Wär doch echt komisch, wenn da nicht jemand bei ist, der uns draußen auf'm Parkplatz nicht gern seine Handtasche oder so überlässt.«

Dr. Ulrich Messner hatte es nicht eilig. Seine Schicht in der Transplantationschirurgie der Uniklinik lag seit zwei Stunden hinter ihm und bis zur Geldübergabe morgen früh auf der Baustelle war noch genug Zeit. Seit 14 Monaten arbeitete er in Leipzig und heute Vormittag, im Alter von 33 Jahren, hatte er seine erste eigene Leber bekommen. Das heißt, der Chef, von dem er schon glaubte, dass der ihn mutwillig von den lukrativsten Operationen fernhalten wolle, teilte ihm endlich einen jener Eingriffe zu, die ihm jene vertraglich vereinbarten Bonuszahlungen einbrachten, mit denen er längst gerechnet hatte. Hier und da eine Niere, sicher, nicht zu verachten, aber nun schien der Einstieg ins nächst höher dotierte Fach gelungen, der Eingriff war positiv verlaufen und Ulrich Messner fühlte sich gut. Zumal trotz der winterlichen Temperaturen das Dach seines künftigen Einfamilienhauses noch in dieser Woche fertig gestellt werden sollte. Also würde er seiner im dritten Monat schwangeren Frau heute Abend mitteilen können, dass ihr Mann nunmehr in den Kreis der Großchirurgen aufgestiegen war und dass dem geplanten Einzug ins neue Heim im kommenden Frühjahr so gut wie nichts im Weg stand. Wirklich gute, nahezu euphorisch machende Nachrichten. Und dass er gestern auf der Baustelle mit dem Dachdecker, einem kleinen und sehr geschäftstüchtigen Mann, vereinbart hatte, einen Großteil seiner handwerklichen Leistungen in bar zu vergüten und damit nicht das Finanzamt zu belästigen, war ein zusätzliches Erfolgserlebnis gewesen.

Ohne all die Menschen zu beachten, die um ihn herum durch die Passagen hetzten und die sich bestimmt nicht denken konnten, dass er, Ulrich Messner es womöglich sein könnte, der ihnen dereinst ein lebensrettendes Organ einsetzte, ohne Eile und ganz von seinen Gedanken beseelt, betrat er die Bankfiliale, der er seinen Besuch bereits telefonisch angekündigt hatte.

»Komm!«

Marcel zerknüllte seine Tüte und stopfte sie in den Abfallbehälter neben der Bank. Er deutete mit dem Kinn auf eine elegant gekleidete Frau, die einen Kinderwagen schob. »Ich wette, die hat genug Kohle, aber ich wette auch, die hat keine dabei.«

»Aha.« Chris wischte sich mit dem Ärmel den Mund ab und folgte der Frau für einen Moment mit dem Blick. »Aber warum geht die dann ausgerechnet hier spazieren?« sagte er.

»Mann, die zahlt halt mit ihrer bescheuerten Karte.«

»Das machen die doch alle.« Chris warf seine Tüte ebenfalls in den Behälter.

»Alle?« Marcel atmete tief durch. »Alle wäre ziemlich Scheiße!«

»Naja«, Chris drehte die leeren Handflächen nach oben. »Vielleicht nicht alle.«

»Okay. Dann lass uns die Lage draußen checken! Hier drin wo es warm ist, seh'n die alle so gleich aus.«

»Wenn nichts läuft haben wir immer noch 'ne Flasche Wodka.«

Sie standen auf und machten sich auf den Weg zum mittleren Ausgang des Einkaufszentrums. Keiner der unzähligen Menschen, die ihnen entgegen kamen, schien Notiz von ihnen zu nehmen. Die Leute wichen entweder aus oder sie standen gedankenverloren im Weg, so dass Marcel und Chris ihrerseits ausweichen mussten. Draußen, in der unterdessen dunkel gewordenen Kälte angekommen, zündeten sie sich Zigaretten an und lehnten sich an die hölzerne Seitenwand einer Imbissbude.

»Gut«, sagte Bernhard Pohl, der die eben gekauften Sachen trug, während sich seine Kollegin wieder hinter das Steuer setzte. »Lass uns erst die Runde drehen, vorher kann ich nicht in Ruhe essen.«

»Geht mir genauso«, antwortete Franziska Pietsch und griff nach dem Becher, den ihr Kollege in die dafür vorgesehene Halterung gesteckt hatte. Sie ließ den Wagen losrollen und trank beiläufig einen Schluck Kaffee. Plötzlich riss sie den Becher von den Lippen und das Fauchen, welches ihr anschließend entwich, klang, als hätte man einer Katze Peperoni unter das Futter gemischt.

»Mach langsam«, sagte ihr Nachbar.

»Die Plörre ist heiß wie flüssiges Eisen«, ächzte sie. «Und Zucker fehlt!"

«Ist drin, musst nur umrühren!"

Ein paar Minuten fuhren sie schweigend zwischen den das Licht der Laternen spiegelnden Blechkarossen hindurch.

»Aussichtslos«, murmelte Franziska Pietsch irgendwann. Im Wageninneren breitete sich der Geruch von soßengetränktem Hackfleisch, welkenden Rohkostbeilagen und warm werdendem Packpapier aus.

»Ich hab einen Scheißhunger«, stöhnte Bernhard Pohl.

Fast im Schritttempo passierten sie Wagen um Wagen.

»Wie macht ihr das mit eurer kleinen Tochter? Ich meine, wegen der Scheidung,«, nahm Bernhard Pohl ein Thema vom vergangenen Nachmittag wieder auf.

»Trennung«, antwortete sie und warf ihrem Kollegen einen nachsichtigen Blick zu. »Wir sind nicht verheiratet.«

Plötzlich hielt sie den Wagen an. »Da drüben.« Sie zeigte mit der rechten Hand auf ein helles, zwischen zwei dunklen Kombis stehendes Fahrzeug. »Ein Focus, könnte silbergrau sein. Wie war das Kennzeichen?«

»Das ist er«, bestätigte ihr Sitznachbar staunend, bevor er sich angestrengt umsah. »Fahr zurück und park dahinten, dann haben wir freie Sicht und stehen nicht auf dem Präsentierteller.«

Franziska Pietsch lotste den Streifenwagen rückwärts in

eine Lücke, etwa dreißig Meter entfernt von dem eben entdeckten Wagen. Sie schaltete den Motor ab, packte sich eine der geruchsintensiven Tüten auf den Schoß und lehnte sich im Sitz zurück. Während ihr Kollege die Entdeckung des gestohlenen Autos meldete und eine Zivilstreife anzufordern versuchte, schob sie sich einen panierten Zwiebelring in den Mund, kaute genüsslich und hoffte, dass in den nächsten zehn Minuten niemand dem Objekt ihrer Beobachtung zu nahe kommen würde.

»Das ist unser Mann!« Marcel stieß sich von der Wand ab und trat die Kippe aus. »Komm!«

»Echt?« Chris wirkte eher unentschlossen. »Der?«

»Den hab ich vorhin in die Bank reingehen seh'n. Und ich fress' mein Handy, wenn der nicht was Bares mitgebracht hat!«

»Echt? Wie kommst'n darauf?«

»Vertrau mir, Mann, ich hab ein Auge für so was. Guck dir diese Visage doch mal an. Und wie der seine Tasche festhält.«

Chris sah genauer hin. Der Mann war noch nicht so alt, ein eher schmächtiger Typ. Und er schien irgendwie weggetreten zu sein, so als hätte er gerade was eingeworfen oder einen geraucht. Und die Tasche, mit der schien er irgendwie zu kuscheln.

»Okay, Alter, versuchen wir's.«

Sie warteten, bis der Mann nur wenige Meter entfernt an ihnen vorbei gelaufen war, dann folgten sie ihm. Offenbar hatte ihn die Anwesenheit im Einkaufszentrum so weit entrückt, dass er sich nicht mehr vorstellen konnte, dass es auch andere, realitätsbezogene Mitmenschen in seiner Umgebung gab.

»Jetzt holt er sein Handy raus«, sagte Marcel und blieb stehen, denn der Mann hielt ebenfalls an.

»Er ruft sein' Dealer an und sagt, dass er die Kohle hat«, murmelte Chris scherzhaft. «Für mich sieht der aus wie einer von den beschissenen Koksern."

»Nee«, stieg Marcel darauf ein, »er ruft den Geiselnehmer von seiner Tochter an und fragt, wo er die Million hinschaffen soll.«

Chris kicherte und kramte nach Zigaretten. »'Ne Million, Scheiße, ich lach mich tot. Stell dir das mal in echt vor.«

»Hab ich schon hundert Mal.«

»Und? Was würdest du mit so viel Geld machen?«

Marcel nahm sich eine Zigarette aus Chris Schachtel. »Keine Ahnung, Mallorca vielleicht.« Er gab ihnen beiden Feuer, ihre Zielperson telefonierte immer noch. »Erst mal wahrscheinlich 'nen Führerschein.«

»Führerschein?« Chris Augen weiteten sich erstaunt. »Was willste denn damit? Wenn einer wie du oder ich Auto fährt, ist er doch sowieso auf der Flucht. Dazu brauchste kein' Führerschein!«

»Schon klar, Klugscheißer, aber wenn du 'ne Million hast, dann kaufst du dich ein.« Marcel sah seinen Kameraden bedeutungsvoll an. »Verstehste? Dann bist du nicht mehr auf der Flucht.«

»Klar«, Chris grinste und zeigte mit der Hand, die die Zigarette hielt auf den telefonierenden Mann. »Aber ich schätze, der Blödmann hat keine Million. Der quatscht nur mit seiner Alten.«

»Egal, mit wem er quatscht. Das ist unser Mann.«

»Hallo Schatz«, sagte Ulrich Messner, während er den Hals reckte und die Parkreihen nach seinem Auto absuchte. »Ja, gut gelaufen«, fuhr er freudig erregt fort, »ab jetzt geht's steil nach oben und morgen bezahle ich den Handwerker...« Endlich entdeckte er das hohe Dach seines SUV zwischen ein paar gewöhnlich niedrigen Karossen. »... ja,

Schatz, ich freue mich . . . ja, ich fahre bei der Videothek vorbei, wie heißt der Film . . .? Gut, ich bin in einer halben Stunde zu Hause, zünd' schon mal ein paar Kerzen an!«

Er ließ das Telefon in der Manteltasche verschwinden und lächelte vor sich hin.

Ein wohliger Schauer kroch ihm über den Nacken, als er auf seinen Wagen zuging, dessen künftige Raten ihm gestern noch leichtes Kopfzerbrechen bereitet hatten und der bisher so erfolgreiche Verlauf des Tages und die Vorfreude auf einen gemütlichen Abend mit seiner Frau erwärmten ihn innerlich.

Belinda Schott war müde. Sie arbeitete in einem größeren der zahlreichen Klamottenläden und nach ihrer heutigen Frühschicht hatte sie noch ein paar Stunden für ihre Kollegin dran gehängt, die einen Termin beim Radiologen wahrnehmen musste. Ihr Mann war längst zu Hause und sein Job als Straßenbahnfahrer brachte die Vorteile mit, dass er immer annähernd pünktlich Dienstschluss hatte, und dass er für seinen Heimweg nach Lindenau kein Auto benötigte. Er und die Kinder erwarteten sie sehnsüchtig, denn wie immer, wenn ihre Schichten zuließen, dass sie gemeinsam zu Abend essen konnten, hatte sie eingekauft.

Mit zwei prall gefüllten Tüten in den Händen schlängelte sie sich routiniert zwischen einigen trödelnden Amateureinkäufern hindurch und atmete erleichtert auf, als sie die Hallen des Einkaufszentrums verließ und spürte, wie das erste Mal seit Stunden frische kühle Luft durch ihre Nasenflügel strömte.

Sie blieb kurz stehen und registrierte die gleiche Dunkelheit wie bei ihrer morgendlichen Ankunft und sie freute sich darauf, am kommenden Tag erst um elf anfangen zu müssen. Die Henkel der Tüten erinnerten sie daran, dass sie nicht schwerelos war, sie hob den Kopf, atmete noch einen dieser tiefen, befreienden Züge und begab sich auf den Weg in die Richtung, in welcher sie ihr Auto vermutete.

Mit eingezogenem Hals und tief in den Taschen seines Anoraks versenkten Händen schritt Andreas Feil zielstrebig durch die schier endlosen Reihen parkender Autos. Er arbeitete für SilentClean, einem bundesweit tätigen Unternehmen der Reinigungsbranche, als ortsansässiger Gebietsleiter einer Filiale mit 12 Festangestellten und einer kleinen Armee aus Leih- und Pauschalkräften. Er war 47 Jahre alt, breitschultrig und maß nur Eins siebenundsechzig und sein watschelnder Gang hatte ihm bei seinen Untergebenen den nicht eben schmeichelhaften Spitznamen ›Donald‹ eingebracht, aber er konnte damit leben, denn seiner Gelassenheit lag ein, wie er meinte, zutiefst pragmatisches Weltverständnis zu Grunde. Eben hatte er seine wöchentliche Kontrollrunde beendet – das letzte Team putzte gerade gegenüber dem Einkaufszentrum in der Leipziger Außenstelle des Landeskriminalamtes – und nun war sein heutiger, zwölfstündiger Arbeitstag zu Ende. Und wie so oft, stellte er auch an diesem Abend fest, dass er sich zu wenig bewegt und seit einem bescheidenen Frühstück noch nichts gegessen hatte. Dabei machte es ihm nichts aus, lange zu arbeiten, denn er hatte zwar eine feste Freundin, mit der er sich selten unter der Woche, an Wochenenden hingegen regelmäßig traf, lebte aber allein. Der Job war einigermaßen krisenfest und sein Gehalt wurde pünktlich gezahlt, was seine Hausbank wohlwollend registriert hatte, bevor sie ihm den Kredit für eine Eigentumswohnung in der Südvorstadt bewilligte.

Andreas Feil war ein sparsamer, fast geiziger Mann und die Hypothek hatte ihn diesbezüglich noch sparsamer, noch geiziger gemacht, aber bei der Auswahl seiner Nahrungsmittel unterzog er sich kaum finanziellen Beschränkungen. Während er dem Einkaufszentrum näher kam, befand er sich gedanklich schon in seiner geräumigen Wohnküche und schnitt auf einem Bambusbrett Kräuterseitlinge und Shiitake in hauchdünne Scheiben, die er anschließend in erhitztes Butterschmalz gab und fast wäre ihm bei seinen Vorstellungen das Wasser im Mund zusammengelaufen. Aber dann kam er an dem Streifenwagen vorbei, hinter dessen Frontscheibe er im Licht der Laternen die beiden Polizisten, einen Mann und eine Frau, erkennen konnte, die gerade dabei waren, sich mit Industrienahrung vollzustopfen und obwohl die Frau hinter dem Steuer seinem entsetzten Blick mit einem kauenden Lächeln begegnete, wurde ihm von dem Anblick fast schlecht und er sah zu, dass er weiter kam.

»Scheiße«, flüsterte Chris, »der latscht direkt auf unser Auto zu!«

Marcel sah sich um und entdeckte niemanden in unmittelbarer Nähe. »Dann lass uns mal beeilen«, flüsterte er zurück, »ist doch praktisch, um so schneller sind wir weg.«

Der schmächtige Mann, der seine Tasche so innig umarmte, hatte etwa 15 Meter Vorsprung. Er versenkte eine Hand in seinem Mantel und kurz darauf leuchteten die Blinker eines neben ihrer geklauten Karre geparkten Angeberwagens auf, als würde ein Spielautomat gleich einen Gewinn ausspucken. Gleichzeitig schnappten hörbar die Schlösser auf. Chris und Marcel beschleunigten ihre Schritte und verkürzten die Entfernung auf nahezu Reichweite, der Mann hörte sie kommen, blieb abrupt stehen und drehte sich um. Irritiert wechselte sein Blick zwischen den beiden jungen Männern, die ihn förmlich zwischen sich eingekeilt hatten, hin und her. Er lief zwei, drei unsichere Schritte rückwärts, öffnete den Mund und ließ ein erstauntes »Was?« entweichen, bevor er von der hüfthohen Front seines Wagens gebremst wurde. »Was?«, sagte er nochmal, diesmal mit deutlich panischem Unterton und dabei schlang er beide Arme um die Tasche und drückte diese so fest an sich, als würde er darin die kommenden Lottozahlen transportieren.

Marcel hätte fast Mitleid mit diesem Häufchen von einem Kerl bekommen, weil dieser durchaus nicht unsportlich wirkende Mann nicht mal den Arsch in der Hose hatte, einfach loszurennen. Und diese offensichtlich übertriebene Angst und der große markante Stern am Kühlergrill des Autos waren einfach zu einladend.

»Gib uns die Tasche«, sagte er. »Dann passiert hier nichts weiter.«

Der Mann sah sich nach Hilfe suchend um. Sicher gab es irgendwo andere Menschen in der Nähe, aber er sah niemanden und die hell erleuchteten Hallen waren weit weg.

»Ich glaube, der kapiert's nich'«, sagte Chris.

»Und ich glaube, in der Tasche ist vielleicht doch 'ne Million«, antwortete Marcel. »Jedenfalls sollten wir mal dringend einen Blick reinwerfen.«

Er streckte die rechte Hand aus und neigte den Kopf. Wie ein echter Gentleman Gangster.

Der Blick des Mannes wanderte umher, jetzt, da es zu spät war, suchte er anscheinend einen Fluchtweg. Plötzlich weiteten sich seine Augen voller Hoffnung. Von irgendwoher klapperten Damenschuhabsätze und er holte Luft, um irgendetwas zu rufen, aber Chris unterband dies mit einem trockenen Faustschlag.

Belinda Schott wollte keine Minute verlieren. Je näher sie ihrem Auto kam, umso schneller glaubte sie zu laufen, obwohl dies natürlich nur auf ein vages Gefühl zurückging. Die Henkel der Tüten schnitten ihr mittlerweile Striemen in die Hände und die Absätze ihrer Freizeitschuhe klapperten auf dem kalten Pflaster ein Stakkato. Als ihr Wagen endlich in Sichtweite kam, blieb sie stehen. Die Stille, die das plötzliche Fehlen ihrer Schritte hinterließ, bemerkte sie gar nicht, denn das was sie sah, war nichts, dass sie sehen wollte, außer vielleicht im Fernsehen, dennoch fand es in diesem Moment vor ihren Augen statt. Offensichtlich waren eben zwei Männer dabei, einen dritten zu schlagen, das Opfer krümmte sich auf der Motorhaube ihres Wagens zusammen und kurz darauf sackte er weg und verschwand aus ihrem Blickfeld.

Belinda Schott atmete tief ein, stellte ihre Einkaufstüten ab und ballte die Fäuste. In dem Selbstverteidigungskurs, an dem sie vor einem halben Jahr teilgenommen hatte, waren solche Situationen zwar nicht vorgekommen, aber sie dachte an die Trainerin, eine ausgebildete Psychologin, die behauptete, es ginge auch immer um Abschreckung.

»Sofort aufhören!«, rief sie, so resolut sie konnte und lief mit einer ihre Unsicherheit überspielenden gemäßigten Schrittfrequenz auf die beiden Männer zu. Sie wusste in diesem Moment nicht, woher sie den Mut dazu nahm, aber der Zorn über das, was sich dort abspielte und der Zorn, der sich in ihr auftürmte, weil sich hier ihr Feierabend in Luft aufzulösen drohte, der gab ihr Kraft.

»Lasst den Mann in Ruhe und verschwindet!«, schrie sie jetzt und wieder begannen ihre Absätze im Stakkato zu klackern.

»Scheiße, Marcel, was will die Alte?«

Chris hatte den zusammengesackten Kerl an seinem Mantelkragen gepackt und zog ihn zwischen die Autos.

»Egal«, antwortete Marcel über das Wagendach hinweg, »lass uns abhau'n!«

Während die Frau näher kam, versuchte er fieberhaft, den Schlüssel ins Schloss des Wagens zu stecken, nach mehreren erfolglosen Versuchen schlug er wütend mit der Faust gegen die Tür.

»Lass die Finger von meinem Auto!«, schrie die Frau mit ziemlich kreischender Stimme.

Chris ließ den Mann los, nahm dessen Tasche, richtete sich auf und drehte sich um. Die Blonde stand nur zwei Meter hinter ihm. Er versuchte, die Beifahrertür zu öffnen.

»Warum geht die Scheißtür nicht auf?«

»Ich krieg den Schlüssel nicht rein!«

»Kein Wunder!« Die Blonde ballte die Fäuste. »Das ist mein Auto!«

Chris legte den Kopf schief. Er versuchte ja, zu verstehen, was sie da sagte.

»Und warum passt dann der Schlüssel nicht?«, fragte er und machte einen Schritt auf sie zu. Plötzlich schnellte ansatzlos eine ihrer Fäuste nach vorn und traf ihn zielgenau am solar plexus. Chris riss erstaunt die Augen auf und er verdankte es nur seiner robusten Konstitution, dass er nicht gleich in die Knie ging, dennoch ließ er die Tasche fallen, krümmte sich nach vorne und rang heftig nach Luft.

»Verdammt!«

Marcel kapierte schneller als sein Partner, dass sie am falschen Wagen standen. Er warf den Schüssel wutschnaubend irgendwo in die schlecht beleuchtete Nacht hinein und starrte die Frau auf der anderen Seite des Autos an, die ihrerseits nicht zu glauben schien, dass sie eben einen wesentlich jüngeren, wesentlich größeren Mann kurzfristig außer Gefecht gesetzt hatte.

»Hallo?«, meldete sich eine Stimme in Marcels Rücken. »Brauchen Sie Hilfe?«

Er drehte sich um und sah eine nicht sehr große, aber ziemlich breite Gestalt mit einem merkwürdigen Gang näherkommen.

Die Blonde begann mit den Armen zu fuchteln.

»Hierher!«, kreischte sie. »Hier, ein Überfall!«

Wenn er nicht sofort etwas unternahm, würden sie in zwei Minuten von Publikum umringt sein und die Bullen ließen dann sicher auch nicht mehr lange auf sich warten.

Sie mussten hier weg, schnell. Er hechtete um die Motorhaube herum und stieß die Frau, die sich gerade auf seinen Ansturm vorbereiten wollte, energisch zur Seite, sodass sie gegen die Haube des Nachbarwagens geschleudert wurde und anschließend auf dem Asphalt landete. Sein Partner schien sich wieder aufgerappelt zu haben, ebenso der Mann, wegen dem sie jetzt hier waren. Der versuchte sich nämlich gerade, auf dem Hintern rutschend, in Richtung der benachbarten Parkreihen zu verdrücken.

»Chris!«, rief Marcel und deutete auf den Flüchtenden, »Schnapp ihn dir! Wir nehmen seine Karre!«

»Sie sollten aufgeben!«

Der breite Kerl mit dem komischen Gang stand jetzt neben der am Boden liegenden Frau und hielt ein rechteckiges Ding von der Größe einer Kreditkarte in die Luft. »Ich bin vom LKA und kann Ihnen helfen«, fügte er mit beruhigendem Tonfall hinzu. Die Frau am Boden seufzte erleichtert.

Marcel kannte das. Den Tonfall, diesen Ich-will-dir-helfen-Blick. Er griff in seine Jacke und als der Breite den erwarteten Schritt auf ihn zu machte, riss er die Pistole aus der Tasche und richtete sie auf dessen Kopf. Der Bedrohte hielt mitten in der Bewegung an, als sei ihm eine bisher unsichtbare Panzerglasfront in den Weg geraten, die Frau am Boden seufzte wieder, diesmal allerdings eher ernüchtert.

»Los, Arschgeige, leg dich neben die Alte!«, befahl Marcel dem Breiten. »Los!«

Während sich der breite Mann langsam neben die Frau legte, öffneten Chris und Marcel die hinteren Türen des SUV.

»Hast du sein' Schlüssel?«, fragte Marcel. Er stieg hinten ein, die Waffe immer noch auf die beiden am Boden liegenden gerichtet.

»Klar.«

Chris schob den kleinen Mann neben Marcel und setzte sich nach vorn.

«Gut, dann fahr endlich los!"

Chris trat auf das Kupplungspedal und drehte den Zündschlüssel, der Motor sprang augenblicklich an und das leise Schnurren verzückte ihn.

»Scheiße, Mann, hörst du das?«, rief er, bevor er das Gaspedal antippte.

Bernhard Pohl sprach mit der Funkzentrale.

». . . das Einkaufszentrum ist noch mindestens zwei Stunden geöffnet und wir haben seit einer Stunde Feierabend, also . . .«

»Ablösung ist unterwegs«, kam es aus dem Lautsprecher, »die Kollegen müssten in fünf Minuten vor Ort sein.«

Franziska Pietsch grinste ihren Kollegen an und stopfte die Serviette, mit der sie sich eben den Mund abgetupft hatte, in die Papiertüte. Dann griff sie nach der zusammengeknüllten Tüte ihres Nachbarn und stieg aus, um den Abfall loszuwerden und sich eine Zigarette anzuzünden. Kurz nachdem sie die Tür hinter sich zugeschlagen hatte, vernahm sie das Gekreische.

Chris verschätzte sich mit der Kupplung, der Wagen machte einen Meter nach vorn, der Motor blieb stehen.

»Mach schon, Blödmann!«, rief Marcel. Er sah, dass die Blonde und der Breite schon fast wieder standen.

Chris schaffte es, aus der Parklücke zu kurven und den zweiten Gang einzulegen, aber schon nach fünf Metern bremste er scharf.

Marcel und sein verängstigter Nachbar knallten gegen die Vordersitze.

»Fuck, was soll der Scheiß?«

»Da!«

Chris zeigte durch die Frontscheibe und Marcel beugte sich vor. Mitten auf der Fahrbahn, kaum zehn Meter entfernt, stand eine Polizistin mit vorgehaltener Waffe und eingezogenem Kopf.

»Fuck!«, sagte Marcel eher überrascht als wütend.

»Und jetzt?«, sagte Chris. Er wirkte ruhig, mit dem großen Lenkrad in der Hand.

Plötzlich stieß der Kleine die Tür auf und ließ sich aus dem Wagen fallen. Marcel brauchte keine halbe Sekunde, er hechtete hinterher und bekam ihn an den Haaren zu fassen. Die Polizistin rief irgendetwas, aber er zerrte den Kleinen brutal in den Stand, sodass er ihm als Schutzschild diente. Dann hob er seine Pistole, gab einen Schuss in die Luft ab und hielt sie anschließend seinem Vordermann an den Hals. Ein hastiger Blick über die Schulter – Blond und Breit schienen in Deckung gegangen. Die Polizistin rührte sich nicht, hinter ihr kam ein deutlich unsportlicherer Kollege näher. Die Zeit lief. Er stieg rückwärts ins Auto, zog Klein am Schopf hinterher und rief: »Los, Mann, weg hier!«

Chris ließ den Motor im Leerlauf aufheulen, knallte den Gang rein und jagte los. Die Tür neben dem Kleinen wurde dadurch zugeschleudert und klatschte satt ins Schloss. Die Bullen sprangen erwartungsgemäß zur Seite und Chris jubelte: »Scheiße, Alter, die Karre hat Allrad! Hat doch Allrad? Alter?«

Er schaute flüchtig in den Innenspiegel, konnte den in sich zusammen gesunkenen Wagenbesitzer aber nicht sehen. »Geile Karre!«

Die Polizisten sahen erst dem wegfahrenden Wagen nach, dann starrten sie sich gegenseitig an, bis die Lähmung nachließ.

Bernhard Pohl tastete nach seinem Funkgerät. »Ich mach Meldung«, sagte er, zeigte hinüber zu den beiden Personen, die sich gerade wieder aus ihrer Deckung wagten und machte sich auf den Weg zum Funkwagen.

Franziska Pietsch steckte ihre Pistole weg. »Sind Sie verletzt?«, rief sie der blonden Frau und dem auffallend breiten Mann, in deren Gesichtern noch das Staunen stand, zu.

»Nein«, antwortete die Frau. Der Mann schüttelte mit dem Kopf.

»Gut, dann warten Sie bitte hier auf unsere Kollegen!« Franziska Pietsch drehte ab und rannte ihrem Kollegen hinterher.

Chris bog in die dreispurige Durchfahrtsstraße ein, die zum nördlichen Kreisverkehr führte, von wo aus man das Einkaufszentrum über die Permoserstraße verlassen konnte.

Marcel drehte sich um und stellte fest, dass ihnen niemand direkt zu folgen schien.

»Fahr nicht so schnell, Mann!«, sagte er.

»Was wollen Sie jetzt tun?«, fragte der kleine Mann zaghaft. Er hatte dabei Mühe, seinen Kopf zu bewegen, da ihn Marcel immer noch an den Haaren gepackt hielt.

»Ja, Alter, was wollen sie jetzt tun?«, äffte Chris in weinerlichem Tonfall nach.

Marcel sah den Kleinen an, als würde er sich jetzt erst an ihn erinnern. Er ließ dessen Haar los und gab ihm einen ordentlichen Stups.

»Was denkst du, was wir jetzt vorhaben?«

»Scheiße, bin ich gespannt«, meinte Chris, während der Kreisverkehr in Sichtweite kam.

»Ich habe nichts mit Ihrer Operation zu tun«, sagte der Kleine, er klang dabei fast wütend.

»Unsere Operation«, höhnte Chris. »Bist du ein Scheiß-Doktor, oder was?«

Marcel fuchtelte mit der Pistole. »Zeig mal deine Papiere!«, befahl er.

Zögernd griff der Kleine in seine Gesäßtasche.

»Verdammt!«, zischte Chris.

Er war am Kreisverkehr angekommen und sah, dass ein Streifenwagen aus der Permoser einbog. Chris ignorierte die Ausfahrt und fuhr stattdessen südwärts, wo es einen zweiten Kreisverkehr gab, über den man die Riesaer Straße erreichte.

»Bist du bescheuert, Mann?«, rief Marcel. »Dort warten bestimmt schon die andern Bullen!«

»Scheiße, was soll ich machen, Alter?«, Chris hob lässig die Hände vom Lenkrad.

»Die hier wissen noch gar nichts!«, ergänzte Marcel und sah zu, wie die Streife gemütlich vor dem Kreisverkehr drosselte, bevor sie sich ein paar Wagen hinter ihnen einreihte.

»Wir hätten schon längst draußen sein können!«, maulte er.

»Alter«, sagte Chris selbstsicher, »wir schaffen das!«

Dann scherte der Streifenwagen hinter ihnen plötzlich mit Blaulicht und Sirene aus seiner Spur aus und kam spürbar näher.

»Verdammt!«, zischte Chris erneut und gab Gas.

Belinda Schott und Andreas Feil warteten schweigend, bis die beiden Polizisten außer Sichtweite waren. Schließlich war es die Frau, die das Wort ergriff.

»Danke, übrigens«, sagte sie und betrachtete zum ersten Mal in Ruhe den breitschultrigen Mann, der ihr zu Hilfe gekommen war. Mit ihren Eins neunundsiebzig war sie es gewohnt, auf den ein oder anderen hinunter zu schauen.

»Keine Ursache.« Andreas Feil lächelte.

Irgendwo in der Nähe wurden Autotüren zugeschlagen, ein Kind quengelte, ein Lachen wehte vorbei. Kurz hintereinander flackerte Blaulicht aus verschiedenen Richtungen auf.

»Bin gleich zurück«, sagte Belinda Schott. Sie lief die paar Meter zu der Stelle zurück, an der sie ihre Tüten abgestellt hatte, ihre Absätze nagelten ein resolutes Stakkato auf das Pflaster.

Andreas Feil trat einen Schritt auf die Lücke, die der SUV hinterlassen hatte, zu und hob die Tasche auf, die dem armen, kleinen Kerl gehören musste. Er sah sich verstohlen um, zog den Reißverschluss auf und warf einen Blick ins Innere. Ein paar geheftete A4-Seiten und ein dicker Briefumschlag. Das Geklapper der Absatzschuhe näherte sich, Andreas Feil ließ den Umschlag in seiner Jacke verschwinden, klemmte die Tasche unter die Schulter und sah und hörte der Frau beim näher kommen zu.

Belinda Schott setzte ihre Einkäufe neben ihrem Auto ab und deutete mit dem Kinn auf die Tür, die die beiden Gangster vergeblich zu öffnen versucht hatten.

»Wollen Sie in meinem Wagen warten?«, sagte sie, während sie den Kofferraum öffnete.

Andreas Feil nickte. »Ich muss aber vorher noch meinen Kollegen Bescheid sagen«, antwortete er. »Und vergessen Sie Ihre Tasche nicht«, fügte er hinzu und legte die Tasche neben die Tüten, die sie eben in den Wagen gestellt hatte.

»Das ist nicht meine Tasche.« Belinda Schott schüttelte mit dem Kopf. »Die muss dem Mann gehören, den die mitgenommen haben.«

»Dann sollten wir sie nachher der Polizei geben.«

»Ja, sicher.« Belinda Schott nahm die Tasche, klappte den Kofferraum zu und setzte sich hinter das Steuer.

»Ich bin in zehn Minuten zurück«, sagte Andreas Feil und wandte sich zum Gehen. »Passen Sie auf sich auf!«

»Mach ich«, sagte Belinda Schott und betrachtete nachdenklich den breiten Rücken und den merkwürdigen Gang des Mannes, bis dieser hinter den Wagenreihen verschwand.

Sie warteten im Wagen. Jetzt saß Bernhard Pohl hinter dem Steuer, seine Kollegin beobachtete die Fahrzeuge, die auf den Kreisverkehr zukamen.

»Kaum zu glauben, dass die so blöd sind«, sagte Bernhard Pohl.

»Und doch«, fügte Franziska Pietsch hinzu, »soll es immer wieder vorkommen.«

Jetzt sahen sie das Blaulicht der Kollegen aufblinken.

»Es geht los!« Franziska Pietsch hob die linke Hand, wartete, bis ein Kleinbus den Kreisverkehr durchfahren hatte und ließ den Unterarm wie eine Schranke nach vorn klappen, als der SUV mit dem ihm am Heck klebenden Funkwagen noch etwa 50 Meter entfernt war. »Jetzt!«

Bernhard Pohl schaltete das Blaulicht ein, rollte los und versuchte, die beiden Spuren des Kreisverkehrs zu blockieren, die zur südlichen Ausfahrt führten. Der SUV bremste kurz und drehte scharf rechts in die Abbiegespur nach Westen ab, wo es einige Büro- und Werkstattgebäude und ein Hallenbad, aber sicher keine Ausfahrt gab.

»Dead end street«, meinte Franziska Pietsch lakonisch und grinste den Rücklichtern des hochhackigen Pseudogeländewagens hinterher.

Bernhard Pohl ließ die Kollegen vorbei, bevor er ihnen folgte.

»Hoffentlich«, antwortete er mit einer leichten Spur von Zweifel in der Stimme.

»Scheiße! Wo fährst du hin?«, rief Marcel, der während des Kurvenmanövers gegen seinen Nachbarn geschleudert wurde.

»Keine Ahnung!«, antwortete Chris. »Kann ja nicht durch die Bullen durchfahren!«

»Scheiße, Mann!« Marcel stieß sich von dem Kleinen ab und blickte nach vorn.

Die Einfahrt zur Sachsentherme kam näher und er war sich ziemlich sicher, dass von dort aus kein anderer Weg hinausführte, aber Chris riss den Wagen unmittelbar hinter dem letzten Bürogebäude nach links in eine schmale asphaltierte Straße, die dort zu enden schien, wo auch die Fassade endete. Eine Sackgasse. Noch etwa 50 Meter.

Marcel drehte sich nach den Verfolgern um. Langsam bog die erste Streife in die Gasse ein, die Bullen schienen es nicht mehr besonders eilig zu haben.

»Halt mal kurz an!«, rief Marcel.

»Wieso? Da komm' wir durch!«

»Mach schon! Ich will den Idiot loswerden!«

Chris bremste und sah in den Rückspiegel. Die Bullen glaubten anscheinend, sie hätten sie in der Mangel.

Marcel beugte sich über seinen Nachbarn, stieß die Tür auf und schubste ihn aus dem Wagen.

»Weiter!«

»Fuck!«

Chris gab Gas und erreichte mit 60 Sachen das Ende des Asphalts. Das Überrollen der Betonkante war im Wagen kaum zu spüren, auf dem unbefestigten Acker dahinter hörten sie die Erdklumpen gegen die Radkästen knallen, beide schlossen kurz die Augen, als sie den Drahtzaun durchbrachen.

Als Chris im letzten Moment vor einem Linienbus und dessen äußerst verblüfftem Fahrer auf der Riesaer Straße landete und stadteinwärts einschwenkte, stieß er jubelnd eine Faust nach oben und rief: »Scheißgeile Karre!«

»Der Zaun ist hin«, sagte Bernhard Pohl, während aus dem Wagen vor ihm die Kollegen ausstiegen, dem davon preschenden SUV hinterher starrten und ratlos die Mützen abnahmen, um sich an ihren Köpfen zu kratzen.

»Wenn sich rumspricht«, meinte Franziska Pietsch, »dass

die Jungs quasi direkt neben dem LKA eine neue Ausfahrt freigemacht haben, lacht die halbe Stadt.«

»Sie hatten Glück.«

»Nicht direkt.«

Bernhard Pohl sah seine Kollegin fragend an.

»Im Grunde hatten sie Pech, weil sie ausgerechnet in unseren Feierabend reingeplatzt sind.«

»Aha und wieso?«

Franziska Pietsch lehnte sich im Sitz zurück und verschränkte die Arme.

»Der Junge mit der Waffe«, sagte sie. »Wenn du mich fragst, hat der mich sehr an unseren alten Freund Marcel erinnert.«

»Marcel? Bist du sicher? Ich dachte, den hätten sie beim letzten Mal verknackt?«

Franziska Pietsch grinste ihren Kollegen an. »Dachte ich auch. Aber das ist schon eine Weile her. Vielleicht haben sie ihn verknackt und er ist längst wieder draußen.«

»Wir werden morgen nachsehen. Für heute ist erst mal Feierabend.«

»Ja, aber wenn wir drin sind, mach ich noch ein paar Anrufe.«

Andreas Feil konnte sich denken, dass die vielen Streifenwagen kurz vor der Einfahrt zur Sachsentherme und die scheinbar chaotisch durcheinander laufenden Polizisten mit dem Überfall zusammen hingen. Er öffnete die Beifahrertür des Firmenbusses, steckte den Umschlag ins Handschuhfach, zündete sich eine Zigarette an und pustete aus sicherer Entfernung Rauch in die von blinkenden Blaulichtern erhellte Abendluft.

»Bieg hier ab!« Die Linksabbiegerampel zeigte auf Grün, Chris beschleunigte und nahm die Kurve zügig, sodass sich der Wagen zur Seite neigte und Marcel, der gerade nach vorn kommen wollte, gegen die Scheibe gedrückt wurde.

»Pass doch auf, Idiot!«

Chris lachte. »Dass wir zwei Loser mal so 'ne Karre fahren...«

»Da vorne rechts!«, unterbrach ihn Marcel und machte einen erneuten Versuch, auf den Sozius zu klettern. »Aber mach langsam, die Karre ist auffällig genug!«

Chris blinkte artig und schaltete herunter. »Wo willst du hin?«, fragte er.

»Wir müssen die Karre loswerden und verpissen uns zu Fuß«, sagte Marcel. Er war vorn angekommen und lehnte sich im Sitz zurück. Er deutete hinüber auf den Parkplatz eines Großhandels, bei dem um diese Zeit jede Menge Kleingastronomen einkaufen gingen.

»Echt? Muss das sein?« Das Bedauern in Chris' Stimme war nicht zu überhören. Aber als er Marcels entschlossenen Ausdruck bemerkte, fügte er einlenkend hinzu: »Okay, Mann!«

Er fuhr auf den Parkplatz und hielt zwischen einem Kombi und einem Van.

»Wo ist eigentlich die Tasche?«, wollte Marcel wissen.

»Tasche?«

»Die Tasche von dem kleinen Wichser!«

Chris schaltete den Motor ab, schürzte die Lippen und überlegte.

»Scheiße«, sagte er dann, »Die hab ich drüben verloren, als die Alte...«

Marcel sah ihn an, als hätte er eben um Schläge gebettelt.

»Scheiße, Alter«, winselte Chris.

»Vergiss es!« Marcel unterdrückte das Verlangen, seinem Nachbarn eine reinzuhauen. Stattdessen griff er in seine Hosentasche und zog die Brieftasche des Kleinen hervor.

»Drei nagelneue Fuffies«, sagte er und gab Chris einen

der Scheine. Eine Art Dienstausweis mit Passfoto steckte neben zwei Kreditkarten. Marcel stieß einen leisen Pfiff aus.

»Was?«, sagte Chris.

»Der Wichser ist tatsächlich 'n Doktor.«

»Sag ich doch!«

Marcel warf Chris einen vorwurfsvollen Blick zu, steckte seufzend die Brieftasche weg und öffnete seine Tür. »Wir sollten langsam verschwinden!«

Sie stiegen aus. Marcel nahm sein Basecap ab und schob es in die Jackentasche.

»Nimm dein' bescheuerten Hut ab!«, befahl er. »Du siehst ja aus, wie'n Intensivtäter!« Die beknackten Fachbegriffe der Sozialheinis hatten sich in sein Gedächtnis eingebrannt und auch Chris schien mit der Bezeichnung nicht überfordert – schon grinste er wieder gewohnt breit.

»Wir trennen uns jetzt und treffen uns bei deiner Oma, kapiert?«

»Klar, Mann.« Chris zerknüllte seine Mütze und steckte sie weg.

Während Marcel los lief, warf Chris noch einen wehmütigen Blick auf den SUV. Die Front hatte beim Durchbruch kaum was abgekriegt. Dann wendete er sich entschlossen ab, begann mit gesenktem Kopf durch die Parkreihen zu schlendern und überlegte, wie er von hier aus nach Markranstädt kommen würde.

* * *

Marcel war eine halbe Stunde nach Chris eingetroffen. In der Küche fanden sie zu essen, eine Flasche Weißwein und ein paar halbvolle Flaschen mit verschiedenen Likören und sie verzogen sich damit in Chris' Zimmer, in dem sie die Nacht verbrachten.

Am nächsten Mittag, als die beiden zum zweiten Mal in der Küche auftauchten, begegnete ihnen die Oma. Marcel, der sich eine zerknitterte Bäuerin mit Kopftuch und krummen Beinen vorgestellt hatte, staunte über die geschminkte Frau im Bademantel, die die Tatsache, dass ihr Enkel ihr einen Kumpel vorstellte, mit der trockenen Bemerkung kommentierte: »Haste wieder Mist gebaut?« Danach schenkte sie sich am Kühlschrank ein Glas Milch ein und ließ die beiden ohne weitere Worte allein.

Chris hielt den Kopf gesenkt, bis die Tür zugefallen war, dann sah er Marcel an, der ungerührt auf seinem Toast kaute.

»Sie lässt mich immerhin hier wohnen«, sagte er.

»Mmm«, knurrte Marcel. »Weil sie beschissene Schuldgefühle hat.«

Chris blickte unsicher zum Fenster und Marcel verzog den Mund zu einem Grinsen.

»Ich red' schon denselben Scheiß wie die Sozialwichser.«

Chris lächelte matt und deutete mit dem Kinn zur Tür. »Sie war mal Chef von über tausend Leuten, mit Partei und so, das ganze Programm ...«

»Was für Programm?«

»Keine Ahnung. Irgendwas Großes, aber dann hat man sie rausgeschmissen.«

Marcel stupste ihn mit der Faust am Oberarm, was unter diesen Umständen eine nahezu zärtliche Geste war. »Du schuldest der Alten nix und das weiß die auch.« Er zeigte auf Chris' Teller. »Jetzt fress endlich was und dann lass uns abhaun!«

Er holte sein Telefon aus der Hose und tippte auf dem Display herum.

»Wen rufst du an?«, wollte Chris wissen.

»Andreas«, antwortete Marcel. »Der schuldet mir noch was.«

»Hoffentlich hat er unseren Wodka noch nicht ausgesoffen.«

Nach ihrer gemeinsam mit ihrem Kollegen verbrachten Mittagspause in einer öffentlichen Hochschulkantine hatte Franziska Pietsch einen Anruf von einer Schuldirektorin bekommen, da diese beobachtet hatte, wie einer ihrer aktuellen Problemschüler von einem ihrer ehemaligen Problemschüler etwas durch den Schulhofzaun gesteckt bekam. Franziska Pietsch ließ sich von Bernhard Pohl in der Nähe der Schule absetzen, redete mit der Schulleiterin, knöpfte dem Vierzehnjährigen anschließend ein Tütchen Gras ab und hörte sich geduldig dessen abenteuerliche Geschichte über die angeblich nur zur Aufbewahrung entgegen genommenen Drogen an. Danach stutzte sie den Jungen zurecht, sagte ihm, von wem er die Tüte tatsächlich hatte und ließ ihn nochmal über die Sache nachdenken, weil ihr Telefon klingelte und sie daraufhin das Zimmer verlassen musste. Nach einem kurzen Gespräch verabschiedete sie sich von der Direktorin und nickte dem Jungen zu.

»Wir sprechen uns noch«, kündigte sie ihm an und verließ die Schule.

»Und?«, empfing sie Bernhard Pohl, als sie neben ihm einstieg.

»Victor und Eugen sind wieder in der Gegend und verticken Gras.«

»Das war zu befürchten.«

»War es. Aber wir müssen zurück, ich hab' gerade einen Anruf bekommen.«

Marcel und Chris brauchten eine gute Dreiviertelstunde bis rüber nach Knauthain. Sie stöhnten erleichtert auf, als sie das Tor zu Andreas' Grundstück aufstießen. Kurz darauf erschien Andreas in der Haustür, wie immer mit Unterhemd, Trainingshosen und Schlappen und Marcel bemerkte als erster dessen gequälten Gesichtsausdruck. Aber bevor er sich einen Reim darauf machen konnte, wurden er und

Chris urplötzlich von vermummten Polizisten mit Maschinenpistolen umringt, zu Boden gestoßen und an den Händen gefesselt. Sie nahmen Chris ein Taschenmesser ab und Marcel eine Gaspistole, dann stellten sie sie wieder auf die Füße und schoben sie zum Tor hinaus.

Marcel drehte sich nochmal zu Andreas um, aber der hatte sich schon verzogen. Stattdessen erschien Kriminalhauptkommissar Polt, den Marcel schon bei einer seiner diversen Vernehmungen kennengelernt hatte, mit einem bedauernden Lächeln auf der Bildfläche. Polt zeigte mit einem Finger erst auf Marcel, dann nach draußen, wo der Wagen vorgefahren war, in den man ihn und Chris verfrachten würde.

Marcel wandte sich in die Richtung, in die Polt zeigte und riss überrascht die Augen auf, als er die Polizistin erkannte, die ihm schon in seiner Schulzeit auf den Zeiger gegangen, mit der er aber seit seiner Bewährungsstrafe nicht mehr zusammengetroffen war.

»Marcel«, sagte die Polizistin und der vermummte Mann, der ihn vorwärts schob, hielt kurz inne.

»Scheiße, Sie!«, entfuhr es Marcel, während er aus den Augenwinkeln mitbekam, wie Chris in diesem finsteren Wagen verschwand.

»Ja, ich«, antwortete Franziska Pietsch. »Ich hab dich immer gewarnt, vor dem was jetzt auf dich zukommt.«

Marcel nickte. »Fuck«, meinte er trotzig und sein normalerweise entwaffnendes Grinsen verkam zu einer Grimasse. »Das heißt doch«, fuhr er fort, »Sie haben versagt, oder?«

Er bekam einen Stoß und stolperte an der Polizistin vorbei. »Oder?« rief er nochmal, bevor er in den Wagen gepackt wurde.

»Er hatte seine Chance«, sagte Polt, der jetzt neben Franziska Pietsch stand. »Genau wie sein Kumpel.«

Sie sah ihn an. Der Leiter des Kommissariats für jugendliche Intensivtäter wirkte sachlich, fast spröde. Er wusste, dass es Politik und Gesellschaft zu seinen Wirkungszeiten nicht mehr schaffen würden, seinen Wirkungsbereich überflüssig zu machen.

»Danke«, sagte Franziska Pietsch, »dass ich bei der Festnahme dabei sein durfte.«

»Der Dank geht zurück« Polt senkte die Stimme, denn der Einsatzleiter, ein Erster Kriminalhauptkommissar namens Brandtner, der nun auftauchte, gab in einer für alle vernehmbaren Lautstärke überflüssige Anweisungen und machte schon Pressearbeit, bevor die Presse anwesend war.

»Na dann viel Spaß noch«, sagte Franziska Pietsch und stieg in den Funkwagen.

Bernhard Pohl deutete mit dem Kinn auf Brandtner. »Das Arschloch war mal mein Revierleiter.«

»Ich weiß«, sagte Franziska Pietsch. »Lass uns einfach abhau'n!«

Am Nachmittag, nachdem die Vernehmungen der Beschuldigten, die sich mittlerweile in Polizeigewahrsam befanden, mit den Zeugenaussagen des Arztes und der Belinda Schott abgeglichen worden waren, bekam Andreas Feil Besuch. Im Büro seiner Firma hatte man bereitwillig Auskunft gegeben, dass er zur Zeit bei einer Reinigungsaktion in Gohlis verweile.

Kriminalhauptkommissar Polt betrat in Begleitung des Schutzpolizisten POK Pohl die Lobby des Bürogebäudes, der Mann vom Sicherheitsdienst verschloss hinter ihnen die Tür und zeigte auf einen langen Gang, an dessen Ende ein Mann stand, der von einer Horde Putzfrauen umringt war.

»Die hauen gleich ab«, sagte der Sicherheitsdienstler, »und dann will ich hier auch dicht machen.«

Der letzte Satz enthielt Hoffnung und Aufforderung zugleich.

»Wir brauchen fünf Minuten«, sagte Polt. »Plus-Minus.«

Andreas Feil sah die Polizisten kommen und schickte die Frauen weg. Dann rang er sich ein Lächeln ab.

»Herr Andreas Feil?«, sagte Polt.

»Ja...?«

»Polt, Kriminalpolizei.«

Andreas Feils Blick wechselte irritiert zwischen den beiden Polizisten.

»Oberkommissar Pohl«, stellte Polt vor. »Er war gestern Abend vor Ort, als Sie Zeuge eines Überfalls gewesen sind.«

Andreas Feil zweifelte, dass sie wussten, dass er nicht nur Zeuge gewesen war. Er breitete die Hände aus. »Ja, ich war dort«, sagte er. »Und ich hätte mich schon noch bei Ihnen gemeldet, aber Sie sehen ja selbst, dass ich ziemlich beschäftigt bin.«

»Ja, das sehen wir«, antwortete Polt mit einer winzigen Spur Ironie. »Und deswegen sind wir zu Ihnen gekommen.«

»Und was genau wollen Sie wissen?«, fragte Andreas Feil, ohne sich die Beunruhigung über den Unterton des Polizisten anmerken zu lassen.

»Nun«, Polt sah seinen uniformierten Kollegen an, »was genau wollen wir denn wissen?«

Andreas Feil fühlte sich zunehmend unbehaglich.

»Zum Beispiel«, sagte Bernhard Pohl, auf den Stil des Kriminalbeamten eingehend, »wieso sich ein Mann mit so markanten Merkmalen wie Sie als LKA-Beamter ausgibt?«

Andreas Feil holte tief Luft, aber der Kripomann kam ihm zuvor.

»Die Leute im LKA, also die echten, haben sich herzlich über ihre Nummer amüsiert.«

Andreas Feil holte nochmal Luft und sagte: »Ich wollte helfen und hielt das für eine gute Idee. Ich dachte, ich könnte den Jungen damit irgendwie einschüchtern.«

»Ja« Polt behielt seinen Ton bei. »Sie haben die Jungs, sozusagen, in die Flucht geschlagen.«

Andreas Feil zuckte die Schultern. »Die sind abgehauen, klar.«

»Genau wie Sie, kurz danach.«

»Das war dumm von mir, sicher, aber ich hab Ihnen doch schon erklärt . . .«

»Stimmt.« Polt nickte. Er sah den Kollegen an. »Dann sind wir fürs Erste hier fertig, oder Kollege?«

Andreas Feil atmete vorsichtig erleichtert auf.

»Naja«, sagte Bernhard Pohl. »Die Jungs haben wir, aber . . .«

»Ach, richtig!« Polt griff sich an die Stirn. »Das hätte ich jetzt vergessen.«

Andreas Feil stockte der Atem.

»Begleiten Sie uns doch bitte noch zum Ausgang«, fuhr Polt fort, »damit der Mann mit dem Schlüssel da vorne zumachen kann.«

»Äh, sicher« Andreas Feil lief verwirrt voraus, um die Polizisten hinaus zu bringen.

Der Wachmann sah missmutig auf seine Armbanduhr, schloss aber wortlos die Tür auf.

»Gut«, sagte Pohl, als sie draußen standen.

Die Putzfrauen warteten in einiger Entfernung neben dem Firmenbus und rauchten.

»Wir könnten jetzt zunächst den Bus durchsuchen, was meinen Sie?«

Andreas Feil sah ihn abwartend an. Er war gerade dabei, sich seine Dummheit einzugestehen.

»Dann nehmen wir uns Ihre Firma vor. Irgendwo muss das Geld ja noch sein.«

Andreas Feil gab auf. Er senkte den Kopf und hob die Hände.

»Okay«, sagte er. »Irgendwas ist mit mir durchgegangen.

Der Umschlag liegt noch im Handschuhfach. Es war halt eine Gelegenheit.«

»Manchmal«, sagte Pohl, »werden aus Gelegenheiten Angelegenheiten.«

»Angelegenheiten«, wiederholte Andreas Feil lakonisch und machte sich auf den Weg zum Wagen, um das Geld zu holen.

»Schätze, wir haben ihm gerade den Feierabend versaut«, sagte Polt.

Der Schutzpolizist zuckte mit den Schultern.

»Das passiert mir andauernd.«

Bernd Merbitz

SPURLOS VERSCHWUNDEN

14. Juni 2014, eine Rocklegende gibt sich in der Red Bull Arena zu Leipzig die Ehre. Udo Lindenberg beginnt um 20.30 Uhr sein viertes und letztes Konzert vor über 40.000 Besuchern. Was für ein Wahnsinn. Plötzlich ist man mitten in der Panik-Welt. In einer Stadt, welche Bach und Wagner beheimatet. Es ist einfach toll, in dieser Stadt zu leben.

Wie ein Kindergeburtstag wirkte dagegen die Fußball-WM, heißt es am darauffolgenden Tag in einer Zeitung. Riesenparty und Riesenstimmung. Udo und sein Panikorchester rocken ab und mit ihnen die Fans, welche aus allen Teilen Deutschlands zum Konzert des Jahres angereist sind. Drei Stunden Nostalgierock: ›Woddy, Woddy, Wodka‹, ›Sie brauchen keinen Führer‹, ›Wozu sind Kriege da‹ . . ., als Jugendlicher nur im Radio gehört und nun live. Nachdenkliche Balladen gegen Rassismus und Fremdenfeindlichkeit, gegen Nazis und den braunen Spuk in unserer heutigen Zeit. Viele nachdenkliche Gesichter. Mir stehen die Tränen in den Augen.

Riesige LED-Wände, Bilder von den Fans, die vor Begeisterung am liebsten die Bühne stürmen würden. Ihr Idol zum Greifen nah. Ich versuche ein bekanntes Gesicht zu erhaschen. Vergebens. Was ist das? Ein Name einer Fangruppe, ganz einfach ein gelbes Schild mit schwarzer Schrift, ein Schild mit dem Namen der Stadt aus welcher die Fans kommen, Gronau. Gronau eine kleine Stadt mit etwas über 45.000 Einwohnern, im Westfälischen gelegen. Mein Gesicht erstarrt. Kälte durchfährt mich und Uwe, mit dem ich dieses

Konzert besuche, versucht auf mich einzureden. Ich sehe nur dieses Schild, diesen Ortsnamen Gronau und im Hintergrund einer meiner Lieblingshits von Udo: ›Honky Tonky Show‹.

Uwe schüttelt mich und will wissen, was mit mir los ist.

Abwesend frage ich: »Was ist?«

Er reicht mir ein Glas mit Wasser.

Während ich dies austrinke, kommt der alte Fall wieder hoch und ich beginne zu erzählen.

* * *

Es geschah vor über 23 Jahren, genau am 18. Januar 1991.

Vom Kriminalkommissariat aus Gronau erhielt ich um 16.45 Uhr einen Anruf. Es war ein alter Bekannter, Tom. Wir hatten uns etwa vor einem Jahr kennengelernt, bei einem Besuch in Gronau. Es war ein gegenseitiges Abtasten, keiner wusste etwas vom anderen, aber beruflich verstanden wir uns sofort. Er zeigte uns seine Dienststelle. Na ja, schon bessere gesehen. Was soll's. Er war mit seinen Leuten auf Vermisstenfälle und Tötungsdelikte spezialisiert. *Wir auch*, dachte ich und ließ ihn einfach erzählen. Als er erfuhr, dass ich der Leiter der Morduntersuchungskommission bin, wurde er etwas wortkarger. Aber ich glaub, wir haben uns sofort verstanden. Seit dieser Zeit wurde daraus eine feste Freundschaft.

»Tom, wie kann ich dir helfen, brauchst du eine Unterkunft in unserem schönen Leipzig? Du wolltest uns doch schon seit längerer Zeit besuchen.«

»Nein«, klang seine etwas dienstliche Stimme, »ihr müsst uns helfen, in einer Vermisstensache«.

»Wie, in einer Vermisstensache? Die Morduntersuchungskommission von Leipzig soll euch in einer Vermisstensache in Gronau helfen? Machen wir doch gern. Spaß beiseite, was können wir hier in Leipzig für euch tun?«

»Seit dem 16.12.1990 wird bei uns in Gronau der 20-jährige Andreas Menske, genannt Andy, vermisst. Der Vermisste wurde am Abend des 15.12.1990 letztmalig in Gronau gesehen. Danach verliert sich jede Spur. Er ist 188 cm groß, hat eine sportliche Figur, kurze dunkelblonde Haare und dunkelbraune Augen. Er soll zuletzt mit einer Jeanshose und einem grauen Anorak bekleidet gewesen sein.«

»Tom«, unterbrach ich ihn, »und wie können wir dir helfen?«

»Ich glaube, die Spur führt nach Leipzig«, gab Tom zur Antwort.

»Nach Leipzig? Wie nach Leipzig?«

Im September 1989 fassten Andy, also Andreas Menske, Ronny Müller, genannt Romeo, und seine Freundin Yvonne Kleine den Entschluss, die DDR zu verlassen. Ihrer Meinung nach würde in der DDR sowieso bald das Licht ausgehen, und es gebe nur einen Weg in die Freiheit: über die Tschechoslowakei nach Ungarn und über Österreich in die Bundesrepublik. Vor ihnen war es schon vielen gelungen. Andys Freund gelang die Flucht bereits vor einem halben Jahr. Er wohnte jetzt in München.

Andy und Ronny kannten sich bereits aus der Schule. Gemeinsam überstanden sie auch die Lehre. Sie erlernten den Beruf eines Malers. Der Plan war schnell geschmiedet, die Gelegenheit günstig. Sie hatten schon oft den Gedanken, die DDR zu verlassen. Viele hatten es vor ihnen getan, endlich frei sein und einmal machen können, was man will. Reisen in die ganze Welt, außer vermutlich in die DDR, falls es die noch geben würde. Egal, die kannte man ja schon fast 20 Jahre. Traumhaft schöne Gedanken. Am 20.09.1989 begann dieser Traum Wirklichkeit zu werden. Abfahrt 20.25 Uhr, Leipzig Hauptbahnhof in Richtung Prag. Ungewöhnlich, der Zug war pünktlich, und doch überkam plötzlich alle ein beklemmendes Gefühl. Es war still im Abteil, angsterregend still. Kurz vor Bad Schandau die erste Kontrolle, zum Glück nur Fahrkartenkontrolle.

»Wo soll's den hingehen?«, fragte im tiefsten Sächsisch der Schaffner.

»Nach Prag«, zischte Ronny.

Als der Schaffner das Abteil verließ, sagte er so vor sich hin: »Ja, bald sind wir nur noch allein hier.«

Yvonne war aufgeregt. »Der weiß, was wir vorhaben!«

Jedes Mal wenn sie aufgeregt war, bekam sie rote Flecken im Gesicht. Jetzt war es wieder soweit. »Die holen uns jetzt raus!«

»Zu spät«, knurrte Andy, »halte dir etwas vor dein Gesicht, du verrätst uns ja alle mit deinen Flecken.«

Zum Glück ging alles gut. Die Flucht, oder der Weg in die Freiheit, verlief viel unspektakulärer als erwartet. In Österreich angekommen wurden sie per Bus in das Übersiedlerheim Schöppingen verbracht. Befragungen und Formalitäten. Dort trafen sie auch Landsleute, wie man hier so sagte, auch aus Leipzig. Mitte Oktober 1989 wurden sie in Gronau, in einer niedlichen, gut eingerichteten Wohnung untergebracht. Andy und Ronny bekamen sofort Arbeit als Maler. Andy, also Andreas Menske, bei der Malerfirma Hermann. Dauerte nicht lange, Kündigung im Dezember 1989.

Das Telefongespräch dauerte jetzt schon 20 Minuten und meine erneute Intervention gegenüber Tom half nichts.

»Ich bin gleich fertig.«

Dabei hieß es früher immer so schön: Fasse dich kurz.

»Übrigens wollte dieser Andy eventuell auch wieder nach Leipzig zurück. Dahin, wo er hergekommen ist.«

»Wohin wollte er denn in Leipzig?«

Tom wusste es auch nicht und ich hatte den Eindruck einer Hilflosigkeit, die aus seinen Worten klang.

»Tom, was können wir für dich tun?«

»Ich weiß es nicht. Er ist wie vom Erdboden verschwunden. Seine Eltern sind hilflos. Er ist das einzige Kind.«

»Wo wohnen die Eltern?«

»In Leipzig, gibt es da eine Austel-Straße oder so ähnlich?«

»Ja, gibt es. Fritz-Austel-Straße.«

»Genau dort wohnen sie.«

»Hast du zufällig die Hausnummer? Auch wir haben lange Straßen mit nicht nur zwei oder drei Häusern.«

»Nein, habe ich nicht, wir werden es herausbekommen. Wir melden uns wieder.«

Ich rief Frank, genannte Fränki – ein erfahrener Mitarbeiter der Mordkommission – und Klaus, unser Superhirn, zu mir. Superhirn nannten wir ihn, weil er sich alles merken konnte und blitzschnell Zusammenhänge erkannte. Er war einer der erfolgreichsten in meiner Truppe. Rolf, der Meckerer, stand auch gleich in der Tür und wollte wissen, worum es geht.

»Eine Vermisstensache in Gronau und die Eltern wohnen hier in Leipzig. Tom hat mich angerufen, wir sollten noch einmal mit den Eltern reden. Das zum Freitag. Jeder vernünftige Mensch hat jetzt Feierabend.«

Es war zwischenzeitlich schon 18.00 Uhr. Wie immer hatte Rolf etwas zu meckern. Eigentlich hatte er ja recht. Ein Zwanzigjähriger ist verschwunden, wir trösten die Eltern und der liegt mit seiner Freundin in irgendeinem Bett.

»Jungs, ich habe es Tom versprochen.«

Fränki und Klaus fuhren los und Rolf ging nach Hause. Im Gehen sagte er noch: »Wenn ihr mich braucht, ruft an.«

So war er, erst meckern, aber wenn er gebraucht wurde, war er immer da. Ein brillanter Kriminaltechniker.

* * *

Zwischenzeitlich ist es schon kurz vor Mitternacht. Das Konzert ist längst zu Ende, selbst die Bühne ist bereits aus dem Stadion der Red Bull Arena verschwunden, als uns ein freundlicher, aber sehr bestimmender Securitymitarbeiter erklärt, auch wir müssen jetzt das Stadion verlassen, wir seien die letzten Zuschauer.

Ich verabschiede mich von Uwe und fahre nach Hause. Alles geht in meinem Kopf durcheinander, da waren dieses Livekonzert von Udo Lindenberg, diese Fangruppe aus Gronau und diese unglaubliche Geschichte von Andreas Menske, den seine Freunde nur Andy nannten.

Am darauffolgenden Tag ruft mich kurz nach dem Frühstück Uwe an. Er will wissen, wie es in dem Vermisstenfall weiterging. Und das zum Sonntag!

Wir treffen uns etwa eine Stunde später im Hotel Fürstenhof. Eines der feineren Hotels, eines der freundlichsten. Ich war schon öfters hier und fühlte mich von Anfang an wohl. Nette Bedienung und eine sehr gute Speisekarte. Hier kann man sich völlig ungestört mit Freunden oder Geschäftspartnern treffen.

»Was ist aus dem Fall geworden, ist er wieder aufgetaucht?«, so die Sprache unter Kriminalisten, wenn sich ein Vermisster plötzlich meldete und alle Aufregung für umsonst war. Uwe selbst war jahrelang einer der erfolgreichsten Kriminalisten in Leipzig, er will natürlich wissen, wie es ausging. Als Pensionär interessiert er sich für alles, was in Leipzig passierte, natürlich besonders für Kriminalfälle.

* * *

Fränki und Klaus trafen kurz vor zwanzig Uhr bei der Familie Menske ein. Beim Betreten der Wohnung überfiel sie ein schauderhaftes Gefühl. Eine Mutter, angelehnt an ihren Mann, fragte unter Tränen: »Was ist mit meinem Sohn passiert? Lebt er noch?«

Auf eine derartige Reaktion waren Fränki und Klaus nicht vorbereitet. »Wir sind hier im Auftrag der Kripo Gronau und sollten Sie nur fragen, ob Sie etwas Neues über den Verbleib Ihres Sohnes sagen können.«

Plötzlich fing Frau Menske an zu schreien: »Ich will, dass ihr meinen Sohn wieder zu mir bringt!«

Da war sie wieder, eine solche Situation: Geht mal hin und fragt, ob es etwas Neues gibt, und dann das. Der Mann stützte seine Frau und diese verfiel von einem Weinkrampf in den anderen.

Das Gespräch mit Herrn Menske war von der Besorgnis geprägt, seinem Sohn könnte etwas zugestoßen sein. Sein Gesicht war grau, viel zu grau und eingefallen für sein Alter, von Müdigkeit gezeichnet. Es war Angst, die ihnen entgegenschlug. Angst, sie könnten mehr wissen und wollten es ihm nicht sagen. So war es aber nicht. Natürlich wollten sie nun etwas mehr wissen, als die Informationen, welche wir von Tom aus Gronau erhielten.

»Andreas ist unser einziger Sohn. Er hat uns viele Sorgen bereitet, aber welches Kind macht das schon nicht. Von seiner Flucht haben wir erst erfahren, als er bereits in Gronau war. Gemeinsam mit Ronny und Yvonne hatte er es im September 1989 über die Tschechoslowakei, Ungarn und Österreich in die Bundesrepublik geschafft. Andreas hatte nach anfänglichen Schwierigkeiten eine Arbeitsstelle gefunden und er verdiente auch gut. Fuhr einen Golf, zwar ein älteres Baujahr, und wir hatten den Eindruck er fühlt sich wohl. Zwar gab es hin und wieder Streit mit Ronny und Yvonne. Andreas sollte immer mehr Miete bezahlen als die beiden zusammen. Das ist nun mal so, wenn drei junge Leute auf so engem Raum wohnen. Übrigens wollte sich Andreas eine neue Wohnung nehmen, und ich glaube, er hatte auch schon etwas in Aussicht.«

Fränki entschuldigte sich bereits vorab bei Herrn Menske, weil er sicher diese Frage schon mehrmals beantwortet hat: »Wann haben sie Ihren Sohn das letzte Mal gesehen?«

»Es war im Sommer«, fiel die Antwort knapp aus.

Klaus schubste Fränki leicht mit dem Fuß unterm Tisch an. Beide hatten den gleichen Gedanken. Doch Herr Menske erzählte von sich aus weiter. Sie glaubten, er war froh sich mit jemand unterhalten zu können, aber vielleicht auch in der Hoffnung, von uns etwas Neues zu erfahren.

»Andreas wollte uns über Weihnachten und Silvester besuchen. Sein letzter Arbeitstag war der 14. Dezember. Abends wollte er noch die Betriebsweihnachtsfeier besuchen und dann sollte es ab nach Leipzig gehen. So gern wollte er mal wieder über den Weihnachtsmarkt schlendern. Glühwein trinken, sich mit Freunden treffen und gemeinsam über alte Zeiten quatschen ... Wir haben uns auch gefreut, ihn seit so langer Zeit wiederzusehen. Seit dieser Zeit haben wir nichts mehr von ihm gehört.«

Die Stimme wurde immer schwächer und Tränen liefen über seine Wangen. Dann die Frage: »Er wird doch noch am Leben sein? Wissen Sie etwas, dann sagen Sie es mir, bitte.«

»Wir wissen nichts anderes, sonst würden wir es Ihnen sagen. Vielleicht hat er eine neue Liebe kennengelernt.«

»Ja, das haben die uns in Gronau auch gesagt, nur ich glaube nicht daran.«

Genau das Falsche getroffen, dachte Fränki, *aber was soll man sonst sagen*, und wir wussten ja über den Fall relativ wenig.

»Und Ronny und Yvonne, wissen die nichts?«

»Sie waren vor ein paar Tagen bei uns. Sie wissen auch nichts und machen sich genau solche Sorgen wie wir. Dabei wollten sie Andreas noch beim Umzug helfen, weil der Freund von Ronny, der übrigens auch aus Leipzig ist, in das Zimmer von Andreas ziehen will. Es soll sich dabei um einen Daniel handeln. Andreas muss ihn auch kennen, von der Schulzeit her.«

Klaus zwinkerte Fränki unauffällig zu, was so viel heißen soll: Wir sollten uns jetzt aus dem Staub machen.

Sie verabschiedeten sich höflich und versprachen, sich sofort zu melden, wenn sie etwas Neues erfahren. Auf die Frage von Herrn Menske, ob wir jetzt den Fall bearbeitet würden, antworteten sie: »Gemeinsam mit der Kripo von Gronau.«

»Und Sie sind von der Kripo Leipzig?«, fragte Menske. »Ja«, sagte Klaus, »von der Morduntersuchungskommission.«

Als Herr Menske ›Morduntersuchungskommission‹ hörte, sagte er leise: »Also lebt er nicht mehr.«

»Nein, so dürfen Sie das nicht sehen«, sagte Fränki, »bei uns werden alle Vermisstenfälle durch die Morduntersuchungskommission bearbeitet.«

»Und warum wurde am heutigen Tag in den Westfälischen Nachrichten, Ausgabe Gronau, nach meinem Sohn gefahndet?«

»Herr Menske, das ist so üblich. Bitte beruhigen Sie sich. Sobald wir etwas Neues wissen, bekommen Sie sofort Bescheid.«

Was wir zu diesem Zeitpunkt nicht ahnten, es würde unser Fall werden.

Nach zwei Stunden wieder in der Dienststelle schrieben Fränki und Klaus die Routineprotokolle.

Ich telefonierte mit Tom.

»Und, gibt es etwas Neues?«, war seine erste Frage. Von mir gab es nur ein kaltes: »Nein. Ihr wisst doch schon alles. Wenn wir euch helfen sollen, müsst ihr uns schon etwas mehr erzählen. Es ist schon etwas komisch dieser ganze Fall, das haben übrigens meine Leute auch gesagt. Da fliehen Freunde gemeinsam, dann verschwindet einer und keiner kann dir sagen wohin, und es gibt auch keine Anzeichen dafür, wo der Kerl sich aufhält. Tom, hatte er Feinde, ist er womöglich tot?«

»Hör auf, dafür gibt es keinen, aber auch gar keinen, Grund oder einen Hinweis. Er war beliebt auf seiner Arbeitsstelle. Er hatte Freunde, mit denen er die Disco besuchte. Letztmalig hat man ihn am 14. Dezember dort gesehen. Alles anständige Jungs.«

»Ja, ja, solange man sie sieht.«

»Nein, hör auf, alle überprüft, und das mehrmals.«

»Es muss doch irgendein Haar in der Suppe sein.«

»Andreas Menske muss aber noch mindestens einmal nach dem 14. Dezember in seiner Wohnung gewesen sein.«

»Woher willst du das wissen?«, fragte ich Tom.

»Nach Auskunft der Nachbarn müssen über Silvester Personen in der Wohnung gewesen sein. Zumindest haben sie Geräusche wahrgenommen. Unsere Nachschau ergab, dass die Wohnung von Andreas Menske bis auf eine Cordmatratze leer war. Also leergeräumt.«

»Umgezogen oder leer geräumt?«

»So oder so«, antwortete Tom ziemlich gereizt.

Ich hatte seinen Nerv getroffen. »Tom beruhige dich, wir wollen doch nun die Sache gemeinsam klären. Dass er sein Zimmer leergeräumt und vermutlich bereits eine neue Wohnung hat, haben uns auch seine Freunde Ronny und Yvonne bestätigt.«

Mir schoss ein Gedanke durch den Kopf: *Woher konnten sie es wissen, wenn sie Andreas gar nicht mehr gesehen haben. Komisch oder blöd. Da stimmt doch etwas nicht.*

»Tom eine letzte Frage . . .«

»Ja, frag nur.«

»Wo ist das Auto von Andreas Menske, sein weißer Golf?«

»Keine Ahnung. Er wird sicher mit ihm unterwegs sein. Vielleicht ist er in Spanien oder Italien und wir reißen uns hier den Arsch auf.«

»Das ist nun mal unser Job.«

»Hast ja recht, war nicht so gemeint. Übrigens steht hier in der Akte... warte mal einen Augenblick... am 24. Dezember hat er hier in Gronau noch getankt. Die Tankstellenbesitzerin kann sich noch genau daran erinnern. Andreas Menske hat für 40 oder 50 DM getankt. Er war allein an der Tankstelle. Also, was machen wir uns da für Sorgen. Ich glaube es nicht, zwei Seiten später kann es auch der 16. Dezember gewesen sein. Sie kann sich nicht mehr genau daran erinnern, aber einer von diesen beiden Tagen war es auf jeden Fall.

Ja, ja einer dieser beiden Tage war es auf jeden Fall, wie oft haben wir dies schon gehört und dann stimmte nichts. Irren ist ja menschlich, hört man dann immer als Entschuldigung. Wir sind aber schon froh, wenn überhaupt jemand mit uns spricht, und wir erwarten dann eine nahezu perfekte Erinnerung.«

»Tom, nun übertreibe nicht.« Ich beendete das Telefonat mit freundlichen Grüßen aus Leipzig, und Tom grüßte freundlich aus Gronau.

Fränki und Klaus hatten ihr Protokoll geschrieben. »Wir haben uns sehr viel Mühe gegeben für die Kollegen in Gronau.« Es klang etwas ironisch, aber ich hatte Verständnis dafür. Sie wollten gerade gehen, da klingelte erneut das Telefon. »Hier ist Tom aus Gronau.«

»Was gibt es Tom?«

»In Kürze kommen seine Freunde Ronny und Yvonne noch einmal auf die Dienststelle.«

»Wieso, habt ihr etwas Neues?«

»Nein, du kennst es doch, in regelmäßigen Abständen Fragen, gibt es etwas was wir noch nicht wissen, und dann immer die Hoffnung, er ist wieder aufgetaucht.«

»Tom, kannst du mir noch schnell zwei Fragen beantworten.«

»Ja aber mach schnell, die beiden sind schon da.«

»Hatte Andreas Menske in der Vergangenheit einen Arzttermin, und wurde von seinem Konto Geld abgehoben.«

»Ja. Ja.«

»Was ja, ja?«

»Beides trifft zu. Am 14. Dezember hatte er einen Zahnarzttermin und hat diesen nicht wahrgenommen.«

Dafür habe ich sogar Verständnis, dachte ich bei mir.

»Und Geld wurde auch abgehoben.«

»Wann genau war das, Tom?«

»Moment, ich schaue doch schon nach. Am 12. Dezember hat Andreas Menske 1.500 DM von seinem Konto abgehoben. Wenn du jetzt wissen willst, ob es vielleicht der Freund von Andreas Menske war, der Ronny, nein, haben wir überprüft. Übrigens hatte diese Person auch die Bankkarte dabei. Nichts Auffälliges. Es gibt einen Zeugen, der Andreas Menske noch am 15. Dezember zwischen 20.30 Uhr und 21.30 Uhr gesehen haben will. Andreas Menske habe ihn auch noch gegrüßt, vor der Disco.«

»Tom, bist du dir sicher, dass Andreas Menske 1.500 DM abgehoben hat?«

»Nein«, sagte Tom, »ich glaube, wir denken das Gleiche. Die Beschreibung passt mehr auf Daniel Krüger, welcher in die Wohnung des Menske ziehen will und auch aus Leipzig stammt. Er war auch schon öfters in Gronau. Ist auch von Beruf Maler.«

»Tom, gibt mir seine Beschreibung.«

»Etwa 20 Jahre alt, 170 bis 175 groß, schmächtig und dunkelblondes Haar. Übrigens fehlen aus Menskes Wohnung mehrere Gegenstände, ein Fernseher, ein Videorecorder und so einiges mehr.«

»Was heißt und so einiges mehr? Könnest du dich etwas genauer ausdrücken?«

»Bei dem Fernseher handelt es sich um einen Farbfernseher der Marke ›Sharp‹ und bei dem Videorecorder um einen Typ ›Yoko‹. Keine Ahnung wie dieses Ding aussieht.«

»Sicher kannst du mir jetzt sagen, wo der Krüger in Leipzig wohnt.«

»Eigentlich nicht.«

»Was, du weißt nicht, wo der Krüger wohnt?«

»Na ja, der hat noch eine Schwester, die wohnt irgendwo in Mölkau. Gibt es so einen Ort bei euch?«

»Tom, Mölkau gehört zu Leipzig. Es wird Zeit, dass du mal nach Leipzig kommst. Unsere Stadt ist etwas größer als Gronau. Aber nur ein klein wenig«, scherzte ich.

Fränki und Klaus waren die ganze Zeit bei dem Telefonat zugegen. Sie wollten gerade mein Zimmer verlassen, als Klaus mit belehrender Stimme zu mir sagte: »Übrigens, wir sollten vielleicht doch langsam unseren Kriminaltechniker kommen lassen.«

»Ja, ich rufe ihn an. Ihr macht jetzt los, um Krüger oder seine Schwester aufzuspüren. Kommt Jungs legt los!«

Fränki und Klaus gingen zum Auto. Dort wartete schon Andrea, die Sekretärin, mit der Schreibmaschine und der Tasche mit allen Vordrucken. Klaus lästerte: »Wenn die in Gronau wüssten, dass wir sogar eine Schreibmaschine und Vordrucke haben, würden die glatt neidisch werden.«

Fränki hatte im Gehen noch gehört, wie der Chef mit dem Staatsanwalt gesprochen und alle Fahndungsgruppen zur Dienststelle befohlen hat. »Unser Chef vermutet das Gleiche wie wir, aber keiner will es aussprechen: Nach so langer Zeit werden wir Andreas Menske nicht mehr lebend finden.« Dennoch versuchte er in die nachdenkliche Stimmung noch etwas Hoffnung zu bringen: »Die Hoffnung stirbt zuletzt.«

»Ja, ja«, antwortete Klaus, und Andrea unsere Sekretärin schien ziemlich genervt von Fränkis Sprüchen zu sein.

»Hier wohnt die Schwester von Daniel Krüger. Nur sie heißt nicht Krüger.«

»Logisch«, sagte Andrea, »ist vielleicht verheiratet.«

Nach einem kurzen Klingeln öffnete eine gutaussehende Frau, Mitte dreißig.

»Mordkommission Leipzig. Ist Ihr Bruder Daniel rein zufällig da?«

»Ach, es geht bestimmt um Andreas Menske. Kommen Sie doch herein. Mein Bruder arbeitet noch.«

Es war zwischenzeitlich fast 23.00 Uhr und das zum Freitag. »Als Maler macht er abends immer etwas länger, na ja will sich noch etwas dazuverdienen. Er müsste aber bald kommen. Wissen Sie denn schon etwas Neues über Andreas?«

»Nein, das wollten wir eigentlich Daniel fragen. Wohnt Daniel eigentlich bei Ihnen?«

Der Mann von Daniels Schwester verzog sein Gesicht. »Also ja. Er wollte sich schon lange etwas suchen, aber so genau scheint er es damit nicht zu nehmen.«

Jetzt griff Daniels Schwester ein: »Er hat uns auch die Wohnung gemalert und wollte ja vielleicht wieder nach Gronau. Dort hat es ihm gefallen, und Aussicht auf Arbeit hat er auch, übrigens dort, wo Andreas gearbeitet hat.«

»Was heißt gearbeitet hat?«, ging Klaus etwas unfreundlich dazwischen.

»Ich meine arbeitet. Andreas und Daniel haben sich gut verstanden.«

»Wie meinen sie das?«

»Andreas will sich eine neue Wohnung zulegen und sich völlig neu einrichten. Er hat ja Daniel viele seiner Sachen geschenkt.«

»Was denn für Sachen?«, wurde Fränki etwas unpassend laut. Sie zeigte uns einen Farbfernseher vom Typ ›Sharp‹ und einen Videorecorder ›Yoko‹.

Treffer, ging es Klaus und Fränki durch den Kopf. Blicke sagten alles.

»Bis Daniel eine neue Wohnung hat, dürfen wir diese Geräte nutzen, zumindest was den Fernseher und den Videorecorder betrifft.«

»Das glaube ich nicht«, erwiderte Klaus.

»Wieso?«

»Diese Gegenstände wurden aus Andreas Wohnung unmittelbar nach seinem Verschwinden gestohlen.«

»Nein, nein, das kann nicht sein.«

»Doch«, sagte Klaus, »und wir werden jetzt diese Gegenstände alle beschlagnahmen.«

»Ich wusste ja schon immer, etwas stimmt damit nicht. Wer verschenkt schon einen Farbfernseher und einen Videorecorder. Das Zeug ist so gut wie neu.«

»Halt deinen Mund!«, schrie Daniels Schwester. »Du weißt immer alles besser!«

»Streiten können Sie sich danach, wenn wir weg sind.«

Rolf war zwischenzeitlich auf der Dienststelle eingetroffen. Völlig entspannt. So kannte man ihn selten. »Nach allem, was ich gehört habe, stinkt doch etwas an der Sache. Ganz sicher, es sieht nicht gut aus. Wir brauchen unbedingt Daniel Krüger.«

Langsam begann die Zeit der Anspannung: Wie wird es weitergehen, und liegen wir mit unserer Überlegung richtig, dass Andreas Menske tot ist?

Das Telefon klingelte, Tom aus Gronau. Rolf winkte ab: »Ich koche uns erst einmal einen Kaffee.«

»Tom, was gibt es?«

Auf diese Frage war Tom nicht gefasst. »Ich wollte wissen, ob es bei euch etwas Neues gibt.«

»Wir haben die Schwester von Daniel Krüger gefunden. Übrigens wohnt der Daniel bei ihr und ihrem Mann.«

»Hat er was gesagt, wo sich Andreas Menske aufhält.«

»Er arbeitet noch.«

»Was um diese Zeit? Macht er bestimmt wegen dir oder wegen uns. Er gönnt uns nun einmal kein Wochenende und das beginnt gewöhnlich mit dem Freitag.«

»Tom, gibt es bei dir etwas Neues?«

»Nein ... oder doch. Ronny und Yvonne waren etwa zwei Stunden noch auf der Dienststelle. Keine neuen Erkenntnisse zum Verbleib von Andreas Menske. Bemerkenswert ist aber, auf einem Polaroidfoto hatte eine Bankangestellte eine Person wiedererkannt, welche vom Konto des Menske Geld abgehoben hat. Sie erkannte den Daniel Krüger wieder.«

»Dann haben wir ja etwas«, unterbrach ich Tom.

»Tom, wir haben den Fernseher und Videorecorder von Andreas Menske in der Wohnung seiner Schwester beschlagnahmt. Ich bin mir ganz sicher, Andreas Menske lebt nicht mehr. Alle meine Leute von der Mordkommission befinden sich in der Dienststelle.«

»Ronny und Yvonne sind auch auf dem Weg nach Leipzig. Dann wird es ja eine tolle Nacht. Sind es deine Vermutungen oder wisst ihr schon mehr.«

»Tom, wir haben den Fernseher und den Videorecorder. Geld soll er auch abgehoben haben. Zeugenaussagen, er wurde am 14. Dezember, dann am 15. Dezember in der Disco gesehen und zuletzt am 16. oder 24. Dezember beim Tanken. Ich glaube alles stimmt nicht. Er ist seit dem 14. Dezember tot, meine Vermutung. Wenn es etwas Neues gibt, rufe ich dich an.«

»Unbedingt, ich bleibe im Büro. Kann aber eine lange Nacht werden. Egal, ich will es jetzt auch wissen. Ruf mich aber als Ersten an, wenn es etwas Neues gibt, damit ich meinen Chef verständigen kann. Nicht, dass er es von jemand anderen erfährt.«

»Versprochen Tom.« Ich beendete das Gespräch mit den Worten: »Bis bald«.

Wo ist Daniel Krüger? Das war die alles entscheidende Frage.

Angeblich würde er im Süden von Leipzig für das Rote Kreuz Zimmer malern. Fränki und Klaus wurden in der Wohnung der Schwester von zwei Kollegen der Fahndungsgruppe abgelöst. Die beschlagnahmten Gegenstände waren auf der Dienststelle. Doch wo war Daniel Krüger? Ungewöhnlich. Fast Mitternacht und er sollte noch arbeiten? Eine Nachfrage beim Roten Kreuz brachte den Hinweis. In Mölkau, unweit der Wohnung seiner Schwester, war er als Maler tätig. Fränki und Klaus fuhren zu der genannten Adresse. Im dritten Stock brannte Licht. Zwei Zimmer waren hell erleuchtet und tatsächlich stand ein junger Mann auf der Leiter und strich die Decke. Richtig professionell machte er es. Ansonsten stockdunkel, zum Fürchten. Die Eingangstür war offen. Ein völlig unbewohntes Gebäude. Wird sicherlich erst renoviert. Im dritten Stock angekommen, brannte zwar Licht in dem großen Raum und auch die Leiter lehnte an der Wand. Wo aber war Krüger. Hat er sie gehört? Blödes Ding, wenn er ihnen jetzt durch die Lappen gegangen wäre, was so viel bedeutet hätte: Ihr habt euch dumm angestellt.

Plötzlich aus dem Dunkel eines Nebenraumes eine Stimme. »Suchen Sie mich?«, fragte diese unbekannte Stimme, oder war es die Stimme von Krüger, von Daniel Krüger. Fränki und Klaus, zwei abgebrühte Kerle, zuckten zusammen. Fränki hatte die Hand schon an seiner Pistole.

»Das brauchen Sie nicht, ich bin nicht gefährlich.« Langsam kam die Gestalt aus dem Dunkeln. Ein junger Mann. Er wirkte freundlich und vielleicht auch etwas gelöst. »Schön geworden oder?«

»In der Tat gut gelungen dieses Zimmer. Die Tapete gut ausgewählt. Hier werden sich die alten Leute wohlfühlen, bestimmt, ganz bestimmt«, sagte Krüger mit nachdenklicher Stimme. »Deswegen sind wir aber nicht hier.«

»Sie suchen mich?«

»Wir suchen Daniel Krüger.« Die Personenbeschreibung von Tom passte.

»Das bin ich.«

»Würden Sie uns zur Dienststelle begleiten.«

»Sehr gern«, antwortete er. »Eigentlich habe ich schon auf Sie gewartet. Mit meiner Arbeit hier bin ich fertig.«

Ein wenig war er stolz darauf und irgendwie wollte er zum Ausdruck bringen, ich habe etwas geschaffen und das wird bleiben.

»Gehen wir«, sagte er und brannte sich noch eine Zigarette an. Tief nahm er den ersten Zug auf Lunge und begleitete Fränki und Klaus zum Auto. Im Auto fragte er völlig unmotiviert und von sich aus: »Sie suchen doch nicht mich, sondern Andreas Menske?«

»Wissen Sie, wo er ist?«, fragte Fränki und wartete gespannt auf die Antwort.

»Sie haben mich in Leipzig gefunden und hoffen über mich, den Andreas zu finden? Haben Ihnen Ronny oder Yvonne schon etwas erzählt?«

Fränki und Klaus schwiegen.

»Also nicht«, beantwortet Daniel Krüger sich selbst seine Frage.

»Woher wollen Sie das wissen?«, konterte Klaus.

»Sonst hätten Sie etwas zu mir gesagt und nicht geschwiegen. Kriminalisten erzählen auch gern wenn sie etwas wissen.«

Stimmt, dachten Fränki und Klaus, und sahen sich betroffen an.

In der Dienststelle angekommen, war schon ein reges Treiben im Gange. Eine der typischsten Fragen, die uns unser Chef immer stellte, kam wie aus der Pistole geschossen: »Wie sieht es aus, hat er schon etwas gesagt?«

Kopfschütteln.

»Wir werden jetzt mit der Vernehmung beginnen.« Fränki und Klaus verschwanden mit Daniel Krüger im Vernehmungszimmer.

Ich sah mir ihn vom Nebenzimmer an, durch einen Spiegel. Krüger konnte mich nicht sehen, ich aber ihn. Er wirkte sicher und gelassen. Zog seine Wattejacke aus und hängte sie über den Stuhl, trank einen Kaffee, welchen Andrea, unsere Sekretärin, ihm gebracht hatte. Krüger wirkte wie ein Kind. Er ein Mörder? Warum Mörder? Vielleicht hat er das Geld nur aus einer Notlage abgehoben. Ist natürlich auch eine Straftat, aber deshalb einen Mord zu begehen. Langsam kamen auch bei mir Zweifel. Diese kommen regelmäßig. Niemandem traut man einen Mord zu und dann!

Rolf unser Kriminaltechniker nahm die Wattejacke und begann mit der Spurensuche. Sein Motto: Jedem Gegenstand, und in diesem Fall der Wattejacke, haften Spuren des Verbrechens an, falls damit ein Verbrechen begangen wurde. Eine gewisse Einschränkung darf es schon geben. Wie immer scherzte er, auch wenn uns nicht immer zum Scherzen zumute war. »Das Rote an der Wattejacke muss ja nicht gleich Blut sein.« Jeder sah, dass es Malerfarben waren. Er sagte gleich darauf: »Man weiß ja nie.«

Nach etwa dreißig Minuten kam Fränki mit ernstem Gesicht aus dem Vernehmerzimmer und sagte zu mir: »Kannst den Staatsanwalt anrufen. Sie haben Andreas Menske umgebracht.«

Eisiges Schweigen breitete sich im Zimmer aus.

»Chef, einen Kaffee?«, fragte Andrea.

»Ja, jetzt brauche ich einen großen.«

Jeder wusste, was jetzt auf uns zukam. In diesem Augenblick klingelte das Telefon. Es war Andreas' Mutter. Mir stockte der Atem. Was sollte ich ihr jetzt sagen. Ich verstellte mich, sie durfte es auf keinen Fall zum jetzigen Zeitpunkt erfahren. Das Schlimmste sind immer die Todesnachrichten.

»Ja, Frau Menske, was gibt es?«

»Ich habe gehört das Ronny und Yvonne, Sie wissen schon, die Freunde von Andreas, morgen nach Leipzig kommen. Sie wollen mich besuchen, sicher wissen sie etwas Neues über Andreas. Das wollte ich Ihnen nur mitteilen.«

»Danke Frau Menske. Rufen Sie mich doch bitte morgen an, wenn Sie etwas Neues erfahren.«

»Mache ich und vielen Dank. Einen schönen Abend noch.«

Es war zwischenzeitlich nach Mitternacht. Schön war der Abend wirklich nicht. »Andrea, verbinde mich mit dem Staatsanwalt.«

»Mache ich, Chef.«

Der Staatsanwalt, welcher zuständig für die Bearbeitung von Tötungsdelikten war, ist einer meiner besten Freunde. Wie oft waren wir schon gemeinsam im Einsatz, und wie viele Fälle haben wir schon geklärt? Peter meldete sich und fragte wie immer: »Was gibt es?«

»Peter, wir haben ein Tötungsdelikt an einem jungen Mann.«

Kaum hatte ich dies ausgesprochen, begann er auch schon wie immer gleich zu fragen: »Haben wir den Täter, wann ist die Tat geschehen?«

Ich unterbrach ihn und sagte: »Diesmal ist alles etwas anders.«

»Ich komme«, antwortete er knapp.

»Peter, wir holen dich ab, es könnte etwas länger dauern.«

»Einverstanden.«

Jetzt kam Klaus aus dem Vernehmerzimmer. »Der Krüger ist fix und fertig und weint nur noch. Auf meine Frage woher er den Farbfernseher ›Sharp‹ und den Videorecorder ›Yoko‹ habe, antwortete er, dies von dem Andreas Menske erhalten zu haben. Der wollte sich doch sowieso eine neue Wohnung einrichten.« Er holte sich eine Tasse Kaffee und Zigaretten und verschwand wieder zu Fränki und Krüger.

Krüger merkte gleich, dass er zwei erfahren Kripoleuten gegenübersaß und sie ihn ganz mitleidig ansahen.

Fränki sagte: »Also geschenkt bekommen. Warum schenkt eigentlich nicht uns jemand mal einen Fernseher, einen Farbfernseher und dazu noch einen Videorecorder? Komisch.«

Krüger fragte nach einer Zigarette. Klaus holte die Vernehmerzigaretten. Ernte 23. Vor Kurzem waren es noch F6. Wie sich die Zeiten ändern.

»Die Leiche befindet sich in der Nähe von Leipzig!«, platzte Krüger dazwischen.

»Wie in der Nähe von Leipzig?«

»Sie haben den Menske in Gronau umgebracht und nach Leipzig gebracht?«

Klaus machte weiter und ich versuchte Tom in Gronau zu erreichen. »Tom, wir haben Neuigkeiten, und wie versprochen erfährst du es als Erster. Ronny Müller und Daniel Krüger haben den Menske umgebracht.«

Am anderen Ende des Telefons wurde es ganz still. »Wie, umgebracht?«, fragte Tom mit leiser Stimme.

»Tom, wir sind mitten in der Vernehmung. Ich halte dich auf dem Laufenden.«

»Und wo ist die Leiche?«

»Hier bei uns in Leipzig.«

»Braucht ihr von uns Unterstützung in Leipzig?«

»Tom, wir sind Profis genug. Wir beherrschen unser Handwerk.«

Von diesem Zeitpunkt an erklärte die Staatsanwaltschaft Leipzig ihre Zuständigkeit und beauftragte die Morduntersuchungskommission Leipzig mit der Bearbeitung des Falles. Nach zwei Stunden Vernehmung stand fest: Ronny

Müller und Daniel Krüger haben in den späten Nachmittagsstunden des 14. Dezember Andreas Menske in der gemeinsamen Wohnung in Gronau mit einer Eisenstange erschlagen, als er aus der Duschkabine kam, um sich für die bevorstehende Weihnachtsfeier vorzubereiten. Da er nicht sofort tot war, drosselte ihn Ronny Müller mit einem Kabel, welches er zuvor von einem Bügeleisen abgeschnitten hatte. Da dieses riss, nahm er eine Feinstrumpfhose von seiner Freundin Yvonne und drosselte ihn, bis der Tod eintrat. Andreas Menske hatte keine Chance zur Gegenwehr. Beide beseitigten die Blutspuren in der Küche und begaben sich danach in einen Baumarkt und kauften blaue Mülltüten. In diese und danach in eine Zeltplane wickelten sie den Menske ein und verbrachten ihn in den Abstellraum. Die zwischenzeitlich nach Hause gekommene Yvonne erfuhr von dieser schrecklichen Tat. In den frühen Morgenstunden brachten sie Menskes Leiche in das Auto von Ronny und fuhren nach Leipzig. Yvonne brachten sie wie gewohnt zur Arbeit.

Ursprüngliches Ziel war es, die Leiche in einer Parkanlage in Holzhausen zu vergraben. Dies misslang jedoch, weil sie dabei zufällig ein Fußgänger störte. Letztendlich wurde die Leiche zwischen der Ortschaft Kleinpösna und der Autobahn Leipzig-Dresden in einem Graben abgelegt. Auf die Frage warum sie Andreas Menske umgebracht haben, antwortete Krüger und auch Müller, welcher gemeinsam mit seiner Freundin am Sonnabend den 19.01.1991 gegen 10 Uhr vor seiner Wohnung festgenommen wurde: »Andreas sollte nicht merken, dass wir von seinem Konto Geld abgehoben haben. Er hätte uns mit Sicherheit angezeigt, und so haben wir uns entschlossen ihn zu töten.« Der gesuchte weiße VW Golf von Andreas Menske wurde durch Daniel Krüger genutzt.

In der Nacht noch suchten wir gemeinsam mit Krüger die Stelle auf, an welcher sie den toten Menske abgelegt hatten.

Es war eine der kältesten Nächte, minus 15 Grad. Erst waren wir uns unsicher, ob wir den Ort überhaupt finden würden. Wir fuhren im Dunkeln an Feldern vorbei, manchmal wussten wir schon nicht mehr wo wir waren, aber Krüger immer ganz sicher: »Links... rechts... den Feldweg entlang und da, wo dieses erleuchtete Werk oder Aufbereitungsanlage steht, befindet sich ein langer Graben zwischen der Baumreihe.«

Peter, der Staatsanwalt, und ich waren uns einig: Zur Glaubwürdigkeit brauchten wir die Leiche. Nach etwa einer Stunde fanden wir dieses Paket in einem Graben. Krüger begleitete uns unter Bewachung. »Da ist er«, sagte Krüger.

Ja, in dieser Zeltplane befand sich Menske, der ermordete Andreas Menske. Ein schauderhafter Anblick.

Am 19.11.1991 erließ das Kreisgericht Leipzig Stadt gegen Daniel Krüger und Ronny Müller Haftbefehl wegen Mordes. Die Untersuchungshaft wurde für beide angeordnet.

Nun gab es noch einen Gang, wie wir es gewohnt waren zu sagen, es ist immer der schlimmste. Den Eltern von Andreas Menske zu erklären, dass ihr geliebter Sohn ermordet wurde. Ermordet von seinen Freunden. Es war sehr schwer für mich, sehr schwer.

Dies war der erste Fall, bei dem Kripobeamte aus West und Ost Hand in Hand arbeiteten und sich gegenseitig schätzen lernten. Die Morduntersuchungskommission des Bezirkes Leipzig löste sich kurz danach aus den verschiedensten Gründen auf. Profis, die ihre Arbeit verstanden.

* * *

Es ist sehr spät geworden. Uwe bedankt sich bei mir, und gemeinsam verlassen wir wortlos das Hotel. Wir würden uns sowieso bald wiedersehen.

Anne Mehlhorn

MASKERADE

»Ich muss darüber nachdenken. Ich ruf' Sie zurück.« Siggi ließ den Telefonhörer auf das Kissen sinken. Er blinzelte verschlafen und stellte mit einem Blick auf den Wecker fest, dass es 14 Uhr war. Stöhnend drehte Siggi sich auf den Rücken und starrte an die Decke. Hinter seiner Stirn spürte er ein unablässiges, dumpfes Pochen, und der bittere Geschmack von Galle hatte sich in seiner Kehle festgesetzt. Er atmete tief durch, um die Übelkeit zurückzudrängen. Was für ein Dreckszeug hatte ihm Emilio da gestern – oder war es vorgestern gewesen – bloß angedreht?

Es dauerte einige Minuten, bis der Inhalt des Telefongesprächs in seiner ganzen Bedeutung in Siggis Bewusstsein drang. Seine Großmutter – Oma Birgit, wie er stets gezwungen worden war, sie zu nennen – sollte entlassen werden, aus der Klapsmühle, in der sie die letzten knapp anderthalb Jahre verbracht hatte. Siggi wusste nicht einmal genau warum. Irgendwelche Psychosen, Stimmen, Halluzinationen, was auch immer. Ihn hatte es nicht gewundert, er war schon immer der Meinung gewesen, dass seine Großmutter einen kompletten Dachschaden hatte – lange, bevor sie eingeliefert wurde. Aber laut dem Arzt, einem Doktor Neuhauser, ging es ihr inzwischen gut genug, dass sie nicht länger in der Klinik bleiben musste. Nur eben alleine wohnen, das könne die alte Frau wohl nicht mehr, und da sie sich seit der Krankheit mit ihren Kindern zerstritten habe . . . Und ob Siggi nicht vielleicht . . .? Als Enkel . . .?

Siggi fuhr sich mit der Hand über seine schwitzige Stirn.

Er stemmte sich mühsam im Bett nach oben und stand auf. Wischte mit der Fußspitze einige herumliegende leere Flaschen beiseite und schlurfte in die Küche. Irgendwo in dem Haufen aus Pizzakartons, Chipstüten, Bierflaschen und dreckigen Klamotten, fand er schließlich Papers und drehte sich mit zittrigen Fingern einen Joint. Das Feuerzeug war fast leer, aber nach mehreren Anläufen schaffte Siggi es, ihm noch ein kleines Flämmchen zu entlocken. Schon nach wenigen Zügen entspannte er sich und spürte, wie sich der Nebel in seinem Kopf lichtete.

Seine Großmutter hatte Kohle, soviel wusste er mit Sicherheit. Ihr gehörten drei oder vier Häuser und noch ein ganzer Batzen Bargeld. Und wenn sie irgendwann mal abkratzte, würden das alles ihre Töchter – Siggis Mutter und Tante – bekommen. Siggi würde keinen Cent davon zwischen die Finger kriegen; seine Eltern hatten ihm klar gemacht, dass sie ihn nicht mehr in ihrem Leben haben wollten. Verdammte Bagage, dachte Siggi und nahm einen besonders tiefen Zug. Aber bitte, er brauchte sie schließlich nicht, diese verödeten Spießer. »Scheiß auf die«, murmelte er. Seine Großmutter war genauso. Siggi konnte sich nicht erinnern, dass diese verrückte alte Schachtel jemals etwas Nettes zu ihm gesagt hatte.

Nachdenklich drückte er seinen Joint aus und ging zum Fenster. Sie hatte sich also mit ihren Töchtern zerstritten... Und Siggi sollte sich jetzt um sie kümmern, ja?

Siggi musste unwillkürlich lächeln. Warum eigentlich nicht? Er musste seiner Großmutter nur den perfekten Enkelsohn vorspielen, der sich völlig geändert hatte und sich aufopferungsvoll um sie kümmerte. Wenn er sie dann noch ein wenig gegen ihre Töchter aufbrachte...

Zielstrebig ging er zurück zum Bett, griff nach dem Telefon und drückte die Rückruftaste. Während er dem gleichmäßigen Tuten aus dem Hörer lauschte, sah er sich in seiner

Wohnung um und versuchte, sie mit den Augen seiner Großmutter zu betrachten. Einen Vorzeigeenkel spielen ... Er seufzte. Das würde eine ganze Menge Arbeit bedeuten.

Zwei Tage später stand er vor dem Eingang der Klinik, um seine Großmutter abzuholen. Den ganzen Vormittag hatte er damit zugebracht, sich als Klosterschüler zu verkleiden – er hatte sich gründlich rasiert, die Fingernägel geschrubbt, und sich sogar schweren Herzens von seinen Dreadlocks getrennt. Stattdessen trug er nun einen langweiligen Allerweltshaarschnitt frisch vom Frisör. Dazu hatte er das einzige weiße Hemd angezogen, das er besaß, und eine braune Cordhose. Seine Großmutter würde ihn in diesem Aufzug kaum wiedererkennen.

Sie hingegen erkannte er sofort, als die gläsernen Eingangstüren sich öffneten und sie nach draußen trat. Eine dürre, kleine Gestalt mit schwarz gefärbtem, dünnem Haar und einem Mund, der beinahe lippenlos schien, wenn sie ihn fest geschlossen hatte. Sie trug Kleidung wie aus den Funfzigern – ein langes, graues Kleid mit einem schwarzen Gürtel um die Hüfte und sogar schwarze Spitzenhandschuhe – Gott, die Frau hatte Nerven.

Mit großen Schritten kam sie auf Siggi zu und musterte ihn von oben bis unten. Ihr Blick verweilte einen Moment länger auf seinem rechten Handrücken – die ›Lordi‹-Tätowierung konnte er leider nicht verstecken – und kehrte dann zurück zu seinem Gesicht.

»Das wird aber auch Zeit!«, raunzte sie, in einer Lautstärke, die ein Außenstehender der alten Dame niemals zugetraut hätte. Aber Siggi kannte ihr Organ noch zur Genüge.

Sie stemmte die Hände in die Hüften und schaffte es, obwohl sie zwei Köpfe kleiner als er war, ihn von oben herab anzusehen. »Hilfst du mir jetzt mit meinem Gepäck oder willst du nur faul hier herumstehen?!«

»Ich freu mich, dich zu sehen, Oma Birgit«, Siggi zwang sich zu einem falschen Lächeln.

»Hast du mir nicht zugehört? Meine Koffer tragen sich nicht von alleine!«

»Doch, Oma, ich gehe jetzt gleich nach oben und hole alles.«

»Gut, ich setze mich so lange ins Auto«, sagte sie, und blickte dabei über den Parkplatz. »Welches ist deins?«

»Der rote Audi.« Siggi drückte ihr den Schlüssel in die Hand. »Dort drüben, gleich an der Ecke.« Seine Großmutter schürzte missbilligend die Lippen; in seine tiefergelegte Rostlaube zu steigen schien für sie eine Beleidigung zu sein. Doch dann stöckelte sie los, ohne noch etwas zu sagen.

Siggi ballte seine Hände zu Fäusten. Tief durchatmen jetzt. Bloß nicht aufregen. *Ich liebe meine Oma Birgit*, sagte er zu sich selbst. *Ich liebe sie, und freue mich, dass sie bei mir einzieht*... Während er im Fahrstuhl ins fünfte Stockwerk fuhr, redete er sich diese Sätze immer weiter ein, sodass er beim Aussteigen schon wieder zu einem Lächeln fähig war.

Er wechselte noch einige Worte mit dem Arzt, der ihn auf allerlei Zeugs aufmerksam machte, wie dass seine Großmutter sich nicht aufregen solle, dass sie ihre Tabletten nehmen müsse, dass er laute Geräusche vermeiden solle... Siggi schaltete nach kurzer Zeit ab und nickte nur noch lächelnd zu allem. Dann holte er das Gepäck seiner Großmutter und wuchtete es in den Fahrstuhl und danach bis zum Auto. Als endlich alles im Kofferraum verstaut war, schwitzte er wie ein Fixer auf kaltem Entzug. Kaum dass er die Wagentür geöffnet hatte, blaffte seine Großmutter ihm schon entgegen: »Warum hat denn das so lange gedauert?!«

Nach einer kurzen Fahrt hielten sie vor dem Neubaublock, in dem Siggi wohnte. Im Treppenhaus wanderte der Blick seiner Großmutter missbilligend über die Graffitis an den Wänden und die zahllosen Scherben unter einem der

Briefkästen. Ihr Leben lang hatte sie einen Bogen um Viertel wie dieses gemacht – und um Menschen wie Siggi.

Während sie, in Anbetracht ihres Alters geradezu leichtfüßig, die Treppen hinauf stieg, hievte er ihre beiden Koffer – hatte sie Steine da hinein gepackt?! – ächzend Stufe für Stufe nach oben.

Siggi hatte alles getan, um seine Wohnung zurechtzumachen. Er hatte nicht nur gesaugt, geputzt und aufgeräumt, sondern auch die meisten seiner Sachen, wie Porno-DVDs, Zombie-Computerspiele, seine Bong und nicht zuletzt die Hanfpflanzen, entweder bei Kumpels oder im Keller untergebracht. Was er jedoch nicht verbergen konnte, waren die halbkaputten Möbel, der Schimmel unter der Spüle und der Geruch nach Gras, der sich in die Tapeten gefressen hatte.

Als seine Großmutter die Tür zum Gästezimmer öffnete, das eigentlich Siggis Schlafzimmer war, seufzte sie unüberhörbar.

»Und hier soll ich schlafen?«

»Ich . . . ja, Oma. Ich habe es für dich freigeräumt.«

Sie hob die Bettdecke an und betrachtete mit gerunzelter Stirn die fleckige Matratze.

»Womit habe ich das verdient?«, murmelte die Großmutter und wandte sich dann Siggi zu. »Du wirst jetzt losfahren und Folgendes kaufen: eine neue Matratze, neue Bettwäsche, einen Überwurf für dein Sofa und . . .«, sie rümpfte die Nase, »und vier oder fünf Lufterfrischer, würde ich meinen.«

Siggi spürte eine Ader an seiner Schläfe pochen. Reflexhaft ballte er seine Hände zu Fäusten. »Natürlich«, sagte er gepresst. »Brauchst du sonst noch etwas, Oma?«

Sie verschränkte ihre Arme vor der Brust und schnalzte mit der Zunge. »Ich nehme an, nach gutem Essen brauche ich in deiner Küche nicht zu suchen?« Bevor Siggi zu einer Antwort ansetzen konnte, fuhr sie fort: »Also bring noch ein paar anständige Lebensmittel mit. Keine Tiefkühlpizza oder Pferdefleischlasagne, ich spreche von frischem Obst, Wurst, Brot. Falls du davon schon einmal gehört hast.«

Immer hartnäckiger drängten sich vor Siggis Augen Szenen, in denen er den Kopf seiner Großmutter auf dem Glastisch zertrümmerte. Nur unter Anstrengung gelang es ihm, diese Bilder zurückzudrängen und durch die eines tiefergelegten BMW, eines Strandhauses in der Toskana und jede Menge nackter Weiber zu ersetzen . . . Er durfte es jetzt nicht vermasseln.

»Ich würde all das gern kaufen«, sagte er mit ruhiger, betont gleichgültiger Stimme, »aber ich habe nicht so viel Geld, Oma.«

»Dann gebe ich dir welches, meine Güte, nun stell dich bloß nicht dümmer als du bist.« In ihren Augen bemerkte Siggi eine kaum merkliche Veränderung. »Ich weiß doch genau, dass mein Geld alles ist, was die Leute an mir interessiert!«

Siggi schleppte zuerst die Einkäufe und dann noch die sperrige Matratze die Treppe hinauf in den fünften Stock ohne zu Murren. Nachdem er die Einkäufe in der Küche abgeladen hatte, fand er seine Großmutter auf der Couch sitzend vor. In der Hand hielt sie die Fernbedienung, doch der Fernseher war ausgeschaltet und sie starrte nur auf den schwarzen Bildschirm. Vielleicht war das ein guter Moment. Siggi musste es irgendwie schaffen, Zugang zu ihr zu bekommen.

»Ich bin wieder da.« Sie drehte sich nicht zu ihm um.

»Na bestens, dann kannst du ja mein Bett beziehen und uns etwas kochen.«

Mit langsamen Schritten ging er zum Sofa und setzte sich neben sie.

»Darf ich dich etwas fragen, Oma?« Er legte soviel Wärme in seine Stimme, wie er nur konnte.

Sie antwortete nicht, doch er wertete diese Reaktion als ein Ja.

»Warum hast du dich mit meiner Mutter gestritten? Und mit Beate?«

»Gestritten«, zischte sie, wobei ihre knochigen Finger sich fest um die Fernbedienung schlossen. »So kann man das wohl kaum nennen.«

Siggi rutschte ein Stück näher an sie heran. »Das war, was der Arzt mir erzählt hat«, sagte er. »Ich hab schon eine Weile keinen Kontakt mehr zu meinen Eltern, deswegen habe ich das nicht...«

»Geschämt haben sie sich für mich! Geschämt!« Ihre Stimme zitterte vor Wut. »Gut, ich habe ein paar unschöne Dinge getan, aber ich war krank, meine Güte, ich konnte nichts dafür!«

Siggi war nicht sicher, ob er etwas Bestätigendes sagen sollte, also gab er nur ein unverbindliches »Hm« von sich.

»Kaum dass ich in der Klinik war, haben sie nichts mehr von sich hören lassen. Haben mich nicht besucht, nicht gefragt, wie es mir geht. Meine sogenannten ›Kinder‹ waren froh, mich los zu sein.«

Das war der richtige Moment. »Sowas sieht ihnen ähnlich«, rief er, »mich haben sie auch...«

»Ach, jetzt tu bloß nicht so«, schnappte seine Großmutter. »Als ob du dich je für mich interessiert hättest. Du hoffst doch bloß, etwas von meinem Geld abzubekommen.«

Siggi biss sich auf die Zunge, um nicht zu sagen, was ihm durch den Kopf ging. Nach einer längeren Pause fragte er: »Und warum wolltest du dann zu mir, wenn ich so furchtbar bin?«

Nun drehte seine Großmutter sich zu ihm um und sah ihm direkt in die Augen. »Sigmund, ich erwarte von dir absolut nichts. Du warst schon immer ein Taugenichts. Von meinen Töchtern hatte ich erwartet, dass sie sich um mich kümmern und wurde enttäuscht. Du dagegen kannst mich nicht enttäuschen.«

Siggi hob den Kopf. »Ich habe mich verändert, weißt du«, sagte er. »Ich bin nicht mehr so wie früher. Ich habe eine Ausbildung angefangen und alles.«

»So? Was für eine Ausbildung?«

»Zum ... äh ... Informatiker.«

Seine Großmutter hob eine Augenbraue. »Tatsächlich ...«, murmelte sie zweifelnd. »Was ist der Unterschied zwischen einem RAM und einem ROM?«

Verdammt, warum war diese Frau so scheißgebildet? Sie war alt, sie sollte keine Ahnung von Computern haben!

»Ich ... habe erst vor ein paar Monaten damit angefangen«, erklärte er ausweichend.

»Du musst mir nichts vormachen, Sigmund. Jetzt geh und beziehe das Bett, ich bin müde.« Sie wandte sich wieder dem leeren Fernsehbildschirm zu und Siggi stand – vielleicht etwas zu abrupt – auf und stapfte ins Schlafzimmer.

Sobald er die Tür hinter sich geschlossen hatte, trat er mit voller Wucht gegen den Koffer auf dem Boden. Wenn das so weiter ging, würde er innerhalb kürzester Zeit wahnsinnig werden. Und es konnte Monate dauern, wenn nicht Jahre, bis er sie endlich so weit hatte, ihr Testament zu ändern! Da war es wahrscheinlicher, dass er sie vorher um die Ecke brachte.

Beim Aufschütteln der Decke fiel sein Blick auf die Sachen seiner Großmutter, die sie auf der Schlafzimmerkommode ausgebreitet hatte. Darunter war eine größere, weiße Pillenbox. Siggi ging näher heran und öffnete sie. Sie war unterteilt in zahlreiche kleinerer Fächer – angeordnet nach den sieben Tagen der Woche und den jeweiligen Tageszeiten: morgens, mittags, abends und nachts. In jedem Fach lagen verschiedenfarbige Tabletten. Klar, seine Großmutter war eine alte Frau und nahm sicher alles Mögliche ein, für ihr

Herz, für ihren Blutdruck und sicher auch irgendwelches Psychozeugs.

Siggi nahm eine der bläulich gefärbten, runden Tabletten heraus und betrachtete sie. Es wäre ein Kinderspiel die gegen Valium zu ersetzen. Er kannte einen Typen, der ihm alle möglichen rezeptpflichtigen Sachen besorgen konnte. Und unter Valium – tja, da würde sie auf jeden Fall leichter zu handhaben sein. Sie würde die ganze Zeit schlafen und Siggi könnte sie aufopferungsvoll pflegen ...

Als er die Pillendose schloss und zurück ins Wohnzimmer ging, konnte er sich ein Grinsen nicht verkneifen.

Nachdem Siggi das Valium in die Pillendose geschmuggelt hatte, dauerte es nicht lange, bis er die Wirkung am Gesichtsausdruck seiner Großmutter ablesen konnte. Zwar bemühte sie sich offensichtlich, die Schläfrigkeit und Schwäche vor ihm zu verbergen, aber sie blinzelte doch deutlich häufiger und wenn sie ihn anmotzte, klang es ein wenig kraftlos. Schon am nächsten Tag verhielt sie sich endlich, wie eine 80-Jährige sich zu verhalten hatte: Sie schlief lange, aß wenig, hatte keine Lust nach draußen zu gehen und lag die meiste Zeit mit geschlossenen Augen auf dem Sofa.

Siggi verhielt sich leise, um sie nicht zu stören, ließ sie jeden Morgen ausschlafen und brachte ihr dann Zwieback und Tee ans Bett. Er kaufte ihr eine CD von Max Raabe, schüttelte regelmäßig ihr Kissen auf und ließ sie stets das Fernsehprogramm wählen. Regelmäßig fuhr er zur Apotheke und besorgte ihr jedes Mittelchen, nach dem sie verlangte. Er beklagte sich nicht, und lächelte, so oft es ging.

Trotz all dieser Pflege ging seine Großmutter ihm nun kaum noch auf die Nerven; sie redete wenig, verlangte wenig und da sie so viel schlief, konnte er die meiste Zeit tun, was er wollte. Er hätte nicht erwartet, dass es so leicht sein würde. Die Idee mit dem Valium war brillant gewesen.

Ein wenig Sorgen machte er sich, als er seine Großmutter zur Klinik fuhr, weil ihr behandelnder Arzt wissen wollte, wie es ihr ging. Siggi saß während der gesamten zwei Stunden aufs Lenkrad trommelnd und Nägel kauend im Auto. Doch auch dieses Mal hatte er Glück: Als seine Großmutter zurückkam, teilte sie ihm kurz angebunden mit, der Arzt sei nicht besorgt gewesen; sie sei eben nicht mehr die Jüngste und in ihrem Alter könne man sich schon einmal schlapp fühlen.

Das ging fast drei Wochen lang so, und Siggi begann sich zu fragen, ob er das Thema Geld einfach ansprechen oder besser abwarten sollte, bis seine Großmutter sich ihm öffnete. Ein falsches Wort, eine unbedachte Bemerkung, konnte die ganze Arbeit zunichte machen.

Zu seiner Überraschung war es die Großmutter selbst, die ihn darauf ansprach.

Es war Samstagabend, im Radio lief eine Live-Übertragung der olympischen Spiele. Siggi schmierte Brote und fragte sich, ob er es riskieren könnte, zu einem Kumpel zu fahren und mal wieder einen durchzuziehen, wenn seine Großmutter ins Bett gegangen war. Da sagte sie: »Sigmund, mach bitte einmal den Ton leiser, ich möchte etwas mit dir besprechen.«

Er stand auf, tat, was sie verlangt hatte und blieb neben dem Radio stehen. Sie faltete langsam ihre Serviette und setzte sich sehr gerade hin. Die leisen Stimmen, die noch aus dem Radio drangen, knisterten zwischen ihnen durch das Zimmer.

Der Gesichtsausdruck seiner Großmutter war sehr ernst. »Sigmund, ich möchte mich bei dir bedanken.«

»Ach, das brauchst du doch nicht . . .«

»Lass mich ausreden, Sigmund.«

Sie blinzelte und einen Moment lang schien sie nicht mehr zu wissen, was sie sagen wollte. Sie runzelte die Stirn, blickte von ihm zur Spüle und wieder zurück und schüttelte dann den Kopf. Schließlich setzte sie erneut an: »Ich habe dir gesagt, dass ich nur zu dir gekommen bin, weil du mich nicht enttäuschen kannst. Das war nicht die ganze Wahrheit.«

Siggi sagte nichts und blickte sie nur fragend an.

»Weißt du, als ich damals ... krank geworden bin ... hat die ganze Familie sich für mich geschämt. Ich war oft cholerisch, habe sie beschimpft und solche Dinge ... auch peinliche Sachen, die Nachbarn haben geredet, wenn ich halbnackt durch die Straße geirrt bin ... Aber ich wusste einfach oft nicht, was wirklich war und ...« Sie drehte ihre Gabel zwischen den Fingern, während sie sprach.

»Du warst eben krank, du konntest ja nichts dafür.«

»Ich weiß.« Trotzig reckte sie ihr Kinn nach vorn. »Und trotzdem wollten sie nichts mehr mit mir zu tun haben.«

Siggi erinnerte sich noch gut an den Moment, als seine Mutter ihn rausgeworfen hatte. Natürlich hatte er es irgendwo provoziert, aber als sie ihm ins Gesicht schleuderte, dass er ein Nichtsnutz sei und sie sich schäme, so einen Sohn zu haben, hatte es sich trotzdem beschissen angefühlt. Zum ersten Mal hatte Siggi das Gefühl, seine Großmutter ein wenig zu verstehen. Er legte ihr eine Hand auf die Schulter, doch sie schüttelte ihn sofort ab.

»Ich hätte mir die beste private Pflege leisten können. Aber ich wollte gern, dass wenigstens ein Mitglied meiner Familie für mich da ist und sich um mich kümmert.«

Ja, dachte Siggi, *ja, ja*, jetzt hatte er sie so weit. Jetzt würde sie gleich anfangen zu heulen und ihm sagen, wie dankbar sie ihm war!

Sie zog die Schultern nach hinten und drückte den Rücken durch.

Nervös rieb Siggi seine schweißfeuchten Hände an seiner Hose ab. »Siegmund«, sagte sie nun etwas lauter, »ich weiß, dass du es nur wegen des Geldes gemacht hast.«

Siggis Herz zog sich zusammen. Scheiße! Er öffnete den Mund, um zu widersprechen, doch sie ließ ihm keine Zeit: »Mir ist es egal, weißt du. Ich bin alt, ich brauche das ganze Geld nicht mehr. Immerhin hast du dir wirklich Mühe gegeben, und ich meine, du hast es mehr verdient als meine undankbaren Töchter. Ich gebe dir, was du willst, und dann musst du mir kein Theater mehr vorspielen.«

Oh mein Gott, jetzt kein falsches Wort!, dachte Siggi. Wie konnte es nur so unfassbar einfach sein?

»Danke, Oma«, sagte er nur, und schaute ihr tief in die Augen.

»Mein Testament ist in einer Mappe, die in dem Koffer unter dem Bett liegt. Holst du es bitte?«

Wortlos stand Siggi auf und ging ins Schlafzimmer. Seine Finger zitterten, und er brauchte mehrere Versuche, bis er die Kofferverschlüsse aufbekam.

Es waren nur wenige Blätter, zusammengetackert und lose in einen kaputten Klemmhefter gelegt, doch Siggi nahm sie heraus wie einen heiligen Schatz. Er trug das Testament zurück in die Küche und legte es vor seiner Großmutter auf den Tisch. Dann schob er ihr noch einen Stift und die Brille dazu und setzte sich wieder.

Es dauerte keine fünf Minuten. Seine Großmutter erklärte ihm, dass ihre Töchter dennoch einen Mindestanteil zu bekommen hätten, er aber den gesamten Rest erhalten würde. Sie unterschrieb die veränderte Version und notierte das aktuelle Datum darunter. Dann reichte sie ihm das Papier und sah ihn lange prüfend an.

Siggi wusste, was sie ihm mitteilen wollte: Sie würde sein Verhalten in Zukunft beobachten. Wenn seine Hilfsbereitschaft nachließ, könnte sie das Testament jederzeit wieder ändern.

Siggi legte das Papier vorsichtig zurück in den Klemmhefter. »Ich . . . danke«, sagte er leise.

Nachdem seine Großmutter zu Bett gegangen war, zog Siggi den Hefter noch einmal aus der Schublade hervor, wo er ihn sorgsam verstaut hatte. Minutenlang starrte er auf das Papier, auf die Tinte, welche die Unterschrift seiner Großmutter bildete, auf das Datum, gut lesbar. Daran gab es nichts zu rütteln.

Um kurz vor Mitternacht stieg Siggi in seinen Wagen, fuhr ziellos durch die Stadt, und hielt schließlich an einer heruntergekommenen Bar, um sich zu betrinken. Während er am Tresen wartete und dabei die Leute beobachtete, stieg ein mulmiges Gefühl in ihm auf, kroch aus seinem Magen bis hinauf in seinen Hals. Dort setzte es sich fest, sodass ihm bei jedem Schlucken übel wurde. Was war nur los mit ihm? Er hätte in Feierlaune sein sollen, schließlich war er endlich am Ziel – das Testament war geändert.

Siggi beobachtete den Barkeeper, der für ein paar heiße Weiber am anderen Ende des Tresens Drinks mixte.

Dann glitt sein Blick langsam tiefer, den Tresen entlang, bis zu seinen eigenen Fingerspitzen. Sie zitterten fast unmerklich.

Was brachte es ihm, dass seine Großmutter das Testament geändert hatte? Die Alte konnte noch fünf, zehn oder sogar zwanzig Jahre lang leben. Er seufzte. Der Barkeeper knallte den ersten Tequila vor ihm auf das Holz. Siggi umschloss das Glas fest mit einer Hand. Er hatte das Ganze nie wirklich bis zu Ende gedacht; sich nie getraut, den Gedanken auszuformulieren: Dass jetzt der Zeitpunkt gekommen war, wo er sie umbringen musste.

Siggi nahm einen Schluck Tequila. Das Brennen linderte den Druck in seiner Kehle etwas.

Obwohl er schon eine Menge Scheiße gebaut hatte, war kaltblütiger Mord neu für ihn. Ob er das überhaupt fertigbrächte?

Er nahm noch einen Schluck.

Fakt war, dass er es nicht sofort tun konnte, das wäre viel zu auffällig, wenn die Alte einen Tag nach der Testamentsänderung plötzlich sterben würde.

Siggi kippte den Rest seines Glases hinter und sah noch einmal zu den Mädchen hinüber. Sie kicherten und warfen dem Barkeeper immer wieder verstohlene Blicke zu. Siggi beachteten sie nicht. Keiner hatte ihn je beachtet. Ohne pralles Konto oder gutes Aussehen war man in dieser Welt ein Niemand. Siggi hickste. So war das nun einmal, jeder war nur seinem eigenen Glück verpflichtet, was kümmerte ihn schon diese alte Schachtel?

»Noch einen!«, rief er und knallte das Glas auf den Tresen.

In einer Nacht wenige Wochen später schlich Siggi mit einem Kissen ins Schlafzimmer, wo seine Großmutter im Bett lag und schnarchte. Einige Minuten lang stand er mit dem Rücken zur Tür da und beobachtete, wie ihr Brustkorb sich gleichmäßig hob und senkte. Er achtete auf jedes Geräusch, auf die Schritte aus der Wohnung über ihnen, auf ein vorbeifahrendes Auto, das Ticken des Weckers auf dem Nachttisch. All das wurde übertönt von seinem eigenen Atem, der ihm so laut vorkam, dass er nicht begriff, warum seine Großmutter davon nicht aufwachte.

Siggi straffte sich, wischte seine schwitzigen Hände an der Jeans ab und atmete tief ein. War es das wirklich wert? Was, wenn sie ihn drankriegten? Doch unwirsch schüttelte er den Kopf, um alle Zweifel abzuschütteln. Das hier war seine Chance. Jetzt oder nie.

Er schwang sich rittlings auf das Bett. Drückte das Kissen fest auf ihr Gesicht. Sie erwachte nicht sofort. Doch dann bäumte sie sich unter ihm auf. Ihre Arme fuchtelten hilflos, ihre Finger schlossen sich um seine Arme. Sie zuckte, stöhnte in das Kissen. Sein Verstand war weit weg, er starrte nur auf das Kissen, seine weißen Fingerknöchel; fühlte nichts mehr. Lange, nachdem sie sich nicht mehr gerührt hatte, drückte er immer noch auf das Kissen

Unfassbar, wie einfach es gewesen war. Nicht nur der Mord – auch alles andere. Einfacher, als Siggi es sich je hätte vorstellen können.

Er hatte erwartet, dass sein Gewissen ihn quälen würde. Dass er Alpträume bekäme, Horrortrips, dass seine Großmutter ihn nun für immer verfolgen würde. Doch er empfand nichts beim Gedanken an sie.

Es gab auch keinerlei Ermittlungen. Anscheinend interessierte sich niemand sonderlich dafür, wenn eine alte Frau über Nacht in ihrem Bett verstarb. Der Notarzt, den Siggi am nächsten Morgen gerufen hatte, untersuchte sie keine drei Minuten lang, sprach Siggi sein Beileid aus und das war's.

Er hatte erwartet, dass zumindest seine Mutter Verdacht schöpfen würde. Doch anscheinend traute nicht einmal sie Siggi einen Mord zu. Statt sich um den Tod der Großmutter Gedanken zu machen, sprach sie immer nur von dem geänderten Testament, beschimpfte Siggi und drohte mit einem Anwalt. Das juckte ihn nicht. Er hatte die Unterschrift, daran gab es nichts zu rütteln.

Drei Wochen später klingelte sein Telefon. Als er die Stimme des Mannes am anderen Ende hörte, hatte er kurz ein Déjà-vu. Es war derselbe Mann, der ihn vor einigen Monaten angerufen hatte, um ihn zu fragen, ob er seine Großmutter bei sich aufnehmen könnte: Doktor Neuhauser.

Ob er in der Klinik vorbeikommen könne, er habe noch etwas Wichtiges mit ihm zu besprechen. Siggi bejahte, legte auf und machte sich auf den Weg.

Angekommen, nahm der Arzt ihn gleich in Empfang und führte ihn in eines der Behandlungszimmer. Er bat Siggi, sich zu setzen und nahm ihm gegenüber am Schreibtisch Platz. Sein Mund war fest verschlossen und seine schmalen Augenbrauen zogen sich zusammen, sodass die Stirn in Falten lag. Einen Moment lang schwiegen sie beide. Siggi betrachtete die langweiligen Landschaftsbilder an den Wänden und die unzähligen Buchrücken in einem Bücherregal.

»Herr Peters«, begann der Arzt, »es ist mir wirklich unangenehm, Sie zu diesem Gespräch bitten zu müssen ... Zunächst möchte ich Ihnen sagen, wie leid mit Ihr Verlust tut.«

Siggi nickte. »Vielen Dank.«

»Ihre Großmutter war eine bemerkenswerte Frau. Trotz ihrer schweren psychischen Erkrankung verlor sie nie ihren Lebensmut. Es ist traurig, dass nun ... nun ja ...«

Siggi sagte nichts. Er wartete ab. Warum hatte der Mann ihn hierher bestellt?

»Wissen Sie, bei ihrem letzten Termin bei mir, da vertraute Ihre Großmutter mir ein paar Dinge an. Sie war wirklich froh, dass Sie sie aufgenommen haben. Sie mochte Sie, obwohl sie es wohl nicht immer zeigen konnte ...«

Siggi schluckte. Da war es wieder, dieses erstickende Gefühl in seiner Kehle. Doch er versuchte, sich nichts anmerken zu lassen.

»Das ... freut mich zu hören«, sagte er leise. »Ich hatte sie auch gern.« Ein paar Tränen wären jetzt wirkungsvoll gewesen, aber die brachte er beim besten Willen nicht heraus.

»Ja«, sagte er der Arzt, »aber wissen Sie, da war noch etwas ... Ihre Großmutter teilte mir mit, dass Ihre Symptome wieder zugenommen hatten. Das heißt, dass sie wieder Stimmen hörte und auch optische Halluzinationen hatte.«

»Was?«, fragte Siggi verwirrt, »aber davon hat sie nie etwas gesagt.«

»Nun ja, sie wollte es Ihnen nicht sagen, weil sie Angst hatte, dass Sie sie dann ablehnen würden. Es ging ihr nicht gut, sie hatte Angst und war sehr verunsichert. Eigentlich hätte sie zurück in die Klinik gemusst.« Der Arzt drehte nachdenklich einen Kugelschreiber zwischen seinen Fingern. »Aber ich wollte ihr erst noch etwas Zeit geben. Manchmal kommen solche Symptome nur kurzzeitig vor, weil der Patient sich erst an seine neue Umgebung gewöhnen muss...«

Nun blickte der Arzt Siggi direkt an. »Mir ist das ein Rätsel. Sie hatte so gut auf die Therapie mit Neuroleptika angesprochen...«

Vor Siggis geistigem Auge erschienen die bläulichen Tabletten aus der Pillendose. Die Tabletten, die er gegen Valium ausgetauscht hatte.

»Warum erzählen Sie mir das?«, fragte er schließlich und gab sich Mühe, seine Stimme traurig klingen zu lassen, und nicht schuldbewusst.

»Weil...«, setzte der Arzt an und es schien ihm schwer zu fallen, weiter zu sprechen. »Weil der Anwalt Ihrer Mutter bei mir war und mich zum Geisteszustand Ihrer Großmutter befragt hat. Und auch, wenn es mir wirklich leid tut, aber nach allem, was mir bekannt ist... Ihre Großmutter war zum Zeitpunkt der Testamentsänderung nicht zurechnungsfähig. Etwas anderes kann und werde ich vor Gericht nicht aussagen.«

Hartwig Hochstein

MAX UND MORITZ

Friedrich ›Fritze‹ Matthes zupft seinen blassgrauen Blouson zurecht, zieht die Schiebermütze ein wenig tiefer in die Stirn und biegt in die kleine Sackgasse am Rande der Kleinstadt ein.

Wie ich wohl aussehe, denkt er und beantwortet die Frage selbstironisch: *Wie ein Rentner mit Ostalgie-Hintergrund.* Eine Einschätzung, die die Popelinehose, die Sandalen mit Klettverschluss und vor allem der Dederonbeutel in seiner Rechten unterstreichen. Und die durchaus passt. Matthes gehört zu denjenigen, die nicht alles schlecht fanden, was in der DDR gewesen war.

Aber das zu dokumentieren, darauf kommt es ihm heute nicht an. Wichtiger ist, dass sein Outfit unauffällig ist, dass sich niemand über den abendlichen Spaziergänger wundert, dass sich keiner an ihn erinnern kann, wenn sein Coup vollbracht ist und eine Untersuchung eingeleitet werden sollte.

Wobei, setzt er sein Selbstgespräch fort, *Coup vielleicht ein zu großes Wort ist.* Nein, Matthes will an diesem Herbstabend kein großes Ding drehen, sondern nur dem Schicksal ein wenig nachhelfen, es zum Guten wenden. Nicht für sich, sondern für seinen Enkel Moritz, der Freude seiner späten Jahre. Damit wird er dem zugleich einen Traum erfüllen, den er selbst viele Jahre lang vergeblich geträumt hatte.

Dafür ist Matthes auch zu der kleinen kriminellen Schandtat bereit, die vor ihm liegt. Und das nach einem Leben ohne Eintrag in irgendein Sündenregister, ohne Fehl und Tadel. Na ja, abgesehen von jenem Zwischenfall im jugendlichen

Alter. Zusammen mit einem Kumpel klaute er in der örtlichen Kaufhalle eine Flasche Nordhäuser Doppelkorn, setzte sie noch auf dem Parkplatz an den Hals. Doch nach dem ersten kräftigen Schluck erwischte sie der Filialleiter, scheuerte ihnen eine und jagte sie weg. Dabei blieb es nicht. Sein Vater bekam einen diskreten Tipp und am Abend gab es ordentlich den Arsch voll. So nannte man diese Erziehungsmaßnahme in den 50er Jahren und sie wurde gerne angewandt. Manchmal dachte Matthes, dass dies mehr bewirkte als das psychologische und pädagogische Brimborium, das heute nach einer kindlichen Ungezogenheit oder einem jugendlichen Vergehen gemacht wird. Bei ihm jedenfalls sorgte die Erinnerung an die Tracht Prügel mit Papas Ledergürtel dafür, dass er ohne weitere schwerwiegende Fehltritte durch die Flegeljahre kam. Und als Erwachsener blieb er vor und nach der Wende ein biederer, braver Bürger.

Aber weg von den Erinnerungen, hin zum Haus Nummer 28. Dort steht das Auto, das Matthes manipulieren will, damit es morgen nicht an sein Ziel kommt.

Der Wagen gehört Horst Müller, dem Vater von Max. Der ist der beste Kumpel, seines Enkels, aber auch dessen härtester Konkurrent im Fußballverein. Einem von beiden winkt ein sportlicher Karrieresprung. Matthes will dafür sorgen, dass es den Richtigen trifft.

›Fritze‹ hatte schon als Kind von einer Fußballer-Laufbahn geträumt, es aber nur bis in die zweite Mannschaft von Rot-Weiß und damit bis in die Kreisklasse gebracht. Dem Verein aber hielt er auch nach der bescheidenen aktiven Zeit die Treue. Sobald sein Enkel laufen konnte, nahm er ihn mit auf den Sportplatz. Ein spannendes Match, ein Bier und eine Bratwurst für sich, ein Eis und eine Limo für den kleinen Moritz, das war sein größtes Sonntagsvergnügen.

Es steigerte sich noch, als Moritz selbst mit dem Fußballspielen begann, in der Mini-Liga, bei der Schülermannschaft und in der Jugend Talent und Torinstinkt bewies. Opa Friedrich beförderte beides, in dem er den hoffnungsvollen Nachwuchskicker für jeden Treffer einen Euro Prämie zahlte. Bis ihn der Trainer ansprach: »So machst du ihn zu einem Egoisten, einem Typ Torjäger. Aber die sind nicht mehr gefragt. Wer im modernen Fußball was werden will, muss mannschaftsdienlich agieren, ein Auge für die Mitspieler und deren Chancen haben.«

Matthes zahlte fortan die Belohnung auch für gute Vorlagen. Das schmälerte zwar sein Rentnertaschengeld, trug aber dazu bei, dass Moritz sich zu einem echten Spielmacher entwickelte. Neben seinem Freund Max der Beste seiner Altersklasse im Fußballbezirk.

Da, das Haus 28, der Wagen im Carport. Es wäre ein Leichtes, über die kleine Vorgartenmauer zu springen. Aber Matthes befürchtet, damit den Bewegungsmelder auszulösen. Das Licht könnte angehen, ihn verraten. Darum spaziert er weiter bis zum Ende der Straße, nähert sich über den schmalen Weg, der sie von einer Kleingartensiedlung trennt, Müllers Haus von hinten. Ein letzter Blick in den Dederonbeutel: Taschenlampe, Flachzange, ein alter Putzlappen, eine Tüte mit Zucker. Niemand könnte sich vorstellen, was das soll. Aber für ›Fritze‹ Matthes ist es genau die Ausrüstung, die er für seinen Plan braucht.

Jetzt aber gilt es erst mal den Jägerzaun zu überwinden, der das Grundstück begrenzt. Matthes setzt den Fuß in eine Lücke, zieht sich hoch, schwingt über die Spitze des Lattengebildes – und plumpst auf der anderen Seite zu Boden. Lampe und Zange klirren im Beutel. Der alte Mann bleibt liegen, hält den Atem an. Aber nichts passiert, lediglich einige Krähen fliegen hoch in den dunklen Nachthimmel, landen aber schon nach wenigen Runden beruhigt wieder auf ihrem Schlafbaum in Müllers Garten.

Puh, nochmal gut gegangen!

Matthes nähert sich gebückt dem Wagen im Carport. Auf dem Rücksitz sieht er eine gepackte Sporttasche. Gepackt für Max. Aber der wird sie morgen nicht brauchen. Dafür muss Matthes jetzt sorgen.

Max und Enkel Moritz sind in die Bezirksauswahl berufen worden, haben ein Landespokalspiel in der sechzig Kilometer entfernten Großstadt. Matthes weiß, dass sich Talentspäher des dortigen Zweitligisten angesagt haben, der für seine gute Jugendarbeit bekannt ist. Sie wollen Max und Moritz beobachten, einen von beiden zu ihrem Klub holen.

Das würde bedeuten: Unterbringung im Internat, weitere Ausbildung auf dem Sportgymnasium, die besten Trainer, eine perfekte sportmedizinische Betreuung, finanzielle Unterstützung, die ganz große Chance, seinen Weg zu machen, Profi zu werden.

Als Matthes den Tipp mit den Scouts bekommen hatte, war ihm sofort klar: Irgendwie muss er dafür sorgen, dass Max nicht antreten kann, dass nur sein Enkel brilliert. Er dachte über die verrücktesten Pläne nach: Eine Entführung? Aber wie sollte das gehen, wie sollte er mit einem sportlichen 16-Jährigen fertig werden, wo ihn verstecken und festhalten? Unmöglich!

Ihm beim letzten Training vor dem Spiel ein verdorbenes Getränk unterjubeln, eines das ihm für mehrere Tage Übelkeit und Durchfall zufügen, aber keinen ernsthaften gesundheitlichen Schaden anrichten würde. Doch dabei müsste Moritz mitmachen, nur er könnte in der Kabine die Flaschen vertauschen. Doch das kam für den niemals in Frage. Seinen besten Freund mit unfairen Mitteln ausschalten, das würde der junge Sportler auf keinen Fall tun.

Blieb nur das Auto, um ihn zu seinem Glück zu zwingen. Matthes wusste, dass Horst Müller Max zu dem so wichtigen Match ins Stadion bringen wollte. Irgendwie musste er es schaffen, dass das Gefährt nicht ankam. Der Wagen sollte losfahren, aber dann auf freier Strecke liegen bleiben. Irgendwo, weitab von der nächsten Werkstatt, vom nächsten Taxistand, um die sofortige Weiterfahrt unmöglich zu machen, um zu garantieren, dass Vater und Sohn das Stadion nicht bis zum Anpfiff erreichten.

Mit einem Kumpel von der Tankstelle im Ort hatte Matthes die Möglichkeiten durchgesprochen – rein theoretisch natürlich...

Ganz schwer sei das, meinte der. Seit die Autoschlosser nicht mehr Autoschlosser, sondern Mechatroniker hießen, signalisiere die Elektronik der Wagen jedes Problem schon nach der ersten Drehung des Zündschlüssels, das Auto komme gar nicht erst in Gang. Um dies zu verändern, müsse man ins Motormanagement eingreifen, eine für einen Laien unlösbare Aufgabe. Vielleicht ließe sich die Bremsanlage beschädigen, aber dass könne zu fatalen Folgen führen. So wie bei dem Vermögensberater aus der Nachbarstadt, der nach einem solchen Anschlag mit seiner Frau unkontrolliert in den Gegenverkehr und damit in den Tod gerast war. Allerdings, die Täter habe die Polizei immerhin nicht ermitteln können.

Nein, ein solches Risiko konnte, wollte Mattes nicht eingehen. Bevor er endgültig resignierte, fiel ihm ein, dass Müllers Wagen ein älteres Modell ist. Dann, tröstete ihn der Tankwart, dann helfe der Zuckertrick. Zucker in den Tank, und der Wagen würde zwar losfahren, aber nach einer gewissen Zeit mit Sicherheit nicht mehr weiterkommen.

Diesen Zuckertrick gilt es jetzt in die Tat umzusetzen. Matthes duckt sich hinter den Wagen, sucht mit der Taschenlampe den Tankverschluss. Er wickelt den Lappen um den Deckel, um verräterische Kratzer zu vermeiden, setzt die Zange an, ein kräftiger ruckartiger Dreh und er ist offen. Jetzt die Zuckertüte. Die richtige Menge, das perfekte Timing macht's. Wie beim Fußball: Wird der Ball zu früh auf den stürmenden Kameraden gepasst, kann er beim Gegner landen, kommt das Anspiel zu spät, ist der eigene Mann inzwischen ins Abseits gelaufen, nur der richtige Moment garantiert eine Torchance. Das Gespür für diesen richtigen Moment hat sein Enkel, das wird er morgen den Beobachtern beweisen.

Für Matthes gilt ein anderes Maß: Ein knappes halbes Pfund Zucker würde dafür sorgen, dass der Wagen losfährt und ungefähr auf halber Strecke zum Stadion auf dem flachen Land stehen bleibt. Weit weg von der nächsten Werkstatt, weit weg von einem Taxistand, zu spät für jede Hilfe rechtzeitig vor dem Anpfiff. Moritz hingegen wird auflaufen, denn sein Schwiegersohn bringt ihn an die Spielstätte. Er, der stolze Opa Friedrich hingegen, wollte den Zug nehmen, um den großen Auftritt, das so wichtige Spiel zu erleben.

Am nächsten Morgen im Stadion: Friedrich ›Fritze‹ Matthes sitzt nervös auf der Tribüne, eine Reihe über ihm die Scouts des Zweitligisten. Er hat sie erkannt, weil erst kürzlich eine Reportage über die Jugendarbeit des Klubs mit den Bildern der Talentspäher, beide Altinternationale, in der Heimatzeitung erschienen war. Matthes lauscht fasziniert ihrem Gespräch: »Na, da bin ich ja auf die beiden Busch-Brüder gespannt«.

»Wieso Busch-Brüder?«

»Na, die heißen doch Max und Moritz wie die Lausbuben bei Wilhelm Busch«.

»Bei uns können sie ihre Streiche aber nicht zusammen machen, wir brauchen in diesem Jahrgang nur einen neuen Spieler.«

»Ihr werdet auch nur einen erleben«, schmunzelte Matthes still vor sich hin, »und euch dann für den entscheiden. Für meinen Moritz.«

Unten auf dem Rasen laufen sich inzwischen die Auswahlspieler warm. Nur zwei fehlen: Max und Moritz. Der Landestrainer blickt immer wieder auf die Uhr und auf den Kabinengang. Matthes zückt sein Senioren-Handy, drückt die Nummer seines Schwiegersohns: »Was ist los? Wo bleibt Ihr? Was ist mit Moritz?«, schreit er ins Telefon als der sich meldet. Die verdatterte Antwort lässt ihm das Blut in den Adern gefrieren: »Wieso? Irgendein Idiot hat mir heute Nacht die Reifen zerstochen, darum habe ich Horst Müller gebeten, ihn abzuholen und mitzunehmen. Die beiden sind schon vor drei Stunden losgefahren«.

Als Matthes den Blick wieder hebt, sieht er wie das Spiel angepfiffen wird – ohne Max, aber auch ohne Moritz. Die beiden Scouts hinter ihm stehen auf.

»Was sollen wir hier noch«, sagt der eine zum anderen. »Die beiden, die wir sehen wollten, sind ja nicht dabei, die anderen kannst du vergessen.«

›Fritze‹ Matthes stolpert die Tribünentreppe hinunter, geht an der Trainerbank vorbei Richtung Ausgang: Dabei fängt er ein Gespräch zwischen den Betreuern auf: »Komisch, Horst Müller hat gerade angerufen. Sein Wagen ist aus unerklärlichen Gründen stotternd auf offener Landstraße mitten auf einer Kreuzung stehen geblieben, ein anderes Auto deswegen in seinen Wagen gedonnert. Dessen Fahrer wurde schwer verletzt. Und Moritz, der mit auf der Rückbank saß, hat irgendwas am Knie abbekommen. Für den ist erst mal Schluss mit Fußball, vielleicht für immer«.

Matthes taumelt, fasst sich an die Brust. »Ein schwarzer Sonntag«, war sein letzter Gedanke, bevor er zusammenbrach.

»Herzinfarkt«, stellt kurz darauf der Notarzt fest. »Dem alten Mann muss irgendwas sehr, sehr zugesetzt haben. Hoffentlich kommt er durch.«

Traude Engelmann

DAS GRAUBLAUE KUVERT

Jenny war am frühen Nachmittag in ihre Mansarde heraufgestiegen, um sich ausschließlich schönen Erinnerungen hinzugeben. Zumindest eine Zeitlang ist ihr dieses Vorhaben gelungen, wie ein prüfender Blick zur Staffelei bestätigt. Das Aquarell, an dem sie soeben den letzten Pinselstrich getan hat, zeugt von einer ausgeglichenen Gemütsverfassung. Wasser und Farben vereinigen sich sanft zu dem Bild eines strahlenden Sommermorgens vor alpenländischer Kulisse. Deren Mittelpunkt markiert ein verhältnismäßig kleiner, graubrauner Fleck. Das ist die Andeutung der geliebten Berghütte in ihrem mächtigen natürlichen Umfeld.

Lächelnd schließt Jenny die Augen. Für die Dauer eines Moments scheint der Tag nach ihrer Hochzeit zurückgekehrt zu sein. Sie steht am Fenster der Berghütte, die sie nachts zum ersten Mal betreten hat, und nimmt mit allen Sinnen die Landschaft wahr – einen untrennbaren Bestandteil ihrer Liebe zu Frank. Seine Stimme übertönt das Rauschen des Bergbaches mit nur einem Flüstern. Denn sein Mund verharrt dicht an ihrem Ohr und sagt immer dieselben drei Worte, die sie hören möchte. Vorbei. Jenny reißt sich los von endgültig Vergangenem. Das Glück ihres bisherigen Lebens hatte die Dauer eines Honigmondes, der zehn Tage lang schien. Und nach dem Abschied von der Berghütte unterging.

Jetzt, Jahre später, nun dieses plötzliche Aufleben der Gefühle von damals. Der Brief ist schuld, die Mitteilung über den bevorstehenden Verkauf der Berghütte. »Sie, liebe Familie Horn«, fügt der Eigentümer hinzu, »haben an der Immobilie mehrmals Interesse gezeigt. Deshalb frage ich jetzt an, ob es vielleicht noch vorhanden ist. Falls Sie sich für den Kauf schon innerhalb der nächsten Woche entscheiden sollten, würde ich vom Taxpreis, der 110.000 Euro beträgt, absehen und Ihnen mit einem Sonderpreis von nur 100.000 Euro entgegenkommen...«

Jenny seufzt. Entgegenkommen oder nicht – das Paradies ist teuer. Während sie ihren buntbekleckten Kittel über die Lehne eines Stuhls wirft und die Treppe hinuntergeht, fallen ihr Franks abweisende Worte vom Vortag ein: »Spinnst du, Jenny? Gegenwärtig kann der Firma ein solcher Betrag ganz und gar nicht entzogen werden. Vor allem deshalb, weil kein Gewinn herausspringen wird.«

»Du meinst kein materieller Gewinn«, hat Jenny enttäuscht geantwortet und das Thema von da an nicht mehr berührt. Franks Unnachsichtigkeit in Geldangelegenheiten kennt sie zur Genüge; selbst Tränen hätten kaum eine Chance, beachtet zu werden. Als sie das Wohnzimmer betritt, klingelt das Telefon. Jenny sieht, dass Frank der Anrufer ist. Vielleicht schenkt er ihr doch noch eine Gelegenheit zu einem Überredungsversuch. Deshalb schlenkert sie, bevor sie den Hörer abnimmt, erst die Pantoletten von den Füßen und wirft sich auf die Couch. Nichts dürfte jetzt wichtiger sein als Gelassenheit.

»Na endlich«, knurrt es am anderen Ende der Leitung. »Jenny, ich bin in Eile. Geh doch schnell mal ins Büro hinüber und schau nach, ob in der Postmappe ein Storno des Reisebüros Lindner liegt. Wenn ja, müsste ich den Einsatzplan für übernächste Woche ändern. Was zu unseren Gunsten wäre. Der Ersatzkunde zahlt mehr.«

»Solltest du nicht besser deiner Perle sagen, dass...«

»Frau Nitsche arbeitet freitags nur bis zwei Uhr. In welcher Zeit lebst du eigentlich? Jetzt ist es kurz vor sechs.«

»Warte, ich bin gleich zurück.«

Jenny legt den Hörer zur Seite, springt auf und läuft hinaus, um über den Flur in den Bereich der Firma zu gelangen. Hier herrscht eine für diesen Ort außergewöhnliche Stille; keiner der Angestellten scheint noch im Haus zu sein, denn nicht einmal das Kopiergerät surrt. Die Tür mit dem Schild ›Sekretariat/Anmeldung‹ und einem ockerfarbenen Plakat, das einen Reisebus mit verzückter Grimasse zeigt, ist abgeschlossen worden. Aber gleich daneben, im Schubfach des kleinen Tisches mit den Prospekten – alle ockerfarben –, lässt sich der passende Schlüssel finden. Jenny durcheilt einen schmalen und zudem mit Schränken, Regalen, einem Schreibtisch und etlichen technischen Geräten vollgestopften Raum.

Dann betritt sie, wie ebenfalls ein Schild verrät, das ›Büro des Geschäftsführers‹.

Es ist bedeutend größer als das Sekretariat und dennoch sparsam eingerichtet worden - ohne Bilder, ohne Blumen, ohne Zierrat. Der wuchtige Schreibtisch steht mit der Längsseite parallel zur Fensterwand, wodurch er seiner zusätzlichen Funktion als Barriere besonders gut gerecht wird; Frank hasst es, bei der Arbeit gestört zu werden. Deshalb beugt sich Jenny, an Distanz gewöhnt, von der Besucherseite her über den Schreibtisch und zieht die Postmappe zu sich herüber. Hastig schlägt sie Seite um Seite auf. Briefe, Faxausdrucke, Rechnungen hat Frau Nitsche einzeln und mit dem Kopf nach oben eingelegt. Kuverts sind nicht dabei, außer einem mittelgroßen in Graublau. Es ist noch verschlossen, sicher aufgrund des Vermerks ›Herrn Frank Horn persönlich‹. Ein Schreiben des Reisebüros Lindner ist das vorletzte. Jenny nimmt es in die Hand und beeilt sich, wieder nach oben zu kommen.

»Tatsächlich«, ruft sie schnell atmend ins Telefon. »Lindner storniert. Er schreibt: *Leider sind wir gezwungen, von un-*

serem vertraglich vorbehaltenen Recht Gebrauch zu machen und den Auftrag ...«.

»Ist doch gut«, unterbricht Frank ihren Wortschwall. »Nachlesen kann ich selbst. Die Hauptsache ist, dass ich Handlungsfreiheit erhalte.«

»Wann kommst du?«, fragt Jenny, ohne mit einer eindeutigen Antwort zu rechnen.

»Kann spät werden«, lautet dann auch die Auskunft.

»Hast du noch einmal über die Berghütte nachgedacht?«

»Ja, unentwegt«, höhnt Frank, »ich habe ja nichts anderes zu tun. Im Übrigen betrachte ich dieses Thema als abgeschlossen. Wir können es uns nicht leisten, das Geld zum Fenster hinauszuwerfen. Oder soll die Firma abrutschen?«

»Aber du hast doch selbst gesagt, dass wir aus dem Schneider seien, seit die Daueraufträge für Ungarn und Norditalien eingegangen sind. Sogar den teuren Oldtimer für deine Sammlung willst du kaufen.«

»Bitte keine Vorwürfe. Schluss für heute.«

Aus der Traum von der Berghütte. Mit dem Schreiben des Reisebüros Lindner trottet Jenny wieder ins Büro hinüber. Hier schaltet sie das elektrische Licht ein, der Aprilabend ist trübe. Dann legt sie das Papier in die geöffnete Postmappe zurück. Schlägt diese zu. Geht zur Tür. Schaltet das Licht wieder aus. Und hat plötzlich eine Eingebung. Später wird sie sich nicht erklären können, warum sie umgekehrt ist – aufgrund einer Ahnung oder einer Erkenntnis. Aber sie kehrt um. Schlägt die Postmappe zum zweiten Mal auf. Und nimmt das verschlossene graublaue Kuvert mit dem Vermerk ›Herrn Frank Horn persönlich‹ an sich.

Plötzlich hat sie es eilig. Mit ihrer Beute jagt sie zurück zum Flur und von dort aus in die Mansarde hinauf. Vor unangemeldeten Besuchern ist sie hier sicher. Sie legt das Kuvert auf den Arbeitstisch und schiebt die Spitze eines Bleistifts in die kleine seitliche Öffnung rechts der Verschlussklappe. Dann, indem sie den Bleistift flach hält und nach links dreht, löst sie nach und nach die Klebeverbindung, ohne das Papier zu verletzen. Das Kuvert ist offen. Jenny hebt es an den beiden unteren Ecken an und lässt den Inhalt herausgleiten. Dieser besteht aus einer steifen Pappunterlage, über der sich wie ein Fächer mehrere Fotografien ausbreiten. Obenauf liegt ein weißes Blatt Papier mit einem gedruckten Text.

»Horn«, heißt es darin, »Du bist ein Schuft! Anbei ein Beweis dafür. Weitere aufschlussreiche Zeugnisse Deiner stetigen erotischen Freizeitgestaltung halte ich ebenfalls in Händen. Deiner Frau und Teilhaberin Eures gutgehenden Unternehmens würde ich sie gegebenenfalls gebündelt vorlegen. Oder möchtest Du das lieber verhindern? Wenn ja, würde Dich meine Zurückhaltung lediglich 50.000 Euro kosten – einen Pappenstiel gegen Euren Jahresgewinn. Der Betrag ist zu hinterlegen am kommenden Montag, genau 13:03 Uhr in einem der Gepäckschließfächer, die sich zwischen Osthalle und Querverbindung zur Westhalle des Leipziger Hauptbahnhofs befinden. Den Schlüssel wirf anschließend unverzüglich in eine geöffnete Reisetasche! Diese wird unter einem der Aufsteller mit den Fahrplänen wenige Meter von den Gepäckschließfächern entfernt stehen und mit einem Eurer Werbeaufkleber versehen sein. Danach verlass den Hauptbahnhof auf direktem Weg! Falls Du die Polizei einschalten solltest, würde das unangenehme Konsequenzen auch für Dich haben. Entscheide!«

Verschreckt greift Jenny zu den Fotografien. Es sind fünf an der Zahl und haben jeweils fast die Größe des Kuverts. Bereits der zuoberst liegende Abzug lässt erkennen, dass kein Stümper am Werk war. Die Wiedergabe des Schauplatzes ist erstklassig. Inmitten eines ausgedehnten Strandes, der rechts von Wasser, links von dichtem Buschwerk begrenzt wird, liegen ein Mann und eine Frau. Von ihnen ist nur soviel zu erkennen, dass sie beide nackt sind und sich einer innigen Umarmung hingeben. Das nächste Bild, ein vergrößerter Ausschnitt des ersten, rückt die von einer hellblonden Haarflut umspülten vollen Brüste der Frau ins Blickfeld. Auf dem dritten und vierten Bild, ebenfalls vergrößerte Ausschnitte des ersten, dominiert der muskulöse Körper des Mannes, der den seiner Partnerin unter sich zu begraben scheint. Erst das fünfte und letzte Bild enthüllt die Gesichter der Liebenden. Beide lächeln. Beide lassen nur eine Schlussfolgerung zu: Der Mann ist Frank, die Frau eine junge Angestellte des Reisebüros Lindner.

»Die Keller«, stößt Jenny aus und lässt den Mund offenstehen. Presst die flache Hand darauf. Verharrt in dieser Haltung. Nimmt die Hand erst nach Sekunden wieder herunter. Und stammelt: »Frank und die dümmste Blondine der Welt«.

Dann geht sie auf und ab. Ihre Fantasie lässt die kompromittierenden Bilder zwanghaft über eine innere Leinwand laufen. Eins bis fünf, eins bis fünf. Immer wieder. Dabei wundert sie sich über das Ausmaß des Schmerzes, den ihr dieser Vorgang bereitet. Denn eigentlich hat sie Franks Untreue seit langem ins Kalkül gezogen. Aber nun, da die Beweise vor ihr liegen, balgen sich in ihr plötzlich widerstreitende Gefühle, deren Heftigkeit sie nicht erwartet hat – Zusammengehörigkeit und Feindseligkeit, Zuneigung und Abneigung, Nachsicht und Eifersucht. Dieser emotionale Wirrwarr geht in das Bewusstsein einer ungeheuren Kränkung über. Denn Jenny begreift nun den eigentlichen Grund für Franks Nein zur Berghütte: Er liebt das alte Paradies nicht mehr. Weil er längst schon ein neues gefunden hat.

»Frank, das wirst du mir büßen«, schwört sich Jenny voller Inbrunst. »Auch ich brauche mein Paradies.«

Etwas später bringt sie Brief und Fotos wieder in die richtige Reihenfolge, zieht behutsam das graublaue Kuvert darüber und verschließt es mit Büroleim. Nachdem sie es an seinen Platz in der Postmappe zurücklegt hat, tritt sie an Frau Nitsches Schreibtisch. Obwohl das abgenutzte Möbelstück mit Schreibkram überfrachtet worden ist, herrscht Ordnung darauf. Mehrere akkurat aneinandergereihte Papierstapel lassen an ein Regiment abrufbereiter Soldaten denken. Der Terminkalender dürfte der Adjutant des Kommandeurs sein und gut Bescheid wissen. Jenny erkennt mit einem Blick, dass das Blatt des kommenden Montags schon obenauf liegt. Es enthält insgesamt fünf Eintragungen, drei davon mit Terminangabe. Unter zehn Uhr heißt es: »Rapport Bus Zwei«. Dreizehn Uhr: »Vertragsabschluss Becher-Wäsche«. Vierzehn Uhr dreißig: »Beratung Reifendienst«. Das kann eng werden, schlussfolgert Jenny nicht ohne Bosheit. Langsam packt sie der Ehrgeiz des Ermittlers.

Am nächsten Morgen parkt Jenny ihr Kabriolett in möglichst großer Entfernung zu Franks Limousine. Als sie den Motor abgestellt hat, schaut sie auf die Uhr. Viertel nach sieben. Noch nie hat sie gewagt, die Nacht außerhalb zu verbringen, allein, ohne Frank. Als der Schlüssel im Schloss des Portals ein knackendes Geräusch erzeugt, fürchtet sie, von irgendjemandem entdeckt zu werden. Das wäre zu peinlich. Doch der Flur scheint zu schlafen. Unwillkürlich streift Jenny die Pumps von den Füßen und geht auf Zehenspitzen weiter. Aber bereits nach dem zweiten Schritt hält sie inne. Die Tür zum Sekretariat steht einen Spaltbreit offen. Jenny schleicht hin und gibt ihr einen Stups. Sieht, dass sich im Raum niemand befindet. Tritt behutsam ein. Und erschrickt, als die Tür zum Büro des Geschäftsführers aufgerissen wird.

»Du?«, fragt Frank verwundert. »Um diese Zeit. Und komplett angezogen. Hast du so früh schon einen Termin?«

»Ja«, antwortet Jenny einsilbig. Sie braucht eine Weile,

um mit ihrer Verblüffung fertig zu werden. Erst dann gelingt es ihr, den Sinn von Franks Worten zu deuten. Er hat sie in der Nacht gar nicht vermisst. Sein Bett scheint ebenso wenig berührt worden zu sein wie das ihre.

»Was ist denn los mit dir?«, fragt er, als ob er besorgt wäre. Sicher sucht er einen Grund für ihre Wortkargheit und erklärt ihn sich auf seine Weise: »Ach so, meine Abwesenheit. Ja, du hast recht, ich hätte mal bei dir vorbeischauen können. Aber weißt du, wann ich zurück war? Gegen drei. Um diese Zeit wollte ich dich nicht wecken.«

»Danke, ich brauche meinen Schlaf.« Jenny hat ihr inneres Gleichgewicht zurückerobert. Sie ahnt, wodurch Franks Müdigkeit verdrängt wurde. Wahrscheinlich hat er die Post gelesen. Und ist in der Bredouille.

»Eben.« Frank scheint erleichtert zu sein. »Übrigens guten Morgen, Schatz! Hast du noch Zeit für ein gemeinsames Frühstück? Sagen wir in zehn Minuten in der Küche?«

»In Ordnung«, tut Jenny versöhnlich, »so eilig habe ich es nun auch wieder nicht. Aber mal etwas anderes: Ich suche einen meiner Ohrringe. Fast bin ich sicher, dass ich ihn gestern hier verloren habe.« Mit diesen Worten ist Jenny an Frank vorbei ins Allerheiligste geschlüpft. Aber sie kommt nicht weit, denn er packt sie am Arm und zieht sie zurück ins Sekretariat.

»Bitte, nicht jetzt!«, fleht er mit einer Andeutung von Humor. »Soll ich verhungern?«

»Also dann bis gleich«, gibt sie sich zufrieden und verlässt das Sekretariat durch die Tür zum Flur. Während ihres kleinen Ablenkungsmanövers hat sie gesehen, was sie wollte. Auf Franks Schreibtisch lag obenauf das graublaue Kuvert – geöffnet.

Das Frühstück zu zweit verläuft zu Franks Zufriedenheit. Rühreier mit Speck und starker Kaffee scheinen sein vermutlich brüchiges Innenleben durchaus abstützen zu können. Sogar Jennys knackiges Aussehen, wie er sich ausdrückt, lobt er wieder einmal und streicht bewundernd über ihr langes kupferfarbenes Haar. Für einen Moment drängt sich ihr der Verdacht auf, der kompromittierende Brief beruhe auf einem faulen Trick. Aber ihr nüchternes Urteilsvermögen hält dagegen.

»Papa hat angerufen«, lügt sie. »Am Montag will er mal wieder herüberkommen, nur für ein paar Stunden. Ich glaube, sein alter Freund Becher steckt dahinter, denn die beiden haben sich verabredet. Papa deutete an, dass er gegen Mittag mit dir zusammen bei Becher-Wäsche aufkreuzen wolle. Du hättest zu dieser Zeit dort einen Termin. Ich nehme an, dass du...«

»Werde ich nun schon bei der Arbeit überwacht?«, brüllt Frank plötzlich los und springt auf. »Typisch dein Vater. Macht hinter meinem Rücken einen Termin aus, von dem ich nichts weiß. So geht das nicht. Den Vertragsabschluss mit Becher muss ich nämlich verschieben – aus wirklich zwingenden Gründen. Du weißt doch, was mit Lindner los ist. So einfach funktioniert das nun auch wieder nicht mit dem Ersatz. Da muss man sich kümmern. Becher wird das schon verstehen. Aber wenn ich an deinen Vater denke, könnte ich glatt...«

»Musst du aber nicht«, unterbricht ihn Jenny. Sie ist sich jetzt sicher, dass Frank in der Klemme steckt. Und dass sie den Grund dafür kennt. Aha, er hat noch keine Lösung parat. Jetzt ist er formbar. Arglos dreinblickend schlägt sie vor: »Wie wäre es beispielsweise, wenn ich dich entschuldigen würde – sowohl bei Papa als auch bei Becher. Du weißt doch, dass ich mit beiden gut zurechtkomme.«

»Eine prima Idee«, lobt Frank mit übertriebener Begeisterung, »danke, mein Schatz.«

»Ist doch selbstverständlich«, gibt sich Jenny weiter großzügig. »Den neuen Geschäftspartner möchte ich natürlich auch gern kennenlernen. Du siehst ja, wie wichtig es ist, private Beziehungen zu knüpfen.«

»Na gut«, sagt Frank gedehnt, »ich werde deinen Wunsch mal im Auge behalten.«

»Nicht nötig«, eifert Jenny, »gleich am Montag könnte ich dich begleiten. Du wirst erleben, wie . . .«

»Schluss!«, schreit Frank erneut los. »Willst du mich verhöhnen? Statt der Gängelei deines Vaters bietest du mir nun deine an. Nicht mit mir.«

»Aber mit Gängelei hat es doch nicht das Geringste zu tun«, jammert Jenny, zieht ihr Taschentuch hervor und tupft unter ihren Augen herum. »War bloß gut gemeint. Verstehst du denn nicht, dass ich in einer Krise stecke? Ich brauche Ablenkung. Der Verzicht auf die Berghütte ist schwer für mich. Ständig muss ich daran denken, dass sie uns verloren geht, falls ich nicht Anfang kommender Woche auf dem Weg in die Alpen sein werde. Sagen wir mit fünfzigtausend Euro in der Tasche. Über den Zeitpunkt für die andere Hälfte des Preises würde ich mit dem Eigentümer verhandeln. Sicher käme er . . .«

»In Ordnung«, lenkt Frank überraschend plötzlich ein, »am besten, ich verzichte auf den Oldtimer. Dann brauchen wir über fünfzigtausend Euro nicht zu lamentieren. Nachher schreibe ich dir einen Scheck aus. War schön in der Berghütte damals. Fahr am besten gleich am Montag los! Sonst wird das gute Stück vielleicht anderweitig vergeben. Oder teurer werden. Ende der Debatte.«

Es ist Montag, Viertel nach zwölf. Jenny dreht und wendet sich vor der Schaufensterscheibe eines Geschäfts in der Nikolaistraße. Das Spiegelbild zeigt ihr eine Fremde. Die schwarze Kunsthaarperücke, mit der sie als Achtzehnjährige einmal auf einem Faschingsball angegeben hat, und eine geschwungene Sonnenbrille verändern ihr Aussehen grundlegend. Wahrscheinlich hätte sich der alte Trenchcoat, der ihre hübsche Figur nachteilig verhüllt, erübrigt. Frank würde sie - und sei es aus nächster Nähe – so oder so nicht erkennen. Jenny fühlt sich gerüstet. Jetzt kann sie alles wagen.

In der Osthalle des Hauptbahnhofs ist gerade wenig Betrieb. Jenny marschiert in das gläserne Café, das sich rechts der Schwungtüren befindet. Von hier aus vermag sie die weitere Umgebung bequem am Tisch sitzend in Augenschein zu nehmen. Das Blickfeld begrenzen gegenüber die breite Steintreppe zum Querbahnsteig hinauf und ein Durchgang zum Mittelgeschoss der Promenaden sowie links die innere Wand der Halle mit einigen Geschäften und dem Eingang in die Passage zur Westhalle. An der rechten Ecke dieses Eingangs befinden sich innerhalb die Gepäckschließfächer und außerhalb die Aufsteller mit den Fahrplänen. Davor haben sich etliche lebhafte Chinesen zusammengefunden, die den Blick auf den Fußboden darunter blockieren. Aber genau dort soll die Reisetasche stehen. Steht sie dort?

Jenny springt auf – nichts mit bequem. Die Reisetasche, sagt sie sich, entspricht einem Nadelöhr. Opfer und Täter müssen es gleichermaßen passieren, und zwar kurz hintereinander. Denn sowohl der Zeitpunkt des Deponierens des Schlüssels als auch der des Abholens kann nicht wesentlich verschoben werden. Doch wo ist die Reisetasche? Endlich, die lebhaften Chinesen schicken sich an zu gehen. Was aber nützt es? Ausgerechnet jetzt durchquert ein Strom aus Reisenden die Halle und baut vor den Fahrplänen sofort eine dichte Menschenmauer auf. Mist. Der Erpresser hat das Milieu gut studiert. Fürchtet er, dass der Vorgang der Geldübergabe beobachtet werden könnte? Zwei Minuten nach eins. Jenny macht kehrt und verlässt das Café. In der Menschenmauer vor den Fahrplänen entsteht soeben ein vertikaler Riss. Jenny läuft darauf zu und erkennt im unteren Teil des Risses die gesuchte Reisetasche an einem Aufkleber in Ocker, der Farbe des Hauses Horn. Das Spiel hat begonnen.

Plötzlich ist Frank in der Halle. Er muss vom Bahnhofsvorplatz aus hereingekommen sein und geht ohne Umschweife auf die Gepäckschließfächer zu. Wie fast immer hat er den Habitus des Unerschütterlichen. Doch heute erstaunen Jenny die aufrechte Haltung des athletischen, wenn auch ein wenig gedrungenen Körpers und die lässig in die Hosentaschen gehängten Hände, die zugleich Jackett und Mantel offenhalten. Einer, der so auftritt, lässt sich doch nicht erpressen. Sollte man denken. Aber siehe da, er kriecht zu Kreuze. Weil er beides behalten will, die Geliebte und die Ehefrau. Was heißt: den Spaß und die Firma. Immerhin ist sie, Jenny, als Miteigentümerin derselben bedeutend mehr wert als fünfzigtausend Euro. Finanziell. Furchtbar, diese nüchterne Rechnerei, aber notwendig. Zittrig verharrt Jenny in der schützenden Menschenwand. Frank verschwindet in einem der Gänge der Schließfächeranlage. Nach wenigen Sekunden sind von dorther ein lauter Türschlag und das metallische Klicken eines Sicherheitsschlosses zu hören. Frank erscheint wieder und kommt zu den Fahrplänen herüber. Während er sich nach vorn drängt, zur Reisetasche mit dem Aufkleber hinunterbeugt und wieder aufrichtet, streift er mehrmals Jennys Trenchcoat. Ihr ist nach Sterben zumute.

Frank schlendert in Richtung Ausgang zum Bahnhofsvorplatz davon, sein Habitus ist unversehrt geblieben. Jenny, mit Tränen in den Augen, spielt die verzweifelte Reisende, die den Zug verpasst hat. Dabei schielt sie unablässig schräg nach unten. Die Reisetasche ist rundum von Leuten und deren Gepäckstücken umstellt. Jenny müsste sich bücken und den Arm weit ausstrecken, um die Henkel zu erreichen oder gar in den Innenraum zu fassen. Dessen Beschaffenheit ist nicht zu erkennen. Der Reißverschluss steht zwar offen, aber seine beiden Zahnreihen berühren einander – ob über einem kleinen Sicherheitsschlüssel oder nicht, das bleibt verborgen. Wie gut, dass der Erpresser dasselbe Problem hat. Sicher ist er ganz in der Nähe.

Jenny mustert die Leute. Links neben ihr steht zuckend ein Mädchen mit Kopfhörern in den Ohren. Als es seinen Platz neben der Reisetasche verlässt, rückt sofort der nächste Interessent auf, ein Mann mit der Statur eines Fleischermeisters. Auch rechts von Jenny und weiter weg wechseln Gestalten, Gesichter, Beinpaare. Erst sind es wenige, dann viele. Die Vorgänge scheinen sich zu beschleunigen und die Geräusche zu vervielfältigen. Als ob eine Schleuse geöffnet worden wäre, ergießt sich vom Querbahnsteig herab nun auch noch eine neue Menschenwelle in die Halle. Fließt in die Breite. Umspült auch die Aufsteller mit den Fahrplänen. Stößt Jenny von der Tasche weg. Treibt sie wieder darauf zu. Lässt sie hinter einer alten Dame mit einem Krückstock zur Ruhe kommen. Als die alte Dame von zwei ebenfalls betagten Begleitern, einem Mann und einer auffallend korpulenten Frau, in die Mitte genommen und weggeführt wird, kann Jenny ganz nach vorn rücken.

Die Reisetasche steht noch am alten Platz, offensichtlich unberührt. Oder nicht? Plötzlich fühlt sich Jenny genarrt. Hat sie ihre Chance schon verspielt? Schuld wäre dieses verdammte Warten. Schluss damit. Handeln. Jetzt und sofort. Sie wird den Schlüssel selbst an sich nehmen, das Schließfach öffnen, das Geld einstecken und sowohl dem Erpresser als auch dem Erpressten eine lange Nase zeigen. Sollen die beiden doch sehen, wie sie aus der Patsche herausfinden. Sie wird aufhören, Detektiv zu spielen. Ihre Rache dürfte auch so funktionieren. Also reißt Jenny die Tasche an sich. Öffnet sie weit. Stellt fest, dass sie leer ist. Lässt die Tasche fallen.

Läuft weg, hinaus aus der Halle. Von da an betrachtet sie ihr kühnstes Vorhaben als gescheitert und schimpft sich eine blöde Kuh.

Am Taxihalteplatz gibt es mehr einsatzbereite Wagen als potenzielle Fahrgäste. Allein die Türen und der Kofferraum des ganz vorn in der Reihe haltenden Fahrzeugs stehen weit offen, und mehrere Personen schicken sich an einzusteigen. Hinzu tretend erkennt Jenny, dass es sich um die alte Dame mit Krückstock und ihre beiden Begleiter handelt. Die auffallend korpulente Frau lässt sich soeben rechtsseitig in den Fond des Wagens plumpsen und schickt von dort her wortreiche Empfehlungen nach draußen. Vor der linken Hintertür hält der Mann die Behinderte mit festem Griff unter den Armen fest und lässt sie langsam und sehr fürsorglich auf den noch freien Rücksitz gleiten. Dann geht er vorn um den Wagen herum zur rechten Vordertür. Dort bleibt er stehen und ruft dem Fahrer, der am Kofferraum hantiert, zu: »Schönes Wetter heute. Das ist wohl nicht gut für Ihr Geschäft, nicht wahr?«

Unwillkürlich nimmt Jenny den Mann ins Visier. Er dürfte mindestens siebzig sein, wie das weiße Haar und der weiße Schnauzbart schlussfolgern lassen. Aber Mimik, Gestik und Sprache passen eher zu einem jüngeren Menschen. Das gilt auch für das Lachen, das er jetzt lautstark von sich gibt. Und für die Zähne, die echt sind und makellos wären – wenn sich einer der beiden vorderen, es ist der rechte, nicht ein wenig über den anderen geschoben hätte. Irgendwie einmalig. Der Blitz der Erkenntnis lässt Jenny zusammenfahren und in Deckung gehen. Sie reißt die linke Hintertür des nächsten Taxis auf und wirft sich hinein. Die Zähne, raunt ihre innere Stimme, die Zähne! Dieses Gebiss kenne ich doch. Es gehört . . .« Aber das darf doch nicht wahr sein.

»Bitte, fahren Sie hinterher!«, ruft Jenny dem Fahrer aufgeregt zu.

»Geene Angst«, beruhigt er sie, »die gomm uns nisch weg.«

Eine Viertelstunde später steigt sie in einer stillen Nebenstraße aus. Das Haus, in dem das merkwürdige Dreigespann soeben verschwunden ist, protzt mit einer plumpen Nachahmung von Jugendstil. An der Wand neben der mit Ornamenten überladenen Eingangstür schimmert in unübersehbarer Größe ein Messingschild. Es enthält die Aufschrift »Sigurd Jankowski. Detektei. Ermittlungen aller Art. Kontaktaufnahme persönlich: nach Vereinbarung. Kontaktaufnahme telefonisch oder per Fax: ständig«.

Unentschlossen starrt Jenny auf das Klingelbrett, auf dem der Name Jankowski links unten ebenfalls zu lesen ist. Ein Druck auf den Knopf, eine Erklärung per Sprechanlage – und das Ende der Kontaktaufnahme könnte gekommen sein. Gut, dass die Eingangstür jetzt von innen geöffnet wird. Ein mopsähnlicher, fetter Pekinese hüpft heraus, gefolgt von einem glatzköpfigen, dürren Mann im Rentenalter. Jenny grüßt lächelnd und schlüpft ins Treppenhaus. Die Tür zur linken Erdgeschosswohnung weist in der oberen Hälfte ein vergittertes Fenster auf. Sicher dient es der ersten Begutachtung unangemeldeter Gäste. Wie entkommt man solchen Begutachtungen? Wohl eher auf die schüchterne Tour. Also lieber nicht klingeln, sondern klopfen. Das hört sich kindlich an, harmlos. Aber ob es auch so verstanden wird?

Die Wohnungstür geht auf, das Fenster ist zugeblieben. Vor dem Hintergrund eines schlecht beleuchteten, langgestreckten Korridors steht ein Mann in den Dreißigern. Er ist dunkelhaarig, glattrasiert und ohne Mimik. Auch seine Stimme verrät ihn nicht, denn er schweigt. Aber Jenny weiß, dass er der Gesuchte ist. Ebenso wie sie sicher ist, dass er sie jetzt erkennt, denn ihre Maske aus schwarzer Perücke und Sonnenbrille hat sie abgelegt. Deshalb braucht auch sie nichts zu sagen. Am Zug ist er.

»Oh«, müht der Mann endlich ein Lebenszeichen aus sich heraus, »Frau Horn, wenn ich nicht irre.«

»Sie irren nicht, Herr Jankowski.« Das klang trocken. »Darf ich eintreten?«

»Hm. Na gut«, erklärt sich der Mann widerstrebend einverstanden und tritt ein wenig zurück, »aber ich habe verdammt wenig Zeit. Sie müssen verstehen, Sie sind nicht angemeldet.«

»Aber Herr Jankowski«, versichert Jenny hoheitsvoll, während sie die Schwelle überschreitet, »ich bin die Letzte, die daran interessiert sein könnte, Ihnen und mir die Zeit zu rauben. Zu meinem Erscheinen hier haben Sie selbst mich genötigt. Auch die Dauer meines Bleibens wird allein von Ihnen abhängen.«

»Kommen Sie!« Der Mann scheint seine Taktik zu ändern. Er schließt die Wohnungstür und schaltet endlich im Korridor das Licht ein. »Möchten Sie ablegen?«

»Nein, nein«, antwortet Jenny zerstreut. Ihr Blick klebt an dem schmiedeeisernen Garderobenständer, der an der rechten Wand steht. Dort hängen über einigen von zahlreichen Bügeln Kleidungsstücke, darunter zwei bekannte Damenmäntel.

»Außerdem habe ich privaten Besuch«, setzt der Gastgeber seine Klage nervös fort und öffnet eilig die Tür an der Stirnseite des Korridors. »Um diese Zeit empfange ich normalerweise überhaupt keine Klienten. Aber . . .«

»Aber mit mir machen Sie eine Ausnahme«, ergänzt Jenny ironisch und betritt zielstrebig das Büro. Jankowski soll keinen Deut an Unsicherheit in ihr zu spüren bekommen. Unaufgefordert lässt sie sich in einen von zwei neumodischen Sesseln fallen, die vor einem klapprigen alten Schreibtisch aus Eichenholz deplatziert wirken. Dann wartet sie, bis der Mann auf der anderen Seite des Möbels seinen Platz eingenommen hat und sich zu einer Einleitung entschließt.

»Was wünschen Sie, Frau Horn?«, fragt er karg, wobei er sich ein sehr kleines Lächeln abringt. Jenny begutachtet fasziniert die leicht geöffneten Lippen, die einen Teil des Gebisses mit dem über seinen Nachbarn geschobenen Vorderzahn enthüllen.

»Den Schlüssel, Herr Jankowski, den Schlüssel«, geht sie, angereichert mit neuer Wut, auf ihr Ziel los.

»Wie bitte?« Sein Gesicht ist steinhart geworden. »Wovon sprechen Sie?«

»Von dem Schlüssel zu einem Gepäckschließfach des Hauptbahnhofs. Er gehört meinem Ehemann. Besser gesagt, die fünfzigtausend Euro, die der Schlüssel wert ist, gehören meinem Ehemann. Aber was erzähle ich Ihnen, Sie wissen doch selbst am besten, dass Sie ihm das Geld abgeluchst haben.«

»Raus!«, zischt der Mann plötzlich und schießt kerzengerade in die Höhe. »Verlassen Sie unverzüglich meine Wohnung. Ich muss mich von Ihnen nicht beleidigen lassen.«

»Die Beleidigte ist meine Familie«, zischt Jenny zurück und bleibt sitzen. »Sowie die Betrogene. Aber nicht die Dumme. Und falls Sie nicht sofort Verhandlungsbereitschaft erkennen lassen, werde ich dafür sorgen, dass Sie mehr verlieren als nur das erpresste Geld. Beispielsweise Ihre Lizenz. Vielleicht auch das Verständnis der beiden Damen nebenan, die Sie als Tarnung für Ihre kriminelle Handlung missbraucht haben. Ganz bestimmt aber meine Toleranz und die meines Ehemannes. Ein Anruf von mir genügt, und er erstattet Anzeige wegen betrügerischer Erpressung.«

»Die er gar nicht beweisen könnte«, höhnt Jankowski, während er sich wieder hinsetzt.

»Sie glauben wohl, Fotos seien allein Ihr Metier?« Jenny lacht triumphierend.

Jankowski schweigt wieder. Nach einer kleinen Ewigkeit von gut zwei Minuten fragt er im Tonfall eines unterkühlten

Geschäftspartners: »Wie wollen Sie mir garantieren, dass mir keine weiteren Nachteile erwachsen?«

»Was heißt wie?«, stellt Jenny die Gegenfrage. »Ich will es Ihnen überhaupt nicht garantieren. Das Risiko sind allein Sie eingegangen. Also müssten Sie sich selbst etwas einfallen lassen, um es abzubauen. Der Schlüssel beziehungsweise das Geld ist ohnehin unser Eigentum. Fragt sich also, wie Sie sich die Gegenleistung für unser Schweigen vorstellen.«

»Wollen Sie mich erpressen?«, fragt er entrüstet.

»Keine schlechte Idee«, witzelt sie, »und vielleicht ganz lukrativ. Verdienen würden Sie einen solchen Aderlass auf alle Fälle. Als Sie sich vergangenes Jahr anschickten, meinen Auftrag zu erfüllen, sollten Sie meinen Ehemann entweder auf frischer Tat ertappen oder nicht. In jedem Fall erwartete ich natürlich der Wahrheit entsprechende Informationen. Sie aber haben mir vorgelogen, dass bei ihm nichts zu ertappen wäre. Für viel Geld. Und Ihre zweite unerlaubte Eskapade in dieser Angelegenheit wollten Sie sich von den Horns heute auch noch bezahlen lassen. Seien Sie froh, dass wir uns für kriminelle Racheakte zu schade sind. Und nun das Corpus Delicti, mein Herr!«

»Ich hätte Sie nicht hereinlassen sollen«, kreischt Jankowski und wirft einen mit einer Nummer versehenen Sicherheitsschlüssel vor Jenny auf die Schreibtischplatte. Sie schnappt sich den umstrittenen Gegenstand und erhebt sich. Dann geht sie grußlos davon.

Als sie nach Hause kommt, ist Frank nicht da. Jenny bittet Frau Nitsche, ihm auszurichten, dass sie den Nachtzug nehmen und sich zuvor noch ein paar hübsche Sachen kaufen werde. Zudem sei er darüber in Kenntnis zu setzen, dass die zweiten fünfzigtausend Euro für die Berghütte schon nächsten Monat fällig sein würden. Der bisherige Eigentümer könne den Betrag nicht länger stunden. Dann steigt Jenny in die Mansarde hinauf, reißt das Aquarell von der Staffelei und wirft es in den Papierkorb. Nachdem sie im Schlafzimmer den Koffer gepackt hat, versteckt sie das Geld aus dem Gepäckschließfach zusammen mit Franks Scheck im Futter ihrer Handtasche. Als ihr Handy klingelt, weiß sie, dass der Anrufer Tobias ist.

»Es kann losgehen«, teilt sie ihm mit. »Ich habe das Geld. Nein, für alpenländische Romantik fehlt mir neuerdings jegliches Verständnis. Lass uns lieber ans Mittelmeer reisen! Sagen wir entlang der Route Rom, Neapel, Palermo . . .«

Frank Kreisler

HERZ AUF SPIESS

Franz Köning liegt mit dem Oberkörper auf dem Schreibtisch, der Kopf mit der linken Gesichtshälfte auf der Tastatur seines 17-Zoll-Laptops, Marke Irgendwas. Die Arme sind wie nach dem ausgeführten Befehl »Hände hoch!« angewinkelt und auf seine Kaffeetasse zur Rechten und auf einen Stapel mit vollgekritzeltem Papier zur Linken hinunter geknallt und haben, wie gefällte Bäume, eine Schneise der Verwüstung hinterlassen. Die Tasse liegt in Scherben und die hellbraune Kaffeepfütze, er trank das aufmunternde Gesöff mit viel Milch, hat sich amöbenartig zum Tischrand vorgearbeitet und tropft mittlerweile auf das helle, abgewetzte Parkett. Der Stapel Papier ist auseinandergerutscht. Die Blätter haben sich großflächig verteilt, auch auf dem Fußboden.

Im Rücken des etwa dreißigjährigen Mannes steckt tief und fest ein Küchenmesser, eingerammt bis zum Schaft. Der Täter hat sich vorher in einer Art und Weise auf dem Rücken des Opfers ausgetobt, als wollte er nichts mehr von ihm übrig lassen. Gehauen und geschlitzt und gestochen zeichnet der Täter eine Spur der Verwüstung. Mit Phantasie lässt sich darin eine Art blutiges Gekritzel erkennen. Der hellblaue Pullover von Franz Köning ist nicht nur zerfetzt wie das allerletzte Lumpenstück, sondern dunkelrot mit seinem Blut derart durchtränkt, dass es schon in die Hose gelaufen ist und sich dort sammelt.

»Irgendwann muss der Täter durch die Rippen das Herz getroffen haben. Ob gezielt mit dem letzten Stich oder schon vorher, finden wir noch heraus. Der Mann ist tot, das ist klar – so oder so«, fasst Kommissar Heiner Luser zusammen, was jeder sehen kann. Aber einer muss es sagen und er ist hier der Chef.

»Hiev den Mann mal hoch. Ich will sehen, wie der von vorne aussieht«, weist er seinen Kompagnon Klaus Murdoch an.

Mit Ach und Krach zieht der den 80-Kilo-Brocken vom Schreibtisch hoch gegen die Sessellehne.

»Mann o Mann, das sieht nach Herz am Spieß aus«, ruft Luser, als er die Messerspitze etwa zwei Zentimeter aus der linken Brusthälfte ragen sieht. Blut sickert noch immer aus der Wunde, schwächer werdend, der Blutdruck pendelt praktisch gegen Null. Er sieht auf den Fußboden, unter den Schreibtisch.

»Oh Mann, diese Pfütze! Viel Blut hat der nicht mehr intus. Der Cleaner wird sich bedanken! Mit Wischtuch und Wasser kann er diesen Riesenfleck nicht aus der Welt schaffen. Der Mann wird wohl die angetrockneten Reste aus den Ritzen kratzen müssen.«

Drei Mitarbeiter der Spurensicherung, steril in weiße Plastikanzüge eingepackt, betreten den Raum und kümmern sich um den Toten. Das heißt, sie breiten eine Plastikplane aus und gemeinsam legen sie ihn darauf. Vorher halten sie seine Position am Schreibtisch mit Kreide fest, alle Details zeichnen sie nach, soweit das noch möglich ist. Murdoch hat den Toten in die aktuelle Position gebracht. Das ist den dreien sofort aufgefallen, denn der Messergriff ragt in einer Weise aus dem Rücken durch die halboffene Sessellehne, wie der Täter das Messer so nicht in den Körper des Mannes bekommen hätte, es sei denn, er hätte in dieser Position einen Hammer zur Hilfe genommen. Aber so etwas hätte der Tote, als er noch lebte, wohl rechtzeitig mitbekommen und sich nicht bieten lassen.

»Luser, wie oft sollen wir dir das noch sagen: Gucken, nicht anfassen. Zuerst sind wir dran und dann seid ihr es. Also los: Beschreib das mal, wie lagen die Arme, die Hände, der Kopf da und wie steckte das Messer drin. Da ist doch alles verrutscht! Verdammt, ihr habt schon wieder den Stichkanal verschleiert!«, zetert Bernd Mann, seines Zeichens der Spusi-Chef.

»Hab dich mal nicht so. Als wenn ein Stichkanal sich vor dir verstecken könnte!«, streicht Luser dem anderen Honig um den Mund und verschließt den Honigtopf gleich darauf abrupt: »Sag du mir mal lieber, wie lange der schon tot ist.«

»Seit etwa zwölf bis vierzehn Stunden«, schätzt Bernd Mann.

»Es ist jetzt Elf. Also wurde er gestern Abend zwischen einundzwanzig und dreiundzwanzig Uhr getötet. Wer hat ihn gefunden?«

»Die Nachbarin, eine junge hübsche Brünette. Ilona Mauser. Die Tür stand offen und da ist sie neugierig geworden. Aber da ist noch etwas: Bevor Köning mit dem Messer traktiert wurde, traf ihn ein Schlag auf den Hinterkopf, der ihn mindestens betäubt haben dürfte.«

»Danke erst einmal. Wir sprechen uns später noch einmal«, beendet Luser das kurze Gespräch.

Dann tippt er Murdoch an und geht mit ihm aus dem Zimmer.

Dort steht bereits Lisa Knoblich, die dritte im Bunde und wartet auf die beiden Männer. Von leibhaftigen Toten hält sie sich lieber fern, soweit das in ihrem Job möglich ist. Stattdessen zieht sie lieber Erkundigungen über sie ein. Das ist in der Regel nicht so bluttriefend wie ein mörderischer Leichenfund.

»Hast du etwas herausbekommen?«, fragt Luser gleich.

»Die Mieter drunter und drüber waren da und noch zwei

andere. Der Tote heißt Franz Köning, aber das wisst ihr wohl längst. Er lebte hier allein. Was der beruflich gemacht hat, konnte mir niemand sagen. Die meiste Zeit war der zu Hause, manchmal ist der weggegangen, früh, nachmittags, vor allem abends. Je dunkler, desto besser. Besuch war selten. Schon komisch der Mann, hielt sich von Hausfesten fern. War ein Eigenbrötler, Außenseiter, irgend so was. Wovon der gelebt hat, weiß niemand. Vielleicht Hartz 4 oder so.«

»Hört sich ziemlich traurig an, finde ich. Wer bringt so einen um und mit solcher Wucht, dass der zerfetzt daliegt und kaum noch einen Tropfen Blut im Körper hat?« Luser guckt fragend in die Runde. »Der hat Hass auf sich gezogen, so wie der zugerichtet ist. Soviel ist sicher.«

Lisa und Murdoch zucken mit den Schultern. Keine Ahnung, sollte das wohl heißen.

»Vielleicht war er in illegale Geschäfte verstrickt. Geldwäsche, Drogen, so etwas«, meint Murdoch dann doch.

»Wer bleibt mit einem solchen Job den ganzen Tag zu Hause . . .?« Lisa Knoblich schüttelt mit dem Kopf.

»Oder irgendeine Jugendgang, die arme Schlucker hasst? Wäre nicht das erste Mal.« Murdoch hat Ideen.

»Die klopfen nicht, die kommen mit dem Stiefel durch die Tür und schlagen anschließend die Wohnung kurz und klein. Wer bleibt bei einem solchen Lärm am Schreibtisch sitzen und kehrt den Einbrechern auch noch den Rücken zu, als wäre er taub? Nein, die kommen nicht infrage«, nimmt Lisa Knoblich Murdoch den Wind aus den Segeln.

Da ist was dran, denkt Murdoch in die Flaute hinein.

»So einsam kann der nicht gewesen sein. Zumindest kannte er seinen Mörder und der kannte ihn auch. Köning ließ ihn in die Wohnung, setzte sich wieder an den Schreibtisch, drehte ihm den Rücken zu und ahnte nichts von dem Hass, der auf ihn gerichtet war«, nimmt Lisa Knoblich die Dinge jetzt in die Hand. Luser hört gespannt zu.

»Wenn ihr mich fragt, hat das was mit seiner Vergangenheit zu tun.«

Für Luser kam diese These aus heiterem Himmel.

»Wie kommst du darauf?«, hakt er verblüfft nach.

»Kann ich auch nicht sagen. Is so ein Gefühl«, meint sie.

»Ist das dein Argument?« In Murdoch kam wieder verkorkstes Leben.

»Ich sag ja gar nicht, dass das ein Argument ist. Ich weiß, dass es keines ist. Aber ich hab da so ein Bild vor Augen. Köning sitzt am Schreibtisch vor dem Fenster. Er sieht hinaus. Er weiß, dass noch jemand da ist und auch wer das ist. Er konnte dieser Person arglos den Rücken zukehren – früher irgendwann einmal. Das hat sich offensichtlich geändert und so etwas passiert nicht von heute auf morgen. Franz Köning hat diese Veränderung aber nicht mitbekommen oder unterschätzt. Vielleicht war er ja mit einer Art Blindheit geschlagen, emotionaler Art oder so«, meint die junge, talentierte Lisa Knoblich.

»Na, von mir aus. Dann wühlen wir da erst einmal herum. Vielleicht bringt es ja was«, brummt Luser.

»Also, Lisa, seit wann wohnte der Mann hier, von was lebte er, womit beschäftigte er sich den ganzen Tag und wen kannte der hier. Darum kümmerst du dich bitte!«, schickt Luser sie in eine Ermittlungsrichtung.

»Und du, Murdoch, stocherst ein bisschen in seiner Biografie. Wir wissen nur, dass er Jahrgang 81 ist und aus einem Kaff bei Berlin stammt. Was hat er gelernt? Wo hat er in der Zwischenzeit gewohnt? Womit könnte er sich einen Todfeind gemacht haben? Und so weiter. Kann sein, dass die Fährten, denen ihr folgt, sich kreuzen. Stimmt euch also ab!«, meint Luser zum Schluss.

»He, und was machst du eigentlich?«, hält Murdoch seinen Chef zurück. Murdoch ist mit der fixen Idee geschlagen, dass Luser alle arbeiten schickt und selber Däumchen dreht oder sich mit einer hübschen Frau trifft oder etwas in der Art – und alle anderen müssen schuften. Murdoch fühlt sich immer irgendwie zu kurz gekommen und stänkert. Bisher hat er noch nicht einmal eine Frau abbekommen, weder eine hübsche, noch eine hässliche – gar keine und dabei ist er schon Anfang Vierzig.

Luser weiß das und es nervt ihn. Um des lieben Friedens willen geht er darauf ein. »Ich sehe mich in der Wohnung um und dann fahre ich in die Gerichtsmedizin. Na, zufrieden? Und du konzentrierst dich ab jetzt auf deinen Job, klar?« Er reagiert grantig auf die Unterstellung, die es ja im Grunde ist. Als in seinem Bewusstsein diese Einsicht ankommt, fügt er hinzu: »Über Anweisungen diskutiere ich nicht und was ich mache, geht dich gar nichts an!«

Luser weiß, dass diese klaren Worte ziemlich spät kommen, haarscharf an der Grenze zur Lächerlichkeit, wegen der langen Leitung.

»Ist ja gut!«, dreht Murdoch erstaunlich schnell bei und geht.

Lisa Knoblich ist längst unterwegs. Stunk geht sie, soweit möglich, aus dem Weg. Die Konzentration leidet darunter.

Der Tote ist bereits auf dem Weg in die Gerichtsmedizin. Die Spurenermittler haben noch in der Wohnung zu tun. Sie wuseln fast lautlos umher, ziehen hier mit einem klebrigen Band Proben ab, tüten da etwas ein und sind emsig bei der Sache.

Der Rattansessel mit offener Lehne, auf dem der Tote gefunden wurde, ist zurückgeschoben. Luser könnte unter den Schreibtisch sehen und würde da nichts weiter als die riesige Blutlache entdecken, die er bereits kennt und die mittlerweile den gesamten Fußraum ausfüllt, größer wird und längst das heruntergefallene Papier durchweicht. Aber er nimmt die zugekramte Tischplatte näher unter die Lupe: Laptop, Papiergewusel, das mal ein ordentlich geschichteter

Stapel war, Geschirr, Scherben, eine Lampe, eine Brille, diverse Schreibgeräte und so weiter.

Was hat der hier eigentlich gemacht? Luser nimmt ein paar Blätter vom Stapel und schaut sich das mal an. Der Kerl hat geschrieben! Briefe? Eingaben? Anträge? Oder Notizen und Geschichten? Romane womöglich? Keine Ahnung. Was er tat, hat er stapelweise, kiloweise fabriziert. Fleißig, fleißig. Was es auch sein mag, Luser kann das Gekrakel nicht entziffern. Nicht einen einzigen Buchstaben!

Er drückt eine beliebige Taste auf dem Laptop. Das Bild flimmert auf.

Das war ja klar, denkt Luser, natürlich ist das Schreibprogramm geöffnet. Seite . . . 1057! Mein lieber Mann! Von so einem langen Antrag hat Luser noch nichts gehört. Also doch Romane? Was hat der denn so geschrieben? Luser geht mit seinem Smartphone online und ruft die Seite eines Internetbuchhändlers auf. Doch unter dem Namen des Toten gibt es keinen Treffer. Wer weiß, vielleicht hat er unter Pseudonym veröffentlicht. Doch wenn Luser die vielen beschriebenen Seiten mit der kargen Wohnungseinrichtung und dem uralten Laptop, offensichtlich das Arbeitsmittel von Franz Köning, vergleicht, kann der Mann nicht besonders erfolgreich gewesen sein. Sieht hier alles irgendwie aus wie aus dem An- und Verkauf. Abgewetzt, provisorisch, schmucklos, wacklig, eben prekär.

Vielleicht hat der Mörder ja etwas gegen erfolglose Schriftsteller gehabt – und womöglich noch immer. Dann wären auch andere in Gefahr. Man muss die Leute warnen, denkt er! Aber wie kommt man an die Unbekannten heran? Die kennt doch niemand. Aber woher kennt sie der Mörder?

Papperlapapp! Das ist zu weit hergeholt. Solche Psychopathen gibt es nur im Film. Wie sagte es die kleine Knoblich noch so schön? »Das hat mit seiner Vergangenheit zu tun!« Tja, wenn seine Vergangenheit so öde gewesen ist wie seine

Wohnungseinrichtung, dann könnte ... tja, wem wohl der Kragen geplatzt sein? Lebte der Mann allein, ohne Familie? Die zwei kleinen Zimmer sind für Vater, Mutter, Kind viel zu klein.

Gab es da nun eine Familie oder gab es keine? Und wenn ja – wer verkrümelte sich? Mutter und Kind oder zog Köning die Einsamkeit dem Familienleben vor?

Luser durchsucht Schränke, zieht Schubladen auf und schaut in Ablagen hinein. Unspektakuläre, nichtssagende, eben 0-8-15-Informationen fördert er zutage. Die fast gehaltlose Essenz, wie dünne Suppe, ist folgende: Köning hatte in der brandenburgischen Provinz sein Abitur gemacht, mit einer glatten Eins. Dann war er beim Bund, wie es so üblich war. Und das war es dann schon. Mehr Infos findet er nicht. Was hat er in den vergangenen 10 Jahren getan?

Murdoch war noch immer nicht zurück.

Es sieht aus, als hätte der Tote sich in den letzten Jahren irgendwie verkrümelt, mit seinen Gedanken und Schreibgeräten. 1057 Seiten! Möchte mal wissen, denkt Luser, wie lange der schon am Schreibtisch hockt und wie viele Generationen von Spinnen den schon im Netz hatten, sozusagen!

Spuren einer Familie findet er jedenfalls nicht. Keine Bilder, keine Hochzeitspapiere, keine Scheidungspapiere, keine Geburtsurkunde – außer seinen eigenen, keine Briefe – nichts. Wie sah es mit einer Freundin aus? In den wenigen Dokumenten, die Luser in die Hände gefallen sind, findet er darauf keinen Hinweis. Aber das hat nichts zu sagen. Alles, was sich ihm bisher offenbart: Er war ein Einzelgänger, ein Grottenolm, irgendwie abgetaucht, Leben abgebrochen oder irgend so etwas Seltsames.

»Na ja, wenigstens ist er nicht vom Himmel gefallen«, brummt Luser vor sich hin. Das fehlte noch, wenn er wie in der X-Akte unerklärlichen Phänomenen hinterher hecheln sollte ...

Doch mit dem, was er hier gefunden hat, kann er nicht zufrieden sein. Irgendetwas stimmt hier nicht. Weil so gar nichts von Belang zu finden ist, vor allem aus den vergangenen zehn Jahren. Als hätte irgendjemand gründlich aufgeräumt und nur den Schrott dagelassen.

»He, Bernd, wo ist die Nachbarin, die den Toten fand?«, ruft Luser herüber ins benachbarte Zimmer.

»Wieder in ihren eigenen vier Wänden, denke ich«, schallt es durch die kleinen Räume zurück.

Luser verlässt die Wohnung, geht über den Flur und klingelt. Nach einer gefühlten halben Ewigkeit öffnet ihm Ilona Mauser die Tür. Sie ist Anfang, Mitte 20. Ihr Gesicht und vor allem ihre dunkelblauen Augen spiegeln Entsetzen und unendliche Trauer. Der Tod des Nachbarn scheint ihr ziemlich zugesetzt zu haben.

»Ich hab noch ein paar Fragen. Darf ich reinkommen?«

Wortlos zieht sie die Tür weit auf und macht den Weg für Luser frei. Im Wohnzimmer bietet sie ihm einen Platz an.

»Kannten Sie ihn näher?«, fängt er an.

»Eigentlich nicht. Guten Tag und guten Weg. Das war es eigentlich schon«, entgegnet sie.

»Hat er Sie mal in die Wohnung gelassen?

»Warum sollte er?«

»Vielleicht gab er Ihnen vor drei Monaten mal die Schlüssel für die Handwerker oder Sie brauchten letzte Woche eine Tasse Mehl – unter Nachbarn – irgend so etwas.«

»Nein.«

»Wohnte er allein dort?«

»Im vergangenen halben Jahr auf jeden Fall. Davor, ja also... ähm... Was davor war, weiß ich eigentlich nicht.«

Luser wird hellhörig. Eigentlich! Wenn Luser das schon hört! Sie weiß doch etwas, aber warum sagt sie es dann nicht?

»Sie wohnen erst seit einem halben Jahr hier?«

»So ist es.«

»Bekam er mal Besuch?«, bohrt Luser weiter.

Ilona Mauser atmet hörbar und übertrieben aus.

»Pfffhhh ... Also, beim besten Willen ... Keine Ahnung ... Kann sein ...«

Seltsam, denkt Luser.

»Okay, etwas anderes. Die Tür war nur angelehnt, richtig?«

Sie nickt und sieht ihn misstrauisch an. »Richtig.«

»Bei guten Tag und guten Weg geht man da doch einfach vorbei, oder?«

Sie weiß, worauf er hinaus will und sagt nichts. Der Angriff kam überraschend. Sie dachte, er wäre gedanklich schon weitergegangen. Dabei kommt er noch einmal zurück.

»Es zog. Die Tür musste offen sein«, entgegnet sie lapidar.

»Na und? Was ging Sie das an? Guten Tag, guten Weg. Vielleicht war er an den Mülltonnen, im Keller, vergaß etwas in der Wohnung oder auf dem Balkon? – Warum haben Sie nachgesehen? Ich sag es Ihnen: Sie kannten sich so gut, dass Ihnen die offene Tür seltsam vorkam, Sie nachgesehen haben und dann lag er da, stimmt's?«

Manchmal liegt die Wahrheit knapp unter der Oberfläche. Man muss nur ein kleines bisschen graben oder vorsichtig bohren oder besser noch: schaben.

»Ja, verdammt – wir hatten was miteinander«, rückt sie mit der Sprache heraus, nachdem Luser leicht auf den Busch geklopft hatte.

»So? Was denn?«, spielt Luser den Volltrottel. Die Rolle gefällt ihm manchmal.

»Wir waren zusammen, locker, aber so, dass wir uns gut verstanden haben. Mal ein Abend, mal ein Wochenende usw. Aber da ist noch etwas.«

»Ach ja. Was denn?« Lusers Ohren sind gespitzt.

»Sie bekommen es ja eh heraus. Franz hat mir Geld geliehen.«

»Oh! Wie viel war es denn?« Luser nimmt es nicht besonders ernst. Er erwartet einen Betrag, für den man sich allerhöchstens ein paar neue Sandalen kaufen kann.

»5000 Euro!«

Als er diesen Betrag vernimmt, verschluckt er sich und bekommt einen Augenblick lang keine Luft.

»Was sagen Sie da!« Er ist fassungslos und japst nach Luft.

»Gegen einen Schuldschein. Er bestand darauf. Den hätten Sie eigentlich finden müssen!«

Von einem Schuldschein und überhaupt von viel Geld hat bisher niemand etwas gesagt und auch nicht erwartet.

Luser rennt in den Flur, reißt die Tür auf und brüllt durchs Treppenhaus: »Bernd, komm mal her, aber schnell.«

Als Bernd Mann seinen Kopf in den Türrahmen der anderen Wohnung schiebt, fragt Luser: »Habt ihr was gefunden, was mit Geld zu tat: Schuldschein, Sparbuch, Geldbündel oder so etwas?«

»Was denn – Geld? In dieser Bude? Ein paar Lumpen haben wir in einem kleinen Zimmer gefunden. So buntes Zeug und ein paar Holzköpfe dazu. Irgendwelches Bretterzeug mit Vorhang.«

Was sollte denn das sein? Ach, na egal. Das ist später dran.

»Wo hatte er so viel Geld her?«, wendet Luser sich wieder an die Nachbarin.

»Woher? Er besaß es eben. Geld interessierte ihn nicht. Deswegen sieht es da so aus, wie es aussieht – rumplig eben.«

»Wo kam das Geld her? Krumme Geschäfte?« Luser grübelt. Doch Drogen oder so?

»Wissen Sie das noch immer nicht? Ihr Kollege entdeckte die Rumpelkammer doch eben zufällig.« Es klingt höhnisch.

»Was hat er gefunden?« Manchmal geht es in Lusers Denkorgan aber auch zu, als hätte sein Schädel irgendwann mal einen Schlag mit einem Gummihammer abbekommen. Er weiß einfach nicht, was sie meint.

»Eine Puppenbühne und Figuren. Der Mann war Puppenspieler. Das sieht man doch!« Sie betont jede Silbe übertrieben und scheint ziemlich genervt zu sein.

Puppenspieler? Damit kann man Geld verdienen?

»Okay, hat er nebenbei Romane geschrieben?«

»Woher soll ich das wissen? In meiner Gegenwart hat er Romane weder erzählt noch geschrieben. Aber die Stücke für das Puppentheater stammen alle aus seiner Feder.«

»Wir haben 1057 beschriebene Seiten gefunden . . .«

»So lang waren die mit Sicherheit nicht. Davon weiß ich jedenfalls nichts«, sagt Ilona. »1057 Seiten? Sind Sie sicher?«

Sie scheint äußerst skeptisch zu sein.

Natürlich ist er sicher. Das fehlt noch, wenn sie ihm seinen Job erklären will. Aber warum weiß sie davon nichts? – Das war eben sein Geheimnis, basta!

Luser macht eine Pause. Ihm ist nicht wohl in der Haut. Nicht nur gedanklich, sondern tatsächlich muss er noch einmal zurück in den Ermittlungen. Das Geschriebene ansehen, mal querlesen. Das tat bisher noch niemand.

»Was wird jetzt mit mir?«, fragt Ilona Mauser in seine Gedanken hinein. »Nehmen Sie mich jetzt fest?«

Luser sieht sie lange an. »Dafür gäbe es durchaus einen Grund. Sie haben gemauert, Ihnen bot sich die Gelegenheit und Sie haben ein Motiv, das Sie allerdings fast ohne Not eingeräumt haben – und das ist Ihr einziger, wenn auch ziemlich dicker Pluspunkt . . .«

Und sie hat ihm neue Infos geliefert. Aber das sagt er

nicht laut. Und der Täter wollte genau diese Infos verschleiern. Wäre sie die Täterin, hätte sie den Schuldschein gar nicht erwähnt. Vielmehr sieht es so aus, als hätte sie dem Täter einen dicken Strich durch die Rechnung gemacht.

»Sie bleiben hier, verlassen die Stadt aber nicht und sind für uns immer erreichbar. Sollten Sie abtauchen, finden wir Sie in kürzester Zeit und dann schmoren Sie bei Wasser und Brot. Ist das angekommen?« Luser legt eine ordentliche Portion Chili in seine Stimme. Aber so scharf meint er es gar nicht.

Der Schuldschein. Wenn es den gibt, muss er ihn finden!

»Warum bestand er auf einem Schuldschein? Ich denke, er macht sich nichts aus Geld!«, fragt Luser die junge Frau etwas naiv.

»Mein Gott, trotzdem will er es ja zurückhaben!« Sie sieht ihn an, als wäre er nicht ganz bei Trost. *Wer hat schon Geld zu verschenken?*

»Schon klar. Aber dann wird er ein Sparbuch mit hohem Kontostand besessen haben. Ich glaube nicht, dass er seine letzten Euros verleihen würde.«

»Sicher nicht«, pflichtet ihm die Nachbarin bei. »Von einem Sparbuch hab ich nichts gehört und nichts gesehen.«

»Danke erst einmal.«

Er lässt die Nachbarin allein.

Zunächst lassen ihm die 1057 Seiten keine Ruhe.

»Hat sich jemand noch einmal den Laptop vorgeknöpft?«, ruft er aufs Geratewohl in die Wohnung hinein.

»Noch keine Zeit gehabt«, brummt Bernd Mann aus irgendeiner dunklen Ecke scheinbar träge.

»Dann mache ich das jetzt«, ruft Luser.

»Halt, warte!«, erwacht der Kollege schlagartig aus seiner konzentrierten Versunkenheit.

Er fragt unter den Kollegen nach: »Hat jemand schon die Fingerabdrücke vom Laptop genommen?«

Von irgendwo her kam ein zustimmendes Brummen.

»Ist gut. – Du kannst«, gibt Mann Luser grünes Licht.

Luser geht in das Arbeitszimmer und tippt eine Taste. Der Computer befindet sich im Stand-by-Modus. Problemlos lässt er sich hochfahren.

Dann gibt Luser eine beliebige Seitenzahl ein: 823.

Eine gefühlte Ewigkeit starrte er ungläubig auf den Bildschirm. Das gibt es doch nicht! Das erste, was er begreift, ist: Die Nachbarin hat die Wahrheit gesagt. Sie ist unschuldig. Franz Köning hat tatsächlich keinen Roman geschrieben, jedenfalls nicht an diesem Computer. Ooooooooooooooooooo... Aaaaaaaaaaaaaaaaaaa... Uuuuuuuuuuuuuuuu... Blablablablablabla... usw. steht da und das hunderte von Seiten lang, wie sich bald darauf herausstellt. Da hat jemand eindrucksvoll gezeigt, dass er das Alphabet beherrscht, wenn auch in durchgeschüttelter Reihenfolge. Wie lange mag es gedauert haben, bis 1040 Seiten mit digitalen Buchstaben bombardiert waren? Stunden oder gar Tage? Tja, wenn man drei Seiten getippt und den Quatsch dann bis zum Erbrechen kopiert hat, immer wieder und immer wieder, wird es schnell gegangen sein.

Auf den übrigen 17 Seiten steht echter, lesbarer Text. Luser vermutet, dass der kopiert ist.

Warum das alles?

Und der Stapel beschriebenen Papiers – was ist damit? Luser blättert den Packen nochmal kurz mit dem Daumen durch: Wie gesagt, alles handschriftliches, unlesbares Gekrakel, als hätte jemand unendlich Langeweile gehabt. Nein, denkt Luser. Das sieht anders aus. Das sieht aus, als will ihn jemand verhöhnen! Genau! – Das ist es!

Eins ist klar: Köning kann das unmöglich gewesen sein. Der verhöhnt sich doch nicht selbst!

Also war das der Täter!

»Bernd«, brüllt er durch die Wohnung. »Die Fingerabdrücke auf dem Laptop haben höchste Priorität. Du findest sofort heraus, wem die gehören!«

Diesen Ton hat Luser selten drauf. Bernd spurt. Er kümmert sich höchstpersönlich und startet den Abgleich per Funk. Ohne Lusers Brüller wäre das erst in zwei Stunden passiert.

Nach ein paar Minuten kommt das ernüchternde Ergebnis: Kein Treffer. Der mutmaßliche Täter ist also ein unbeschriebenes Blatt. Verdammter Mist! Was jetzt?

Bernd kann weitermachen. Luser muss warten, aber er muss nicht lange warten.

Im nächsten Moment weht Lisa Knoblich um die Ecke. Na, Gott sei Dank! Luser schöpft Hoffnung, dass es weitergeht.

»Von wegen, keine Familie und so! Franz Köning hat eine Frau gehabt, bis vor etwa sechs Jahren«, ruft sie, sobald sie Luser zu Gesicht bekommt.

»Was sagst du da?«

»Er war verheiratet und seine Frau hat sich von ihm getrennt.«

»Woher weißt du das?«, fragt Luser.

»Standesamt. Zentrales Register. Da steht alles drin. Digitale Tinte auf weißem Blattersatz«, sagt sie freudestrahlend.

»Kinder?«

»Nein, keine Kinder. Jedenfalls keine ehelichen«, schränkt sie ein.

»Uneheliche?«

»Weiß ich nicht. Davon steht da nichts.«

»Wo wohnt die Frau?«

»Oh, nicht weit weg, einmal quer durch die Stadt.«

»Da musst du hin, am besten gleich«, drängt Luser.

Lisa holt gerade Luft für eine Antwort, als Bernd Mann ins Zimmer stürmt.

»He, Luser, weißt du, wessen Fingerabdrücke auf dem

Laptop hundert Prozent da sein müssten, aber komplett fehlen? . . .«

»Sag bloß«, staunt der Kommissar, der gleich begreift, wen Bernd Mann meint.

»Genau, Franz Köning hat das Gerät nie angefasst. Nur sein Kopf hat darauf gelegen. Es wurde ihm nach seinem Tod untergejubelt.« Diese Information schlägt ein wie eine Bombe.

»Das ist ja ein Ding. Was will uns der Täter damit sagen? Mit 1057 Seiten voller Blablabla. Gehässiger geht es doch nicht, oder?«, meint Luser.

»Vielleicht hat Köning ja doch mal was geschrieben und dem Täter hat es nicht gefallen.«

»Möglich, aber deswegen bringt man doch niemanden um. Es steckt etwas anderes dahinter. Aber, danke erst einmal«, schickt Luser den Kollegen an die Arbeit zurück.

Er wendet sich an Lisa: »Auf zur Ex, ich komme mit.«

Ramona Diesseits hat nach der Scheidung von Franz Köning wieder ihren Mädchennamen angenommen. Sie lebt in einem unsanierten Mehrfamilienhaus an einer belebten Hauptstraße. Eine Straßenbahnhaltestelle, die von immerhin vier Linien frequentiert wird, befindet sich direkt vor dem Haus. Der Lärm muss ohrenbetäubend sein.

Sie öffnet auf Lusers Klingeln hin. Die Frau war mal schön, denkt Luser sofort. Aber das ist wohl lange her. Der chaotische Style ihres kastanienbraunen Haares erinnert entfernt an das Haupt der Medusa. Der Mund ist verbittert zusammengepresst, die Lippen scheinen sich aus ihrer Fassade gestohlen zu haben, nach innen verkrochen oder so. Die dunklen Augenringe betonen ihre blauen Augen, sodass Luser glaubt, ein Gespenst vor sich zu haben. Entweder erwartet sie nicht, dass jemand sie besucht oder sie legt keinen Wert auf ihr Äußeres.

»Ja, bitte?«, sagt sie lakonisch, aber nicht unfreundlich.

»Polizei, dürfen wir reinkommen?«, antwortet Luser.

»Bitte, kommen Sie«, entgegnet sie gleichmütig, ohne eine Spur der Verwunderung.

Luser und Lisa betreten den geräumigen, fast quadratischen Flur.

»Leben Sie allein?«, fragt Lisa und schaut sich um.

»Nein, mit meinen beiden Kindern. Sie sind in dem Zimmer dort.« Sie zeigt auf eine Tür, an der bunte Kinderzeichnungen kleben.

Die beiden Polizisten schauen sich verwundert an.

»Was denn, Kinder!« Lisa ist verblüfft. Damit hatte niemand gerechnet.

»Das soll bei Frauen im gebärfähigen Alter vorkommen.« Der Spott in Ramona Diesseits Stimme ist nicht zu überhören. »Worum geht es denn überhaupt? Ich hab zu tun.« Die Frau wird ungeduldig.

»Sind das die Kinder von Franz Köning?«, mischt sich Luser ein.

»Soweit kommt es noch«, empört sich die Frau. »Das geht Sie überhaupt nichts an – mit wem, von wem, mit wem noch und so weiter.«

»Äh pardon. Uns ist gesagt worden, er hat keine Kinder«, ignoriert Luser ihren Einwand. Dabei will er sich nur rechtfertigen. Er kommt sich vor wie ein Tollpatsch.

»Hat er auch nicht!!!«, faucht Frau Diesseits ihn an. Quasi von Null auf Hundert wird sie zur Furie. Irgendwie zu Recht, wie Luser sich zerknirscht eingesteht.

»Er ist tot!«, eröffnet er der Ex-Frau von Franz Köning. Als hätte Luser vor die in Fahrt gekommene Wut der Frau einen Bremsklotz geworfen, wird sie ruhig. Quasi von Hundert auf Vierzig abgebremst.

»Soso«, sagt sie nur und nickt wie in Trance vor sich hin.

»Tot sagen Sie?« und nach einer Weile, die den Polizisten

wie eine Ewigkeit vorkommt: »Soso. Wann denn, wie denn ... Warum ... hat er ...« Sie bricht ab, sagt nichts mehr.

Luser ist immer hellhörig.

»Was meinen Sie mit: Warum hat er ...? Wissen Sie etwas? Wann haben Sie ihn zuletzt gesehen?« Er schaut ihr direkt in die Augen.

»Das ist Jahre her. Lange bevor die beiden auf die Welt gekommen sind ...«

Die beiden Mädchen sind aus ihrem Zimmer gekommen und haben sich an die Seite ihrer Mutter gestellt, jedes Kind hält ein Bein umklammert. Die eine hat hellblaue Augen und ist blond und die andere das genaue Gegenteil: dunkelhaarig und braune Augen. Das blonde Mädchen schätzt Luser auf zwei, das andere auf vier.

»Und die Väter?«, rutscht es Lisa heraus.

»Auf und davon.« Es klingt wütend.

»Wann sind Sie Ihrem Ex-Mann zuletzt begegnet? Präzise, bitte!«, beharrt Luser auf einer Antwort.

»Das Datum habe ich nicht genau. Ein paar Wochen nach der Scheidung liefen wir uns zufällig über den Weg«, entgegnet sie, als wäre es ohne Bedeutung für sie gewesen. »Jahre her, wie gesagt.«

»Warum haben Sie sich scheiden lassen?«, bohrt Luser weiter.

»Warum, warum! Mit dem Kerl war kein Staat zu machen. Der mit seinem krausen Hirn! Hat nur gelesen und geschrieben. Mit Papier hat der geredet, nicht mit mir! Gegrübelt hat der, aus dem Fenster gestarrt, aufs Papier gestarrt und dann irgendetwas draufgekritzelt. An Ausgehen, an gemütliche Abende und so war nicht zu denken. Was sollte ich mit so einer Beziehung? Also hab ich sie beendet. Es war das Beste so. Jeder ging wieder seiner Wege. Verdammter Mist.« Für Luser hört es sich nicht so an, als war es damit getan. Liebt sie ihn über die Scheidung hinaus, trotz allem? So etwas soll es geben.

»Bekommen Sie Unterhalt?«

»Ach, hören Sie doch auf!« Sie schreit fast.

Also nicht, denkt Luser. Man sieht der Wohnungseinrichtung an, dass das Geld kaum reicht.

»Welchen Beruf üben Sie aus?« Luser will das Bild abrunden.

»Vormittags sammle ich Müll aus Kinoreihen und anschließend jage ich Flusen im Hotel«, antwortet sie.

»Und womit waren Sie ab gestern Nachmittag beschäftigt?«

»Kinder abgeholt, Kinder versorgen, Kinder ins Bett gebracht – Kinder, Kinder, Kinder...«

»Und abends...zwischen neun und elf?«

»Vor dem Fernsehgerät eingeschlafen.«

»Kann das jemand bezeugen?«, bohrt Luser.

»Die Kinder schliefen und meine zehntausend Ehemänner waren in der Nachtschicht unabkömmlich. Tut mir leid, Herr Kommissar, kein Zeuge da gewesen.«

Luser verstand die schwierige Situation der Frau. Dennoch weckte ihr Galgenhumor seinen Argwohn. Dahinter verbirgt sich Emotion. Und er hatte keine Ahnung, wie tief der Brunnen hinab reicht.

Sie kommt auf seine Liste. Prophylaktisch.

Bevor Luser und Lisa sich verabschieden, fällt dem Kommissar noch etwas auf.

»Müssten Sie jetzt nicht Flusen jagen?«

»Die Kleine ist krank, da bleiben wir alle zuhause.«

»Besitzen Sie ein Auto?«

»Nein.«

Sie verabschieden sich.

»Das muss man sich mal vorstellen«, echauffierte sich Lisa, als beide im Auto zum Tatort zurückfahren. »Da liebt sie diesen Kerl, heiratet ihn und der hat nichts Bessres zu tun, als sich mit leerem Papier zu beschäftigen. Also ich hätte hinter seinem Rücken ...«

»Genau das denke ich auch«, unterbricht Luser irgendwie verträumt.

Lisa ist verwirrt. »Was meinen Sie?«

»Ach nichts, 'tschuldigung. – Was hätten Sie?« Luser konzentriert sich wieder.

»Na, mit einem anderen etwas angefangen«, vervollständigt sie den Satz.

»Hat sie ja auch, nur später«, entgegnet Luser.

»Aber ohne Erfolg und mit lebenslanger Konsequenz«, kontert Lisa und setzt noch einen drauf. »Und wenn sie die Kausalkette zurückverfolgt, die zu ihrer heutigen beklemmenden Situation führt, kommt sie immer bei diesem Loser, pardon Chef, ich meine natürlich bei Franz Köning und seinem Unvermögen an. Und immer wenn sie diesen Weg zurückdenkt, ist es so, als würde sie ihren Groll hegen und pflegen, damit er prächtig gedeiht«, entwickelt Lisa eine Theorie für die Täterschaft Ramona Diesseits.

»Nicht schlecht. Daran habe ich schon gedacht. Die Sache hat nur einen Haken. Wie soll eine erschöpfte, ungeübte Frau derart präzise mit dem Messer umgehen können? Und außerdem: Wer hat die Energie, tags zu arbeiten, zwei Kinder zu versorgen und am Ende des Tages, zur besten Krimizeit, einen emotionsgeladenen Mord zu begehen? Und schließlich: Haben sich beide nicht längst aus den Augen verloren? Die Diesseits behauptet das«, entgegnet Luser.

»Das muss ja nicht stimmen.«

»Nö, muss es nicht«, gibt Luser zu.

Wieder am Tatort angekommen, erwarten Luser gleich zwei riesige Überraschungen. Murdoch ist längst wieder eingetrudelt.

Er fand etwas heraus, was Ramona Diesseits schwer belasten könnte.

»Chef, die Ex vom Toten kann virtuos mit Stichwaffen, wie Skalpell, Messer, Dolche, wohl auch Schraubenzieher und so weiter umgehen. Mit der menschlichen Anatomie kennt sie sich ebenfalls aus. Sie studierte ein paar Semester Medizin, scheiterte aber am Physikum. Aber das schlagende Herz eines Menschen kann sie garantiert wie mit Röntgenaugen lokalisieren und das aus allen Perspektiven.«

»Na, das ist ja ein Ding. Gut gemacht. Wo hast du diese Information ausgegraben?«, interessiert sich Luser.

»Hab neben Lisa im Zentralregister gestöbert und einen Bruder Franz Könings gefunden. Wohnt im Umland, bin gleich hin.« Murdoch mag es zackig.

»Konntest du ihm darüber hinaus noch ein paar Infos entlocken, über seinen Bruder vielleicht?«, will Luser wissen.

»Ja. Nach seiner Armeezeit beim Bund brach Köning den Kontakt zur Familie ab und hat sich verkrochen. War wohl in irgendeinem Krisengebiet auf Streife und musste viel verarbeiten. Das Elend kennt man ja. Er wälzte Erlebnisse, Gedanken und schreckliche Bilder wie Felsbrocken und ließ keinen mehr so richtig an sich heran«, beendet Murdoch seinen Bericht.

»Prima«, lobt Luser ihn noch einmal. »Das bringt uns vielleicht weiter.«

»Kommt«, wendet er sich an Lisa und Murdoch, »wir sollten noch einmal mit der Ex reden. Zum Mord motiviert war sie und ich wette, irgendwie bot sich ihr eine Gelegenheit dazu.«

Die drei Ermittler wollen eben die Wohnung von Franz Köning verlassen, als Ilona Mauser auf den Hausflur gestürzt kommt. Schreckensbleich, mit geweiteten Augen und dem Telefonhörer in der gewaltig zitternden Hand, den sie Luser entgegenstreckt.

»Der Mörder!«, schreit sie. »Das war der Mörder! Hier, eben am Telefon. Er hat mich angerufen. Er will was von mir.«

Die Polizisten stehen da, wie vom Donner gerührt. Lusers wunderschöne Theorie von der mordenden Ex scheint gerade wie ein Kartenhaus in sich zusammenzufallen.

»Was will der Mörder von Ihnen?«, erkundigt sich Luser wie in Trance und denkt: Was kann ein Mörder schon von einem wollen, wenn nicht das Leben?

»Geld!«, lautet die Antwort.

»Was? Geld? Warum denn Geld? Und wofür?«, mischt sich die verdutzte Lisa Knoblich ein.

»Er besitzt den Schuldschein, den ich Franz Köning für das geliehene Geld unterschrieben habe. Und der Mörder will das Geld jetzt von mir, und zwar sofort, sonst kann ich mein blaues Wunder erleben, sagt er.« Sie schluchzt herzerweichend.

Luser wundert sich. Für eine Morddrohung hört sich das ziemlich leger an.

Das Haus scheint der mordende Erpresser jedenfalls nicht zu beobachten. Sonst wüsste er, dass es hier von Polizei nur so wimmelt. Oder er ist so kaltblütig, dass es ihm nichts ausmacht?

Wer weiß. Aber Luser hat einen anderen Verdacht.

»Wie sind Sie mit ihm verblieben?«, erkundigt er sich.

»In zehn Minuten meldet er sich wieder. Dann will er eine Antwort.«

»Gut, er wird Ihnen einen Treffpunkt nennen. Und da gehen Sie dann hin. Wir bleiben dicht hinter Ihnen und schnappen uns den Kerl.«

»Aber ich habe keine 5000 Euro im Haus. Nicht nur das – ich habe sie überhaupt nicht!« Ihre Augenlider zucken nervös.

»Die brauchen Sie auch nicht. Bevor der bemerkt, dass

von Ihnen nichts zu holen ist, verhaften wir ihn«, beruhigt Luser sie. Gerade hat er seine Instruktionen beendet, da klingelt das Telefon der Nachbarin erneut.

»Ja, in einer halben Stunde am Stadtpark, hinterm Supermarkt.« Ihre Hand zittert vor Aufregung. »Ja, das Geld habe ich... Ja, ich weiß, was sonst passiert. Oh, nein... bitte nicht!« Sie schluchzt, dann fasst sie sich wieder. »Woran erkenne ich Sie?... Ja, ist gut.« Sie legt schniefend auf. Ihre Knie sind weich geworden wie Gummibäume. Sie zittert aber wie Espenlaub.

»Bleiben Sie ganz ruhig. Ihnen passiert nichts. Wir sind bei Ihnen«, redet Lisa Knoblich beruhigend auf sie ein.

»Wenn er das Geld nicht bekommt, bringt er mich um, hat er wieder gesagt.«

»Eben hat er noch von einem blauen Wunder gesprochen«, bemerkt Luser lakonisch und der anfangs leise Verdacht wird stärker. »Moment: Was hat er genau gesagt? Wie will er Sie umbringen? Tut mir leid, ich muss das so blöd fragen«, entschuldigt er sich für die brutale Frage.

»Auch erschlagen!« Sie plärrt los und lässt sich gegen die gelb gestrichene Wand im Hausflur plumpsen.

»Auch erschlagen? Hat er das so gesagt?«

Die Frau nickt, als würde der Knüppel, mit dem sie erschlagen werden soll, schon über ihr schweben.

Eigentlich müsste sie es ja besser wissen. Sie hat den Toten schließlich gefunden. Aber vor lauter Todesangst denkt sie nicht daran.

»Dann ist das nicht der Mörder. Köning wurde nicht erschlagen, nur betäubt. Niemand weiß das besser, als der Mörder selbst. Aber der Mann scheint von dem Mord zu wissen und der Schuldschein befindet sich in seinem Besitz. Fragt sich nur, was er noch weiß und vor allem, woher er den Schuldschein hat. Oder glaubt hier jemand, dass das Dokument aus dem Fenster geflattert ist?«

Alle schütteln mit dem Kopf. So dämlich ist hier niemand. Viel Zeit hat Luser nicht, seine Leute in Position zu bringen. Aber auf der anderen Seite: ». . . ein Profi scheint das nicht zu sein. Die wenigsten bunkern so viel Geld zu Hause. Auf diese Idee kann nur jemand kommen, der gar nichts hat und verzweifelt träumt. Und er weiß, dass an diesem Schuldschein Blut klebt, aber das scheint ihn nicht zu interessieren. Der Kerl ist entweder besoffen, bekifft oder mit weicher Birne auf die Welt gekommen. Egal, Hauptsache, er bringt uns zum Täter.«

Es ist dunkel geworden. Während die Nachbarin zur bezeichneten Stelle geht – so langsam und ängstlich, als würde sie über ganz dünnes Eis laufen – positionieren sich Luser, Lisa Knoblich und Murdoch leise, wie hungrige, hoch motivierte Raubkatzen auf Beutejagd, und spähen in die Dunkelheit. Die Nachbarin steht jetzt als dunkle Silhouette vor der hellgrauen Rückwand des bereits geschlossenen Supermarktes, da raschelt es ein paar Meter von Luser entfernt. Als würde aufgescheuchtes Wild aus seinem Versteck brechen. Aber nicht aufgescheucht vom Jäger, sondern getrieben von der eigenen Gier.

Der Täter hat hier gewartet. Bloß gut, dass er sie nicht bemerkt hat.

Sie lassen den dunklen Schatten bis auf fünf Meter an die Nachbarin heran und werfen den Kerl dann zu Boden.

»Aua. Verdammt. So ein Mist, davon hat niemand etwas gesagt«, flucht der überwältigte, auf dem Boden liegende Erpresser.

»Wovon hat niemand gesprochen?«, hakt Luser gleich nach.

Der Mann antwortet nicht. Er ahnt wohl, dass es ihm gleich an den Kragen gehen wird.

Im Einsatzfahrzeug, ein VW-Bus mit mobilem Büro, nimmt Luser den Verdächtigen Lutz Brenner in die Mangel:

»Wer den Schuldschein besitzt, ist der Mörder von Franz Köning«, behauptet er, obwohl er es besser weiß.

»So ein Quatsch, ich habe niemanden umgebracht. Wollte mir nur ein bisschen Geld dazuverdienen . . .«

»Dazuverdienen ist gut«, höhnt Murdoch. »Sie sind ein Erpresser, mindestens – und ungeschickt dazu.«

Na bitte, wer sagt's denn. Luser frohlockt.

»Dazuverdienen – wie meinen Sie das?«

»Mir hat jemand 1000 Euro versprochen, wenn ich mit den 5000 Euro aus dem Schuldschein angedackelt komme.«

»So, wer denn?«

»Weiß ich nicht.«

Wie ein Hase auf der Flucht, der vorrangig solche Haken schlägt, die dem Jäger nützen.

»Das wissen Sie ganz genau. Ich will den Namen – jetzt«, fordert Luser harsch.

Doch Brenner zögert.

»Die reißt mir den Kopf ab«, brummelt er vor sich hin.

Aha, eine Frau also, registriert Luser und laut sagt er: »Das sowieso oder meinen Sie, die freundet sich mit dem einzigen Zeugen an?«

»Woher kennen Sie sich?«, mischt jetzt auch Lisa Knoblich mit.

Bei so viel Polizeipräsenz muss er weich werden.

»Aus dem Ufo«, sagt er ohne Umschweife.

Das Ufo kennt hier jeder. Das ist eine üble Kneipe, in der die Stammsäufer – andere verirren sich nur selten hierher – bis zum Umfallen bechern. Und sobald sie genug billigen Fusel intus haben, fühlen sie sich wie auf dem Weg durch die Galaxis zu einem anderen Stern. Diesen Blödsinn schwärmt ihnen jedenfalls der Wirt vor. Die meisten glauben ihm das inzwischen. Der Laden ist jeden Abend brechend voll.

»Ist sie Stammgast?«, nervt Luser weiter.

»Hatte sie vorher noch nicht im Ufo gesehen«, schüttelt Brenner verneinend den Kopf. »Und ich bin jeden Tag da, das können Sie mir glauben!«

Luser glaubt ihm das auf Anhieb. Die auffallendste Farbe in seinem Gesicht ist ein sauerstoffarmes Rotblau, vor allem um Wangen und Nase. Luser kann sich lebhaft die aus der Form zersetzte Leber des Mannes vorstellen und das erschlaffte, aus dem letzen Loch pfeifende Herz. Er schiebt das Ekel erregende Bild schnell beiseite und konzentriert sich wieder.

»Wann war das eigentlich?« Eine entscheidende Frage.

»Gestern, spät am Abend.«

Luser fällt aus allen Wolken.

»Was denn, gestern Abend schon?«, ruft er und denkt: Donnerwetter, da hat es aber jemand eilig gehabt.

»Ja, wann denn sonst. Bis morgens um Fünf hat das Ufo auf. Los geht es abends um Fünf. Bis dahin will ich wieder da sein. Das klappt doch, oder?«

»Wohl kaum, Sie sind verhaftet. Und jetzt will ich wissen, wie die Frau aussieht. Lisa, bring doch mal ein Foto von Könings Ex-Frau.«

Luser hat längst den Verdacht, dass sich Ramona Diesseits hinter der ominösen Auftraggeberin verbirgt.

Lutz Brenner sieht sich das Gesicht der Frau an und seine Antwort ist eindeutig. Sie ist es. Lutz Brenner wurde von ihr angesprochen. Aber hat sie ihren Ex auch ermordet? Und wenn ja, warum? Ist ihr Hass auf ihn tatsächlich groß genug und riskiert sie tatsächlich, ihre beiden Kinder allein zu lassen?

»Lautete ihr Auftrag, das Geld heute zu holen?«

»Nein, sie sagte: Heute anrufen, morgen kassieren.«

»Aber Sie konnten nicht abwarten. Sie wollten ihren Anteil unbedingt heute Abend schon in der Tasche haben, um ihn zu versaufen, stimmt es?«, schlussfolgert Luser.

Auf solche Leute ist Gott sei Dank eben kein Verlass. Und Ramona Diesseits weiß noch nicht, dass ihr Kurier aufgeflogen ist.

Das ist unsere Chance, unvermittelt zuzugreifen, denkt Luser und trommelt seine Leute zusammen.

Die Verhaftung von Ramona Diesseits verläuft unspektakulär. Sie leistet keinen Widerstand, als Lisa ihr Handschellen anlegt.

Um die beiden Kinder kümmert sich eine junge Polizistin.

Als die verhaftete Frau ihm später gegenübersitzt, interessiert es ihn zunächst nicht, warum das passiert ist, wie und wann sie ihren Ex-Mann ermordete. Ihn interessiert etwas anderes:

»Der Laptop, den wir gefunden haben, stammt von Ihnen. Die Fingerabdrücke belegen das. Was haben Sie mit dem Laptop Franz Könings angestellt? Wo ist der hin?«

»Den hab ich einem voll beladenen Sattelschlepper auf der Autobahn unter die Räder geworfen. Alles nur noch Schrott. Technischer Schrott, Pixelschrott, Lebensschrott, Schrott eben!«

Luser kommt es vor, als würde sie verbal mit dem Messer ausholen.

»Was war drauf? Haben Sie nicht nachgesehen, bevor Sie alles vernichtet haben?«, bohrt Luser.

Nach langem Schweigen antwortet sie:

»Hunderte, tausende Seiten voller Gedanken, Erinnerungen, Geschichten, Romanen, Gedichten, Puppenspielen – was weiß ich! Alles, was ihm wichtig war, befand sich in diesen wenigen Kubikzentimetern Technik. Von mir stand da nichts. Nirgends mein Name, kein Bild von mir, gar nichts, nur Blablabla. Ehrlich, ich hätte noch einmal das Messer nehmen können!«

»Sie bereuen also nichts!« Lusers Ton ist etwas schärfer geworden.

Die Frau schweigt.

»Warum besuchten Sie ihn überhaupt? Was wollten Sie von Ihrem Ex-Mann?« Luser begreift das nicht so richtig. Es kommt ihm alles so zufällig und willkürlich vor, nicht unbedingt zwingend.

»Was glauben Sie denn! Ich denke an ihn. Ein anderes Leben, als das an seiner Seite, wollte ich nie! Schauen Sie sich mein heutiges Leben doch an. Es ist öde, trist, hoffnungslos. In dieser Niederung meines Lebens, meiner Talsohle hatte ich plötzlich . . . ich weiß nicht, woher das kam . . . Hoffnung. Ja, ich konnte ganz klar sehen, dass wir . . . wieder . . . nach Jahren . . . trotzdem . . .« Sie bricht ab. Wie eine Seifenblase ist alles zerplatzt.

»Und dann fuhren Sie zu ihm hin? Mit einem Taxi?«, knüpft Luser den Faden neu.

»Ja, die Kinder haben geschlafen. Ich dachte, er freut sich. Aber der war sowas von sauer. Ließ mich einfach an der Tür stehen und setzte sich gleich wieder an den Schreibtisch. Über die Schulter fragte er, was ich will. Er sah mir kaum ins Gesicht. Und er habe zu tun und ich solle am besten gleich wieder gehen. Ich kam mir vor, als hätte er mich mit einhundert Sachen gegen eine Wand krachen lassen. Ich war total verletzt. Diese Demütigung konnte ich nicht ertragen und deshalb konnte ich nicht einfach gehen . . . Er war arglos. Er hat nicht bemerkt, dass ich mir einen Fleischklopfer und das Messer aus der Küche geholt habe. Und ich wusste nicht, welche Wut und welcher alte Hass in mir steckten. Er war ohne Chance, sich zu wehren. Es klingt seltsam, als er tot dalag, war ich mit ihm im Reinen. Ich fühlte so etwas wie Frieden. Mindestens zwei Stunden hab ich mich noch in der Wohnung aufgehalten, auch einen alten Laptop gefunden und präpariert. Schuldschein und Sparbuch und andere Papiere nahm ich mit.« Sie hat den Mord gestanden. Aber sie ist noch nicht fertig.

»So wie er mein Herz aufgespießt hat, hab ich seins aufgespießt. Endgültig. Nur mit dem Messer kam ich an sein Herz heran. Tief und fest!«

Sie schreit ihren Hass heraus.

»Warum der Schuldschein, das Geld?«

»Warum? Sie haben doch meine Wohnung gesehen. Das Geld konnte ich gebrauchen und bekommen und auf Geld, wenn man welches hat, kann man sich verlassen.« Sie sagt es verächtlich und denkt an Franz Köning, auf den sie sich nicht verlassen konnte.

Luser ist bestürzt.

»Und Ihre Kinder?«, fragt er fassungslos.

Sie senkt den Kopf und schweigt. Aber ihre Lippen beben. Die Augen füllen sich mit Tränen und die Nase ist voller Sekret.

Jan Flieger

DIE KINDFRAU

Moira schrak hoch aus dem Traum, noch zitternd, noch verwirrt und schweißnass, als wäre sie wieder in dieser Villa, tief in dem zu einem Edelbordell ausgebauten, schalldichten und gewaltigen Kellergewölbe, aus dem es kein Entrinnen gab für die minderjährigen Mädchen, da es bewacht wurde vom Zuhälter Toni, der so übel sein konnte, so grausam.

Und Tonis Kunden waren Freier, die Kindfrauen wollten, die nicht jung genug sein konnten. Es waren Männer dabei, die sogar von Wahlplakaten blickten, die christliche Werte verkündeten oder die beruflich eigentlich die Kinderbordelle bekämpfen müssten. Und so, das glaubte Toni zu wissen, würden die heimlichen Kinderbordelle in Deutschland auch bleiben. Und frisches Kindfrauenfleisch gäbe es ja genug, wartete sozusagen nur auf seine Nutzung. Praktisch drei Jahre, glaubte Toni, müsste er ein solches Bordell führen und wäre dann ein reicher Mann mit einem Vermögen, das durch ehrliche Arbeit in mehreren Arbeitsleben nicht zu gewinnen wäre.

Und Moira? Sie hatte all die feinen Herren bedienen müssen als Zwangsprostituierte. Es war ein oft schmerzhafter, ekliger Dienst gewesen. Erst später, nachdem ihr die Flucht doch gelungen war, erkannte sie einige Männer auf Fotos, die ihr gezeigt wurden im Präsidium der Polizei. Chefs großer Unternehmen waren dabei, sogar ein Abgeordneter.

Nun aber, und das nach Jahren, verklagten sie der Abgeordnete und der Chef eines großen Unternehmens wegen Verleumdung, wohl auch, um sich endgültig reinzuwaschen von jeder Schuld. Nie wären sie jemals in einem Zwangsbordell gewesen, behaupteten sie nun im Rahmen der Vernehmungen, die der Vorbereitung des Prozesses dienten. Alle Vorwürfe Moiras wären Hirngespinste, nichts anderes. Sie hätte sie einfach verwechselt mit irgendwelchen anderen Typen, die ihre Freier waren. Schließlich sei sie damals nur dreizehn Jahre alt gewesen. Ein Kind. Aussage stand gegen Aussage. Staranwälte, die mit allen Wassern gewaschen waren, vertraten sie, die teuersten, die besten. Und Moiras Anwalt fehlten die Beweise, die Zeuginnen. Vergeblich hatte er versucht, Akteneinsicht in Unterlagen des Verfassungsschutzes über einen Prozess gegen Journalisten zu erlangen, die über Zwangsprostitution geschrieben hatten und ihre perversen Nutznießer, von denen sie verklagt worden waren. Die Akten, so glaubte er, könnten zu Moiras Glaubwürdigkeit beitragen. Aber er bekam sie nicht, so sehr er sich auch mühte.

Und dieser Zuhälter Toni behauptete frech und unter Eid, die beiden Kläger nie und nimmer in seinem Bordell gesehen zu haben, von denen der eine sogar eine Schmerzensgeldklage gegen das Land gewonnen hatte. Moira schien es, als würde ihr Verteidiger gegen eine Wand anrennen, in der kein Riss zu sehen war, nur das undurchdringliche Mauerwerk. Einen ähnlichen Prozess hatte es in Leipzig gegeben, in den sogar zwei Richter verwickelt waren und ein Staatsanwalt, als Kunden eines Kinderbordells. Deutschlandweit war über die Zustände berichtet worden. Auch einen Film im Fernsehen hatte es über ein Kinderbordell gegeben. Es war unfassbar!

Die Klage traf Moira nun zu einem Zeitpunkt, da ihr Leben endlich einen guten Verlauf nahm. Die Vergangenheit hatte sie schlagartig wieder eingeholt, und auch die beiden Männer in ihrem neuen Leben, dieser Ben von der GSG 9 und dieser Tom, ein Vertreter, der viel unterwegs war mit seinen Produkten, würden ihr nicht helfen können. Beide wollten sie Moira gewinnen, um jeden Preis der Welt, und würden, wie sie ihr versicherten, nahezu alles für sie tun. Und sie wussten voneinander. Sie waren Konkurrenten.

Moira schauderte es. Nun sollte es einen Prozess geben, der all die Wunden aufreißen und ihr Schicksal wieder in die Presse bringen würde.

Es war furchtbar.

Es war quälend.

Tom und Ben war ihre Qual wohl bewusst, sie sorgten sich beide um sie. Nun aber war etwas Seltsames geschehen, denn die Kläger und der Zuhälter Toni waren verschwunden, als hätten sie sich in Luft aufgelöst. Erst Toni, dann der eine Kläger, dann der andere. Keiner wusste, wo sie waren, und bei der Polizei glaubte man sogar an ein Verbrechen, ohne diesen Verdacht bisher beweisen zu können. Wieder und wieder war Moira befragt worden, die Ermittler wollten ihr nicht so recht glauben, dass ihr nichts bekannt war über das so seltsame Verschwinden der drei Männer.

Moira graute es vor jeder neuen Befragung. Halt in ihrem Leben boten nur Tom und Ben. Toms Existenz verschwieg sie bei den Befragungen der Polizei, um ihm beruflich nicht zu schaden. Tom wollte es so, also tat sie es. Es war, als gäbe es ihn nicht in ihrem Leben. O Gott, war dieser Tom zärtlich, wenn auch ein wenig unbeholfen, immer, wenn sie mit ihm zusammen war. Er, der so anders war als all die Männer im Zwangsbordell, die zwar aus der Oberschicht kamen und doch nur Ärsche waren, elende Ärsche, deren Glied sich oft nicht heben wollte und die dann ihre Wut an den Mädchen ausließen. Vor ihren eigenen Frauen kuschten sie gewiss.

Tom aber betete Moira an. »Alles braucht seine Zeit«, hatte er einmal gesagt, als Moira ihn nach einer möglichen gemeinsamen Zukunft fragte. Sein Gesicht blieb immer unbewegt. Er lächelte nie, selbst bei seinen Zärtlichkeiten nicht.

»Lass Gras über alles wachsen«, hatte er vorgeschlagen.

Heute nun war sie wieder mit ihm zusammen und erneut in dem kleinen Apartment im 13. Stock, von dem aus man über die ganze Stadt blicken konnte. Sie trug Toms neuen Ring mit den kleinen Diamanten und sie trug auch die Halskette mit den so wertvollen Perlen. Geizig war er nicht, sogar sehr großzügig. Und wenn sie miteinander schliefen, brachte er sie immer zu einem Höhepunkt, den sie so zuvor noch nie erlebt hatte. Tom war auch zärtlicher und aufmerksamer als Ben, der sicher so hart geworden war in seinem Job und es immer sein musste.

Über das, was er bei der GSG 9 tat, sprach er nie. Alles war absolut geheim.

Später, im Bett, presste Tom sein Gesicht in ihre Scham, deren Duft er so liebte, wie er ihr, etwas verlegen, einmal gestanden hatte. Emotional war er ihr längst verfallen mit Körper und Seele. Sie wusste es.

Und Moira blickte auf Tom herab, als sie leise sagte: »Sie sind alle drei verschwunden, diese beiden Kläger und dieser Ekeltoni, noch ehe der Prozess beginnen kann. Das ist so seltsam.«

Tom wollte sein Gesicht nicht lösen. Und seine Zunge fuhr mit den Liebkosungen fort, obwohl Moira heute kein Gefühl der Lust zu verspüren schien.

»Wo sind sie wohl?«, fragte sie.

Vorsichtig hob sie seinen Kopf und er begriff, dass sie eine Antwort wünschte und keine Ruhe geben würde. Er kannte sie genau, sie war da unerbittlich. Er setzte sich auf und sie schaute ihn an, minutenlang, grübelnd.

»Wer weiß das?«, sagte er abwinkend. »Es gibt so viele Vermisste in Deutschland. Manche kommen wieder, aber manche auch nicht. Vielleicht hatten sie Ärger mit einer Mafia, sind abgetaucht. Korrupt sind heute alle. Wir leben längst im Sumpf einer Bananenrepublik. Da ist das so.«

»Ich habe Angst«, gestand Moira, und sie spürte das Pochen ihres Herzens quälend stark.

»Ich könnte«, ließ sie folgen, »jemanden beauftragt haben...« Ihre Stimme bebte. »Sie werden es denken«, sprach sie leise weiter.

»Dafür fehlen dir die Mittel«, versicherte er. »Das wissen sie. Einen dreifachen Mord könntest du nicht bezahlen, nicht mal einen einfachen.«

»Und ein Mann von der GSG 9?«, fragte sie vorsichtig.

»Könnte er es heimlich getan haben? Ein Mann, der mich um jeden Preis schützen will?«

»Du stellst Fragen«, sagte er, aber seine Lippen wurden schmal und eine tiefe Falte teilte seine Stirn.

Nun blickte er bedrohlich finster.

»Vielleicht«, überlegte Moira, »soll es sein Liebesbeweis sein?«

Toms Lippen werden noch schmaler, dachte Moira erschrocken, und sie begriff, dass sie Tom wohl verletzt und sehr eifersüchtig gemacht hatte, rasend eifersüchtig. Sie griff behutsam nach seiner rechten Hand und legte ihr Gesicht in die Innenfläche, küsste diese Mulde unendlich zärtlich, so, wie sie es noch nie getan hatte bei einem Mann. Sie ließ die Spitze ihrer Zunge kreisen bis hinauf zur Wurzel seiner Hand.

»Du«, hauchte sie, »bist der liebevollste Mann der Welt. Es gibt eben doch noch anständige Männer, ehrliche, aufrichtige.«

So eine Art Lächeln spielte um die Winkel seines Mundes und er genoss die Liebkosung, die er so nicht kannte, aber die ihn erregte.

Und doch dachte er unvermittelt an diesen Zuhälter Toni, der diese Kindfrau an all die Wichser verkauft hatte und dem er wohl deshalb auch mit seiner Glock, dieser so schallgedämpften Schönen, zuerst in den Bauch und etwas später in das Gesicht geschossen hatte. Diese Schüsse waren eine richtige Genugtuung gewesen. In die Hölle waren ihm dann die beiden Kläger gefolgt. Ein gewiss sehr hartes Stück Arbeit lag hinter ihm, ohne Zweifel. Und zum ersten Mal hatte er Typen ausgelöscht und entsorgt, ohne dafür bezahlt worden zu sein. Im eigentlichen Sinne verletzte er so seine Berufsehre als Profikiller. Es war so. Aber auch die Liebe hatte eben ihren Preis. Alles hatte seinen Preis im Leben. Nichts gab es geschenkt.

Von der Liebe verstand er, wenn er ehrlich war, bisher nicht viel, nur vom Töten. Aber, das war unverkennbar, nun liebte er. Moira war anders als die Frauen, mit denen er schlief und die nur Nutten waren. Moira war keine Nutte mehr. Und sie war es auch nur unter Zwang gewesen. Und er glaubte, diese Schmetterlinge im Bauch zu spüren, von denen er immer gehört hatte.

Es gab sie wirklich.

Es war unfassbar.

Sie hob ihren Kopf.

»Liebster«, hauchte sie.

Er hatte mal einen alten Film gesehen und eine Frau, die Garbo hieß. Die hatte auch so geblickt, so verklärt. Er fühlte sich so wie der Held in diesem Film.

Nun lächelte er unverkrampft.

Er fühlte sich blendend. Und Moira konnte dieses Gefühl auch bald kennen, denn einen Prozess würde es nicht mehr geben.

Es konnte nur noch besser werden.

Viel besser ...

Mandy Kämpf

PHÖNIX DEINER ASCHE

Das Leben hört sich Stereo einfach viel besser an,
doch manchmal läuft es monoton an einem vorbei.
Und manchmal stellt man sich einfach wieder nur hinten an,
im Endeffekt sägt man selber nur am grünen Zweig.
~ Stereo von Westbalkonia

Ich beobachte dich. Schon eine ganze Weile sehe ich dir zu. Ich weiß, wer du bist, kenne deine intimste Seite, deine verletzlichste Stelle. Weiß, wann du lachst, obwohl dir nach Weinen zumute ist und kenne auch deine unechten Tränen. Du bist ich und ich bin du. Auch wenn du mich nicht bemerkst, egal wie freundlich meine Worte sind, und auch wenn du nicht sehen willst, wer ich bin. Doch bald werden wir in Flammen aufgehen und dann werde ich der Phönix sein, der aus deiner Asche steigt.

Ein neues Foto ziert deine persönliche Website, dort wo du dich als Künstlerin zu erkennen gibst. Dein Gesicht, so zart und makellos, ist beschmiert von rotem Blut. In dicken öligen Bahnen läuft es an deinem Kinn herunter und tropft träge aus dem Bildrand. Deine Augen starren mich hellblau und empfindungslos an. In deinen Haaren klebt der Lebenssaft und färbt dein Markenzeichen, deine orangewilde Mähne in ein tiefes rotbraun. ›Der Tod in Stereo‹, steht unter der Fotografie. Und der Name des Fotografen. Ich weiß, er ist einer der Besten auf seinem Gebiet und wahrlich, fast scheint er sich selbst übertroffen zu haben. In deinen Augen sehe ich das Leben, auch wenn der Tod dir ins Gesicht gespuckt hat. Du bist noch immer da. Ich gehe zum offenen Fenster und blicke hinunter auf die Straße. Ein Hund pinkelt an die Laterne vor dem Haus, in dem ich wohne. Ein Mann im Anzug läuft naserümpfend vorbei. Ich lache still in mich hinein und greife nach einem welken Blatt auf dem Fensterbrett. Zwischen meinen Fingern zerbrösele ich es zu groben Staub und lasse es im leichten Wind davonfliegen. Ich stelle mir vor, du wärst es und ein wonniges Gefühl streichelt sanft meine Seele. Mein Plan ist perfekt, das weiß ich. Dann werde ich deine Stelle einnehmen, werde dein Leben leben und niemand wird mehr auf mich herabschauen, auf das kleine Mädchen mit der großen Nase. Auch wenn es diese schon lange nicht mehr gibt, kann ich sie morgens noch im Spiegel sehen. Vor drei Jahren habe ich sie mir neu formen lassen, nach einem Bild von dir. Kleiner, feiner, mit einer runden, mädchenhaften Spitze. Zwanzig alte, dicke Männer hat sie mich gekostet, zwanzig Fettsäcke mit viel Geld, die sich auf und in meinem Körper austobten. Immer wenn sie ihre verkümmerten Schwänze auspackten, habe ich dabei an dich gedacht. Weitere fünfzehn dieser erbärmlichen Typen haben mir deinen Busen bezahlt, der nun prall und groß die Tanktops füllt, welche auch du gern trägst. Das Bleichen meiner Zähne und das Unterspritzen meiner Lippen kostet mich gerade sieben Männer im halben Jahr, das ist der kleinste Preis, den ich zahlen muss, um du zu sein. Und die gefärbten Kontaktlinsen gibt es billig im Internet zu erstehen. Darauf hast auch du mich erst gebracht. Für einen Fotojob warst du auf der Suche nach roten Linsen und mitteilungsfreudig wie du bist, hast du in einem der Internetforen, in welchem ich dir folge, nachgefragt. Du bist nicht gerade sorgsam, was deine Präsenz in der Öffentlichkeit betrifft. Du lebst davon. Doch nur wenige wissen, wer sich wirklich hinter Shiva – dem Tattoo-Model verbirgt. Ich bin eine davon.

Eine die dich besser kennt, als du ahnst. Weil du vergessen hast, dass es mich gibt. Obwohl du an fast jedem Tag deinen Cafè Latte bei mir kaufst, in dem kleinen Stehcafé, an der Ecke zu unserer Straße. Ich bin die Frau mit der Mütze, auf welchem das Logo des Cafés aufgedruckt ist, in der weißen Bluse, die meinen schönen Körper wie ein weites Schutzschild ummantelt. Die Kunden sollen sich auf das Angebot konzentrieren, nicht auf die Bedienung, ist ein Motto meines widerlichen Chefs. Seine anzüglichen Kommentare und sinnfreien Regeln ertrage ich nur, weil ich dich sehen kann. Nur wegen dir arbeite ich dort. Natürlich habe ich versucht, schon eher in deine Fußstapfen zu treten, doch meine Zeit war noch nicht gekommen. Meine Zeit als Model. Immer wieder erhielt ich Absagen mit der Begründung, dass du diesen außergewöhnlichen Typ schon besetzt, sie benötigen kein weiteres Model, was dir so ähnlich ist. Du hast von vornherein diesen Platz besetzt. Wie in der Schule. Auch da warst du die Nummer eins. Ich stand immer in deinem Schatten, deine unscheinbare Freundin mit der großen Nase. Sie haben mich gedemütigt und du hast weggeschaut. Zwerg Nase haben sie mich genannt und du hast mit ihnen gelacht. Sicher erinnerst du dich auch nicht mehr an Antoine, den Austauschüler aus Frankreich, in welchen ich so verliebt war. Antoine mit seinen dunklen, warmen Augen und dem süßen Akzent. Ich erzählte dir von meinen intimsten Träumen und du hast sie dir und ihn geklaut. Er war einer von vielen, doch für mich war er der eine, an den ich meine Unschuld verlieren wollte. Das holte später ein Fremder auf dem Spielplatz hinter unserer Schule nach. Er riss nicht nur mein Jungfernhäutchen entzwei, sondern auch meine zaghaften Teenagerträume von Liebe.

Das ist lange her. Keiner weiß davon und niemand wird es jemals erfahren. Es wird Zeit aus deinem Schatten hervorzutreten und an deiner statt zu leben.

Noch immer stehe ich am Fenster und blicke zu dem gegenüberliegenden Haus. Eine wunderschön sanierte Jugendstilvilla, mit Stuckelementen und weißen Marmorengeln an der Fassade über den Balkonen. Die Morgensonne bricht sich in den Buntglasfenstern und erzeugt wilde Farblichter. Ich lächele und sehe mich in Gedanken durch das Haus in meine neue Wohnung gehen. Sie befindet sich rechts oben, unter dem Dach, mit großer Sonnenterasse und Blick ins Grüne. Woher ich das weiß? Es ist deine Wohnung. Noch. Und du schickst immer diese wunderschönen Bilder durch das Internet, kleine Fotos, die dich zeigen, wie du dich gerade beim Anziehen fotografierst, wie du vor dem Spiegel posierst oder mit deiner Katze kuschelst. Du zeigst offen deine Wohnung und wie du lebst, weil du die Zuwendung der anderen brauchst, den Respekt und weil du bist, wer du bist. Außergewöhnlich. Und schön. Dein Körper ist verziert, du hast dein Leben auf ihm in bunten Bildern verewigt. Beine, Arme und der Rücken sind voller Erlebnisse, mit Tinte unter deine Haut geritzt. Ich kenne jedes Detail deiner Tätowierungen, du präsentierst sie und dich damit gern. Und jede einzelne Linie davon, finde ich auf meinem Körper wieder. Ich bin nicht deine Kopie, ich bin du. Es wird Zeit für mich zu gehen, zu dem kleinen Café, in meinen kleinen Job, meines noch kleinen Lebens. Bald wirst du dort erscheinen und ich werde dir wie immer deinen Caffè Latte reichen. Nur wird es dieses Mal dein letzter sein.

Lange habe ich überlegt, wie ich deine Stelle einnehmen kann und die einzige Lösung, das einzige Ziel, ist dein Tod. Nun wirst du sterben. Ich bevorzuge keinen gewaltsamen Tod, ich will dich nicht mit einem Messer entstellen, oder mit einer Waffe ein Loch in deinen wunderbaren Körper schießen. Du sollst mir erhalten bleiben, damit ich, wann immer ich will, in dein kaltes Gesicht lachen kann. Ja, kalt sollst du werden, eingefroren in einer Kühltruhe, damit dein Körper und deine Seele keine Ruhe finden, so wie meine die Stille nicht kennt. Ich habe für alles gesorgt. Die Kühltruhe wird heute Abend in deine Wohnung geliefert, während du schon fest schläfst. Einen Schlaf aus dem du nicht wieder erwachen wirst. Dafür sorgen das Zyankali und ein starkes Schlafmittel in deinem Kaffee. Du wirst ihn auf dem Weg in deine Wohnung trinken, wie du es so oft tust, und das Gebräu wird zu wirken beginnen, während du deine frischen Brötchen belegst. Du wirst erst eine leichte Atemnot bemerken. Wahrscheinlich wirst du dich kurz hinlegen und hoffen, dass sich dadurch dein Zustand bessert. Doch dein Atem wird immer schwächer, dann setzt die Wirkung des Schlafmittels ein, dir wird schwindelig und noch bevor du einen Notruf tätigen kannst, wirst du einschlafen. Bis zu deinem letzten Atemzug. Du wirst sterben und dann werde ich kommen. Vorher jedoch, werde ich meinen ersten Fotojob annehmen. Einen Termin mit einem Fotografen, der dich für Bondage-Aufnahmen gebucht hat. Heute Mittag. Ich habe davon in deinen E-Mails gelesen. Ich weiß, wohin ich gehen muss und ich bin vorbereitet.

Die kleine Kapsel Zyankali und das Schlafmittel habe ich tief in meiner Handtasche verstaut. Es war so einfach alles über das Internet zu bestellen. Erstaunlich was das World Wide Web alles zu bieten hat, wenn man nur genau sucht. Auch den Hinweis mit dem Schlafmittel habe ich dort gefunden. Du sollst schließlich ohne Aufsehen und allein sterben, niemand darf davon erfahren und niemand wird jemals erfahren, dass es dich Shiva nicht mehr gibt. Dein Platz wird meiner werden.

In meiner Arbeitskleidung gehe ich die wenigen Meter zum Café. In einer Stunde wirst du kommen und deinen letzten Cafè Latte bestellen, deine letzten Brötchen kaufen und das letzte Mal die Herbstsonne auf deiner Haut spüren. Bis dahin bediene ich mit einer ausgezeichneten Fröhlichkeit die Gäste im Café. Meine gute Laune fällt sogar meinem widerlichen Chef auf. Diese nimmt er zum Anlass, mir anzüglich über den Hintern zu streicheln und mir eindeutige Worte ins Ohr zu flüstern. »Später Chef«, lache ich ihm in sein speckiges Gesicht.

Wohl wissend um die Kündigung, die neben der Giftmischung in meiner Tasche liegt, werde ich später sein stickiges Büro betreten, die Arbeitsbluse weit aufgeknöpft, so dass er mehr als den Ansatz meines Busens erblicken kann. Ich sehe schon die Schweißperlen an seinem nackten Schädel herunterperlen und fühle seine gierigen Blicke auf mir. Und während ich mich über seinen Tisch beuge, damit er ein letztes Mal tief in mein Dekolleté blicken kann, werde ich ihm den Briefumschlag mit dem Ende meiner Karriere als Kaffeefrau in sein lechzendes Gesicht werfen.

Die Stunde vergeht wie im Flug und ich muss mich zusammennehmen, um mir nichts von meiner Aufregung anmerken zu lassen. Beinahe hätte ich eine heiße Kanne Kaffee über Fräulein Müllers blauen Buntfaltenrock gekippt. Wobei Fräulein Müller eine Dame von 85 Jahren ist und sicher mal etwas Heißes zwischen ihren Beinen benötigt.

Ich stehe hinter der Theke, als du den Laden betrittst. Wie immer schaust du dir die Auslage an und während du auf deinem Handy herumdrückst, gibst du deine Bestellung auf. Einen Caffè Latte und zwei Vollkornbrötchen. Dein Becher steht schon vorbereitet im oberen Fach der Theke. Vor kaum fünf Minuten habe ich die delikaten Zutaten für deinen Kaffee in einem Schluck Milch aufgelöst, sodass du nichts bemerken wirst. Ich biete dir einen Schuss Mandelaroma für dein Getränk an. Natürlich auf Kosten des Hauses. Du nickst abwesend. Schließlich weiß ich nicht, ob du zu den wenigen Menschen gehörst, die Zyankali riechen können. Ein Geruch nach Bittermandeln. Ich beglückwünsche mich selbst zu meiner Umsicht.

Du zahlst die verlangten 4,50 Euro auf den Cent genau und schaust mir für einen Moment ins Gesicht. Ich kann die leichte Irritation darin erkennen, doch schon klingelt dein Handy erneut und das Gespräch annehmend trittst du aus dem Café hinaus. Ich blicke dir hinterher. Ich lächele. Ich wende mich der letzten Stunde meiner Arbeit zu, bevor ich zu meinem neuen, aufregenderen Job und in mein neues wunderbares Leben aufbreche. Ich höre nichts von dem kleinen Tumult auf der Straße unweit des Café und sehe auch nicht den Krankenwagen, der wenig später eintrifft. Alles was ich sehe, ist meine neue, lang ersehnte Zukunft als Shiva, das Tattoo-Model.

Das Studio des Fotografen liegt in einem Hinterhof. Vielmehr ist es eine heruntergekommene Wohnung, die ich betrete. Es stinkt nach Katzenpisse und kaltem Tabakrauch. In dem einzigen großen Raum der Wohnung, steht inmitten des Zimmers ein Metallbett. Von den Wänden fällt der Putz, und etwas, was aussieht wie eine alte Tapete, hängt in Streifen von der Decke herunter. Durch die schmutzig grauen Fensterscheiben gelangt kaum Tageslicht in das Innere. Aus einer alten Stereoanlage krächzen wilde Melodien. Ich schaue den Fotografen fragend an. Ein kleines Männlein mit strähnigen Haaren und einem Goldzahn, der wie verfault durch seine schmalen Lippen schimmert. So habe ich mir meinen ersten Fotoauftrag nicht vorgestellt, ich hatte auf mehr Glamour und vor allem Personal gehofft. Wo war die Visagistin, wo die Stylistin und der Assistent? Diese Fragen beginne ich auch zu stellen. Doch schon beschwichtigt mich das Fotografenmännlein. Heute sollen die Probeaufnahmen stattfinden, er will schauen, wie mein Gesicht und Körper zu der Umgebung passen, welche Lichtquelle er organisieren muss, um meine Schönheit mit dem Verfall des Raumes in Einklang zu bringen.

Liefen so alle Fotoaufnahmen ab, beginne ich mich zu fragen, während er mich auf das Bett bittet. Schlussendlich die einzige Sitzmöglichkeit der Wohnung. Am Kopf- und Fußende hat er Seile befestigt, damit wolle er mich fesseln. Ich beginne fast seiner Professionalität zu misstrauen und verscheuche meine Gedanken gleich darauf, als er beginnt mir das Ergebnis zu schildern. Wortgewand erzeugt er Bilder in meinem Kopf und ich lasse mich von ihm einlullen. Er richtet seine Kamera für erste Aufnahmen auf mich und ich beginne zu posieren, wie ich es schon oft vor dem Spiegel geprobt hatte. Ich bin gut, dass sagt er mir immer wieder, wunderschön und außergewöhnlich. Er streichelt meine wunde Seele mit sanften Worten. Langsam beginne ich mich zu entkleiden, er hält alles mit seiner Kamera fest. Wie in Trance bewege ich mich zu der Musik aus dem Radio. Ich lasse meine Hände spielerisch über meinen Körper tanzen und schließe verzückt meine Augen. Ich sehe nicht seinen wilden Blick, noch ahne ich von seinen tatsächlichen Absichten. Ich bin Shiva. Ich bin du, während du schlafend um dein Leben kämpfst. Je weniger du atmest umso tiefer hole ich Luft. Je weiter du gehst, umso näher bin ich meinem Ziel. Der Fotograf beginnt meinen Körper mit Seilen zu umwinden, sie fühlen sich wie Seide auf meiner Haut an. Dann bindet er mich an den Metallstäben des Bettes fest. Als er mir eine venezianische Maske mit geschlossenen Augen überzieht, weiß ich nicht, dass sein faltiges Gesicht mit den vor Freude blitzenden Augen das Letzte ist, was ich zu sehen bekomme. Dass er der letzte Mann sein wird, den ich zu spüren bekomme. Ich weiß auch nicht, dass du noch lebst, weil ein Stolperunfall mit dem kleinen Hündchen, das sich so gern an Straßenlaternen verlustiert, dir das Leben gerettet hat. Du bist gefallen und hast dir deinen Kopf hart am Pflaster der Straße aufgeschlagen, während dein Caffè Latte in dünnen Bahnen in den Rinnstein tropft.

Andreas M. Sturm

LADY IN BLACK

Seit Reiseantritt wurde Christine von diesem unguten Gefühl verfolgt. Die Ahnung einer dunklen Bedrohung hing wie ein Schatten über ihr und prophezeite fortwährend Unheil.

Christine gab im Allgemeinen nicht viel auf derart unklare Befürchtungen, dazu war sie viel zu bodenständig. Aber egal wie sehr sie versuchte, gegen die imaginäre Bedrohung anzukämpfen, all ihre Sinne standen während der gesamten Fahrt auf Alarm. Eventuell liegt es ja nur an dem speziellen Hintergrund dieser Busfahrt, versuchte sie sich immer wieder zu trösten.

Der Reiseveranstalter plante, Reisen in die schönsten Gebiete Sachsens anzubieten. Eine Fahrt nach Görlitz und von da weiter nach Bautzen, sollte die Generalprobe für dieses Projekt werden.

Christine war erst im letzten Augenblick als Reiseleiterin engagiert worden, da der eigentlich vorgesehene Reisebegleiter plötzlich erkrankt war. Die kurzfristige Verpflichtung, verbunden mit den hohen Erwartungen des Reiseveranstalters, hatte unnötigen Stress in ihr aufgebaut. Und genau das ist es, was mich belastet, betete sich Christine ständig vor.

Nun stand sie am Treffpunkt in Bautzen und ihr Problempassagier Nummer Eins kam und kam nicht. Nervös blickte sie zur Uhr. Das akademische Viertel hatte er längst überschritten. Aus Frust über die Verspätung drehte sie Runden um den Bus und blickte dabei zu den Fenstern hoch. Gleich in der ersten Reihe saß das Ehepaar Steinfeld. Frau Steinfeld war im Grunde eine attraktive Frau von Mitte vierzig, doch unerfüllte Erwartungen an das Leben hatten scharfe Falten neben ihre Mundwinkel gegraben und beeinträchtigten ihre natürliche Schönheit. Um den zehn Jahre älteren Gatten von Frau Steinfeld schlug Christine, wo es nur ging, einen großen Bogen. Er gehörte zu der Spezies Mann, die bei einer Unterhaltung mit ihr, statt in ihre Augen, immerfort auf ihr Dekolleté glotzte. Dabei pflegten seine Gesichtszüge regelmäßig zu entgleisen und der Sabber trat auf seine hängende Unterlippe.

Aber das Wort Toleranz, dessen war sich Christine sicher, konnte dieses Geschenk von einem Alphamännchen bestimmt nicht einmal buchstabieren. Beim Frühstück hatte sich seine Frau einen kleinen Kitzel gönnen wollen und harmlos mit Benjamin geflirtet. Daraufhin war ihr Gatte vor Eifersucht fast explodiert. Christine hatte schon befürchtet, er würde sich an Benjamin vergreifen.

Christine schüttelte sich. Wieder einmal war sie sehr erleichtert, dass sie um solche Herzbuben immer einen großen Bogen geschlagen hatte.

Damit kamen ihre Gedanken auch schon zu Benjamin. Und es waren keine netten Überlegungen, die durch Christines Kopf schossen, denn Benjamin war der Grund dafür, dass sie jetzt panisch um den Bus tigerte.

Dass Frau Steinfeld mit Benjamin geflirtet hatte, konnte Christine sehr gut nachvollziehen. Der Bursche sah mit seinen knapp dreißig Lenzen unverschämt gut aus. Aber unverschämt war auch das Auftreten des jungen Mannes. Gewissenlos setzte er sein vorteilhaftes Äußeres ein, um sich Freiheiten herauszunehmen, die alle Grenzen des Anstandes sprengten. Wie zum Beispiel seine jetzige Verspätung. Aber Christine würde ihn sich vorknöpfen, wenn er mit seinem jungenhaften Grinsen um die Ecke biegen würde. Sie wusste jedoch, ihre Erleichterung, ihn wohlbehalten wiederzusehen, würde die Standpauke glimpflich ausfallen lassen. Abgesehen davon, das war ihr klar, würde ihr Zorn an ihm abperlen wie Wasser an einer der Fensterscheiben des Busses.

Das Verhalten, das Benjamin die Fahrt über an den Tag gelegt hatte, war ein Rätsel für Christine. Ihn sprunghaft zu nennen, wäre eine Untertreibung. Der junge Mann schwankte permanent zwischen Euphorie und völliger Lethargie. Und zu allem Übel hatte er viel zu oft die Toilette im Bus blockiert. Was er da getrieben hatte, wollte Christine lieber nicht wissen.

Erneut schaute sie nach oben. Hinter den Steinfelds war der Sitzplatz des Bummelanten. Und obwohl sie lange starrte, blieb der Platz leer.

Sie blieb stehen und blickte in die Runde. Kein Benjamin! Sie fluchte und setzte ihre Wanderung um den Bus fort.

Der Anblick, den die Reihe hinter dem Vermissten bot, besänftigte ihren Zorn auf der Stelle. Christines Knie wurden schwach, während ihre Blicke die dunkel gekleidete Frau abtasteten. Das Objekt ihrer Begierde wirkte wie immer unnahbar. Schade, stellte Christine mit Bedauern fest. Sie hätte es sich sehr gut vorstellen können, mit der Süßen das Laken zu zerwühlen.

Christine nannte sie im Stillen Lady in Black, weil die hübsche Dame von Kopf bis Fuß schwarz gekleidet war. Störenden Anhang schien die Lady nicht zu haben. Christine hatte nie beobachtet, dass sie telefonierte. Und wenn etwas in der heutigen Zeit seltsam war, dann eine Handy-Abstinenz. Demzufolge musste sie allein leben. Jedenfalls war das Christines größter Wunsch.

Na ja, fast. Benjamins Erscheinen sehnte sie im Moment noch inniger herbei.

Wie gewohnt kicherten Henriette und Jennifer auf den Sitzen der nächsten Reihe und steckten dabei verschwörerisch die Köpfe zusammen. Hätte zusätzlich eines der jungen Mädchen durch Abwesenheit geglänzt, Christine hätte ohne zu zögern die anderen Fahrgäste zusammengetrommelt und eine Razzia in den dichten Büschen am Ufer der Spree durchgeführt. Beide waren so spitz auf Benjamin, dass sie schnurrten, wenn er nur in ihre Nähe kam.

Christine schaute wieder auf ihre Uhr. »Jetzt warten wir schon fast eine Stunde auf den Scheißkerl!« Aber der gemurmelte Fluch brachte ihr keine Erleichterung. Sie war es, die verantwortlich war und sie würde die Prügel einstecken, so oder so.

Die telefonische Rücksprache mit dem Reiseveranstalter hatte Christine nicht weitergeholfen. Er hatte die Entscheidungsgewalt und somit die leidige Verantwortung auf sie abgewälzt. Resigniert nestelte sie das Mikrofon aus der Halterung und wandte sich an die Fahrgäste. Sie fasste die Lage kurz zusammen und bat um Meinungsäußerungen, wie weiter verfahren werden sollte. Die Reisegesellschaft reagierte exakt so, wie Christine es kalkuliert hatte.

»Wenn er den Termin nicht einhält, soll er sehen, wie er heimkommt.« Die erste Wortmeldung kam von einer der älteren Damen aus dem Architekturklub.

»Ja, genau. Dann bekommen auch andere Reisegäste die Chance, die Toilette zu benutzen.« Dieses Statement entsprang ebenfalls dieser Gruppe.

Gerade die haben es nötig, sauer auf andere zu sein. Christine rümpfte innerlich die Nase. Sie hielt nicht viel von den Mitgliedern dieser Frauengruppe. Die Damen waren so arrogant wie eine vom Erfolg verlassene Diva, und das nur, weil sie ein paar Gebäude ihrem Baustil zuordnen konnten. Gleich zum Fahrtantritt hatten die Möchtegernarchitektinnen zwei Reihen Platz zwischen sich und der kleinen Schar der anderen Reisenden gelassen, um so ganz bewusst einen Abstand herzustellen. Und an die klugscheißerischen Kommentare bei den Stadtführungen wollte Christine gar nicht denken.

Sicher, Christine interessierte sich ebenfalls für Architektur, das brachte ihr Job mit sich, aber so verbissen wie diese fanatischen Architekturfreaks sah sie ihr Verhältnis zu steinernen Bauwerken nicht. Es gab durchaus lohnenswertere Anblicke als Steine, die irgendwann in der Vorzeit zu Gebilden geformt wurden. Christine dachte da in erster Linie an den erfreulich wippenden Knackarsch der Lady in Black.

Ein Blick zu dieser zeigte Christine, dass die Frau sich nicht im Geringsten für das Problem Benjamin zu interessieren schien. Ihre gesamte Konzentration galt einem hart gekochten Ei, von welchem sie eben die Schale pellte.

Das hat sie bestimmt vom Frühstückstisch gemaust, vermutete Christine. Dann sprach sie die Verkörperung ihrer heimlichen Sehnsucht direkt an und fragte nach deren Meinung.

»Sie sind die Reiseleiterin«, antwortete die Frau mit freundlichem Lächeln. »Ich werde Ihre Entscheidung akzeptieren, egal wie sie ausfällt.«

Ja, genau so reagierte die Lady in Black ständig: freundlich, höflich und zurückhaltend. Christine fand, dass sie ruhig ein wenig mehr aus sich herausgehen könnte.

»Also mir wird der Kerl sicher nicht fehlen«, ließ sich Herr Steinfeld lautstark vernehmen. »Warum der überhaupt an dieser Fahrt teilgenommen hat, ist mir ein Rätsel. In Görlitz hat er sich gleich nach der Ankunft über die Grenze nach Polen davongemacht. Die Stadtbesichtigung hat er dadurch versäumt und ist erst am nächsten Tag wieder im Hotel erschienen. Wenn Sie mich fragen, der war bestimmt bei einer Nutte.« Herr Steinfeld verschränkte energisch seine Arme vor der Brust und deutete damit an, dass das Thema Benjamin für ihn erledigt war.

»Ich muss der Dame von vorhin zustimmen. Auf der Fahrt von Görlitz nach Bautzen hat der Flegel fünfundvierzig Minuten die Toilette blockiert.« Frau Steinfeld betonte das Wort Toilette, als ob diese Örtlichkeit der Herd alles Verdorbenen sei.

»Und was immer er auch da getan hat, es muss ihm Vergnügen bereitet haben«, ergänzte Herr Steinfeld mit dreckigem Feixen. »Er hat anschließend gegrinst wie ein Honigkuchenpferd.«

Christine fiel beinah die Kinnlade herunter, als sie sehen musste, wie Frau Steinfeld zustimmend zu den Worten ihres Gatten nickte. Na das sah aber heute Morgen noch ganz anders aus, ist da in Bautzen etwa die große Versöhnungsfeier gestiegen?

Noch bevor sie den Gedanken weiter verfolgen konnte, meldete sich Jennifer zu Wort: »Von uns aus kann er verschimmeln«, rief sie, offenbar durch Herrn Steinfelds schroffen Einwand ermutigt. Henriette schien die Meinung ihrer Freundin zu teilen, denn sie nickte nachdrücklich.

Christine konnte es nicht fassen. Unbemerkt von ihr war da ein Apoll von seinem Sockel gestürzt worden.

Sie zuckte die Schultern, verließ den Bus, suchte mit ihren Augen ein letztes Mal die Gegend nach Benjamin ab, stieg dann frustriert die drei Stufen hinauf und gab dem Fahrer ein Zeichen. Ohne eine Miene zu verziehen, startete der den Motor und ließ den Reisebus langsam vom Parkplatz rollen.

Erschöpft von der Anspannung des Wartens und der fruchtlosen Diskussion kuschelte sich Christine in die Polster. Jetzt, wo der Bus fuhr und die Würfel somit gefallen waren, wollte sie versuchen, ein wenig zu schlafen. Im günstigsten Fall hatte es sich Benjamin einfach anders überlegt und seine Pläne kurzfristig geändert – selbstverständlich ohne jemanden davon zu informieren. Für Typen wie ihn waren Rücksichtnahme oder Verantwortungsbewusstsein Details, die ihn nicht tangierten. Christine hoffte einfach, dass es so wäre und sie in ihrem Leben nie wieder etwas von Benjamin zu hören oder zu sehen bekam.

Doch die Gedanken, die durch Christines Kopf wanderten, ließen sie alles, aber keine Ruhe finden. Es waren einfach viel zu viele Unstimmigkeiten, die ihr zusetzten.

Kurz entschlossen erhob sie sich und entnahm dem kleinen Kühlschrank drei Miniflaschen Wodka und drei Büchsen Cola. Ein wenig Alkohol, hoffte sie, würde Zungen zum Sprechen bringen.

Mühsam balancierte sie die Getränke zu Henriette und Jennifer. Die Augen der Mädchen leuchteten auf, als Christine sich zu ihnen setzte und die Drinks mischte.

»War schon blöd, der Abschluss der Fahrt«, begann Christine das Gespräch, »aber sonst war es doch okay?«

Henriette und Jennifer nuckelten an der braunen Flüssigkeit und nickten verzückt.

»Ist euch der Benjamin heute in Bautzen zufällig über den Weg gelaufen?« Christine beugte sich zu den Mädchen, um so durch ihre Körpersprache Offenheit vorzugaukeln.

»Über den Weg gelaufen ist gut . . .« Henriette hätte sich um ein Haar verschluckt. »Wir haben den Mistkerl zum Mittagessen eingeladen, das Essen hat er angenommen und ein Bier nach dem anderen gekippt, aber anschließend gemeinsam mit uns bummeln zu gehen, dazu hatte er keine Lust.«

So, so, bummeln gehen nennt man es also heutzutage. Christine unterdrückte ein anzügliches Lächeln und nickte statt dessen mitfühlend.

»Gegessen hat er aber kaum etwas«, mischte sich Jennifer ein. »Hier . . .« Sie langte in ihre Tasche und brachte eine Assiette zum Vorschein. »Wir haben es uns einpacken lassen. Benjamin hat es ja kaum angerührt. Aber geraucht hat er wie ein Schlot.« Jennifer hielt Christine den Ärmel ihrer Jacke zum Riechen hin.

Die Kleider der beiden jungen Damen stanken tatsächlich nach Rauch. Christine verzog ihr Gesicht nach der Riechprobe, murmelte einfühlsam: »So sind die Kerle«, und kam dann auf den Punkt: »Wisst ihr, wo Benjamin nach dem Essen hinwollte?«

Synchrones Kopfschütteln. Doch nach kurzem Zögern brach es aus Jennifer heraus: »Er hat ständig auf seine bescheuerte Uhr gesehen und hatte es dann sehr eilig, zu verschwinden. So, als ob wir ihm nicht gut genug wären.«

»Aber in Görlitz zur Nutte gehen.« Henriette krächzte fast vor gerechtem Zorn.

»Hat er euch erzählt, dass er bei einer Prostituierten war?«

»Nein, aber was soll er denn sonst in Polen gewollt haben?«

Christine nickte unbestimmt, nahm noch den Wunsch der beiden Mädchen nach weiteren Drinks entgegen und ging, nachdem sie Henriette und Jennifer mit Alkohol eingedeckt hatte, nachdenklich zu ihrem Platz.

Sie hatte nun ausreichend Stoff zum Nachdenken. Zimperlich waren die zwei Mädchen bestimmt nicht. Die Verschmähte hätte sich nicht daran gestoßen, wenn Benjamin die andere von ihnen erwählt hätte und im Ernstfall, da war sich Christine ziemlich sicher, hätten sie es gemeinsam mit ihm getrieben. Es war schon merkwürdig, dass ein so junger Mann derart eindeutige Angebote ablehnte. Aber an Frauen war Benjamin interessiert, das wusste Christine zu hundert Prozent. Es gehörte nicht viel dazu, seine Blicke zu interpretieren, die ihrer Oberweite und ihrer fraulichen Figur gegolten hatten.

Der Gedanke, der sich nun in ihre Gehirnwindungen bohrte, ließ kalten Schweiß auf ihre Stirn treten. Was, wenn die zwei abgewiesenen Mädchen Rache geübt und Benjamin irgendwo eingesperrt hatten? Dann säße nicht nur Benjamin, nein, auch sie selbst ganz tief in der Scheiße.

Doch diese schreckliche Erwägung blieb nicht allein. Eine plötzliche, bisher erfolgreich verdrängte Erinnerung, brach mit Urgewalt in Christines Überlegungen ein. Ihr wurde schlecht vor Angst. Ausgerechnet die hübsche, stille und freundliche Dame in Schwarz war die Ursache für das Zittern, welches Christine nun befiel. Das Bild stand wieder klar vor ihren Augen. Auf der Hinfahrt nach Görlitz war es zu einem sehr hässlichen Zwischenfall gekommen. Benjamin hatte der schlummernden Lady aus einer Laune heraus den MP3-Player entwendet und sich dann lautstark über deren Musikgeschmack lustig gemacht. Als die Beraubte durch das laute Reden erwachte und ihr die Ursache für Benjamins Spott klar wurde, war sie aufgesprungen, hatte ihm ohne zu zögern eine geschmiert und dem verdutzten jungen Mann den Player entrissen. Als der zur Besinnung kam, wollte er sich voller Wut auf die wesentlich kleinere Frau stürzen. Doch der eiskalte, ihn als leichte Beute taxierende Blick hatte Benjamin in seiner Bewegung erstarren lassen. Böse vor sich hinschimpfend hatte er den Rückzug angetreten und sich auf seinem Platz verkrochen.

Alle Zeugen des Vorfalls hatten aufgeatmet und die Angelegenheit war in Vergessenheit geraten, doch Christine konnte den feindseligen und drohenden Blick nicht vergessen, mit dem die Lady Benjamin bedacht hatte.

Kilometer um Kilometer wuchs die Entfernung zu Bautzen und damit zu Benjamin. Christines Pläne für die Rückfahrt waren durch Benjamins Verschwinden über den Haufen geworfen worden. Eigentlich hatte sie, bequem in ihren Sitz gelümmelt, mit einem Drink in der Hand, die Laubfärbung genießen wollen. Doch wenn sie jetzt aus dem Fenster starrte, sah sie nur Benjamins Gesicht und malte sich in den schwärzesten Farben dessen ungewisses Schicksal aus. Christine richtete sich in ihrem Sitz auf und schaute in den Fahrgastraum hinein. Die Reisenden unterhielten sich leise oder starrten bedrückt geradeaus. Benjamins unklarer Verbleib beschäftigte alle.

Nein, korrigierte sich Christine sofort, nicht alle. Die Dame in Schwarz blickte voller Begeisterung aus dem Fenster und freute sich sichtlich an dem prächtigen Farbenspiel des Herbstwaldes.

Christine hielt es nicht auf ihrem Platz. Sie musste etwas unternehmen. Was einmal klappt, das gelingt auch beim zweiten Mal, sagte sie sich und beschloss, das Ehepaar Steinfeld ebenfalls mit Alkohol zu bestechen. Eventuell hatten die beiden etwas in Bautzen bemerkt, was zur Aufklärung der unangenehmen Lage beitragen könnte.

Sekt für die Dame, Bier für den Herrn. Christine hatte die Angewohnheit, sich auf all ihren Fahrten die Geschmäcker der Reisenden einzuprägen. Schon oft war es ihr so gelungen, mit dem passenden Drink Wogen der Entrüstung zu glätten.

Erfreut nahm das Ehepaar die Getränke entgegen. Herr Steinfeld hielt beim Einschenken seinen Plastikbecher fachmännisch leicht geneigt. Als der Becher fast gefüllt war, setzte er die Blume auf. Bevor er trank, blickte er noch einmal tiefsinnig auf das schäumende Getränk herab und sagte nickend: »Bier.«

Als Christine sah, dass Herr Steinfeld in ein stilles Zwiegespräch mit seinem Getränk vertieft war, wandte sie sich an seine Gattin: »Benjamins Verschwinden lässt mir keine Ruhe, ich bin ja schließlich für die Reisenden verantwortlich. Ich vermute stark, dass sich der Lümmel von einer spontanen Eingebung leiten ließ und kurzfristig seine Pläne geändert hat. Sind Sie Benjamin bei Ihrem Stadtbummel zufällig begegnet und hat er Ihnen eventuell etwas über solche Absichten mitgeteilt? Wenn dem so wäre, würde mich das sehr erleichtern.« Christine blickte Frau Steinfeld bei ihren Worten treuherzig ins Gesicht.

Die nippte an ihrem Sekt und schüttelte stumm den Kopf.

»Mir ist er gleichfalls nicht über den Weg gelaufen«, mischte sich Herr Steinfeld ein. »Wir haben nämlich Bautzen getrennt erkundet, müssen Sie wissen. Meine Frau ist Schwester in der Notaufnahme der Uniklinik und ich arbeite beim Bau, da liegen unsere Interessen auf unterschiedlichen Gebieten. Und damit wir uns dabei nicht ins Gehege kommen . . .«

Christine hatte genug gehört. »Ich sehe gerade, Ihr Bier ist fast alle.« Sie nutzte den Vorwand, sprang von ihrem Sitz auf, entfloh Herrn Steinfelds gierigen Blicken und versprach beiden weitere Getränke.

Auf ihrem Weg nach vorn wandte sich Christine kurz um und sah, dass die Handy-Abstinenz der Lady Geschichte war. Eifrig ließ diese ihre Finger über die Tasten eines Mobiltelefons gleiten und verfasste augenscheinlich eine längere SMS. Der Anblick verpasste Christine einen Stich. Vorbei war der Traum, dass die hübsche Frau ohne Anhang war. Sicher teilte sie ihrem Mann und den lieben Kleinen gerade mit, dass Mama später kommt, aber zum Abendbrot auf jeden Fall im Kreise der Familie weilt.

Um keine Depressionen aufkommen zu lassen, begab sich Christine zum Fahrer und fragte diesen, wann der Halt für eine Toilettenpause durchgeführt werden könnte. Seinem Brummen entnahm sie, dass er die nächste Raststätte ansteuern würde.

Froh, der gedrückten Atmosphäre im Bus zu entkommen, sprang Christine aus dem Fahrzeug. Die anderen Fahrgäste schienen den Halt ebenfalls zu begrüßen, denn sie hatten es sehr eilig, das Gefährt zu verlassen. Fast alle sputeten sich, zu den Toiletten zu kommen, da Christine die Pause drastisch verkürzt hatte, um wenigstens etwas von der immensen Verspätung aufzuholen.

Christine lief nicht mit den anderen zur Toilette. Sie wusste, dass die Schlange endlos sein würde und sie kannte ein stilles Plätzchen, nur einen Steinwurf entfernt im Wald, welches für ihre Zwecke mehr als ausreichend war.

Als sie ihr Geschäft erledigt hatte, und eben die Hosen hochzog, vernahm sie ein Rascheln und erschreckte sich fast zu Tode. Die Lady in Black war der Störenfried. Die Dame musste sie beobachtet haben und hatte ihre Schlüsse aus Christines Zielrichtung gezogen. Sie lächelte Christine zu, flüsterte »Guter Tipp« und verschwand hinter dem Nachbarbusch.

Vor Schreck klopfte Christines Herz immer noch wie wild, als sie den Bus erreichte. Nach kurzer Zeit kam die Dame in Schwarz geschlendert und sprach heftig gestikulierend in ihr Handy. Christine hoffte auf einen Ehestreit. Das hätte ihre Chancen immens vergrößert, bei diesem Engel zu landen. Doch als die Dame am Bus ankam, wirkte sie hochzufrieden. Enttäuscht wandte sich Christine ab und hob in stiller Resignation die Schultern. Vielleicht ist es ja am besten so, sprach sie sich selbst Trost zu. Wer weiß, ob sie nicht an Benjamins Verschwinden Schuld trägt und mit einer Verbrecherin will ich lieber nicht allein sein.

Christine sah aus dem Fenster auf die Straße und beobachtete, wie das graue Band unter ihr dahinglitt. Es war nicht mehr weit bis zum Ziel. Der Tag ging zur Neige und mit dem Licht schwand die Umgebung vor ihren Blicken; bald würde sie nur noch ihr eigenes Spiegelbild in der Scheibe erkennen können.

Der Schatten, der sich über ihrem Kopf in das Bild schob, ließ sie herumfahren. Christine schaute in zwei Augen, die so dunkelbraun waren, dass sie fast schwarz wirkten. Als sie realisierte, wer da neben ihr Platz nahm, wusste sie nicht, ob ihr Herz vor Freude oder vor Angst so aufgeregt hämmerte.

Die Lady in Black lächelte sie freundlich an und sagte: »Ich benötige Ihre Hilfe. Ich möchte mit Frau Steinfeld sprechen und hätte Sie gern als Zeugin dabei.«

Immer noch völlig perplex folgte Christine widerspruchslos der Frau, die sich schnurstracks zur Sitzreihe der Steinfelds begab.

»Ich will nicht um den heißen Brei herumreden, Frau Steinfeld«, begann die Lady ohne Umschweife das Gespräch. »Ich habe nur eine Frage: Wie haben Sie Benjamin getötet?«

Sowohl Christine als auch das Ehepaar Steinfeld öffneten erstaunt den Mund und vergaßen, ihn wieder zu schließen.

Herr Steinfeld fasste sich als Erster. »Was soll das? Und wer gibt Ihnen das Recht meine Frau derart blöd von der Seite anzuquatschen?«

Die Lady zückte eine Plastikkarte und hielt sie den Steinfelds vor die Nase. »Mein Name ist Wolf, ich bin Hauptkommissarin bei der Dresdner Mordkommission. Das dürfte wohl als Legitimation genügen und nun bitte ich Sie, meine Frage zu beantworten. Also, wie haben Sie Benjamin getötet?«

Frau Steinfeld wollte empört auffahren, stoppte aber mitten in ihrer Bewegung, zögerte kurz, dann sackte sie in ihrem Sitz zusammen. »Es war ein Unfall, das müssen Sie mir glauben. Ich habe Benjamin unterhalb der alten Stadtmauern am Ufer der Spree getroffen. Er fing plötzlich an, mich zu beschimpfen und packte mich an meiner Bluse ... Hier, man sieht noch die Abdrücke seiner Finger«, damit deutete die Frau auf den Stoff ihrer Oberbekleidung. »Ich weiß nicht, was in den jungen Mann gefahren ist. Ich hatte Angst und fühlte mich bedroht, da ...«, sie schluchzte auf, »habe ich einen Stein genommen. Ich muss ihn am Kopf getroffen haben. Er fiel in den Fluss und bevor ich etwas unternehmen konnte, versank er. Aber es war ein Unfall ... Sie müssen mir das glauben, bitte!«

Kommissarin Wolf musterte sie kalt. »Es wäre ein Unfall gewesen, wenn Sie geologisch interessiert wären und deshalb den Stein einer näheren Betrachtung unterziehen wollten. Wenn Sie den Stein dann in die Höhe gehalten und Benjamin mit seinem Kopf dagegengestoßen wäre, dann wäre es ein Unfall. So aber ist es ein simpler Mord im Affekt.« Ihre Miene wurde auch nicht wärmer, als sie hinzufügte: »Betrachten Sie sich als vorläufig festgenommen. Am Busbahnhof warten bereits meine Kollegen, um Sie in Empfang zu nehmen. Ich hoffe, es wird nicht nötig sein, Ihnen Handschellen anzulegen.«

Nachdem Frau Steinfeld matt den Kopf geschüttelt hatte, zupfte die Kommissarin Christine am Ärmel und bedeutete ihr, sich zu ihr in die Reihe hinter das Ehepaar Steinfeld zu setzen.

Christine war völlig perplex und konnte das Geschehene nicht fassen. Ihr Mienenspiel formte ein Fragezeichen, fast hilflos starrte sie die Kommissarin an.

Diese schien außerordentlich vergnügt zu sein. Sie grinste breit und ohne sich lange bitten zu lassen, begann sie mit ihrer Erklärung: »Dass Benjamin drogenabhängig war, habe ich bereits auf der Hinfahrt nach Görlitz bemerkt. Vielleicht war es ein Fehler, dass ich beschlossen hatte, diese Tatsache zu ignorieren, um in Ruhe meine freien Tage zu genießen. Aber das kann ich jetzt nicht mehr ändern.« Sie zuckte mit den Schultern.

»Sie meinen Benjamin hat gekifft?«

»Nein, er war schon einen Schritt weiter. Ich denke, er hat an der Nadel gehangen. Die Symptome waren eindeutig. Seine Sprunghaftigkeit, das Gleiten zwischen Euphorie und Apathie und die langen Toilettenaufenthalte. Das Glitzern in seinen Augen und die Hochstimmung, wenn er die Toilette verließ, waren einwandfreie Zeichen. Er hat sich dort seine Dosis verabreicht. In Görlitz ist er nicht nach Polen verschwunden, um eine Prostituierte aufzusuchen, solche Bedürfnisse hätte er bei den beiden Mädchen oder bei Frau Steinfeld gratis befriedigen können. Nein, er wollte einen Dealer treffen. Der hat ihn aber augenscheinlich versetzt und das wurde ihm zum Verhängnis.«

»Ich verstehe immer noch nicht so recht. Wieso Frau Steinfeld?«

»Als Benjamin verschwunden war, habe ich mir keine Gedanken gemacht«, setzte die Kommissarin ihre Ausführungen fort. »Ich dachte, er hat in Bautzen einen Drogenhändler aufgerissen und deshalb die Fahrt abgebrochen, die für ihn übrigens nur Tarnung war. Erst als ich hörte, dass Frau Steinfeld in der Notaufnahme des Uniklinikums arbeitet, ging mir ein Licht auf. Sie hat die Symptome von Benjamin auf jeden Fall richtig eingeschätzt und eine Frau wie sie hätte mit ihrem Wissen nicht hinter dem Berg gehalten. Spätestens nach Benjamins Verschwinden hätte sie lautstark mit ihrer Sachkenntnis angegeben, schon um den Frauen vom Architekturverein eine reinzuwürgen. Sie hat es aber nicht getan, damit ja kein Verdacht auf sie fällt. Ab jetzt muss ich spekulieren...« Die Polizistin legte eine Pause ein und knabberte nachdenklich an Unterlippe. »Frau Steinfeld hat Benjamin wahrscheinlich mit Drogen geködert. Bestimmt war ihm der Stoff ausgegangen und deshalb ging er auf ihr Angebot ein: Drogen gegen Sex. Und als sie ihm dann beim Stelldichein eröffnete, dass es mit den Drogen nichts wird, ist er durchgedreht. Eventuell hat er sie wüst beschimpft und da ist bei ihr die Sicherung durchgebrannt.«

»Aber wie haben Sie das so schnell durchschaut?«

»Sie und Ihre Gespräche mit den Steinfelds und den Mädchen waren mir eine große Hilfe. Dadurch habe ich erfahren, dass Benjamin in Bautzen extrem nervös war und eine Verabredung hatte. Die Information, dass Frau Steinfeld im medizinischen Bereich tätig ist, bewog mich, eine Anfrage zur Drogenfahndung zu schicken. Dort ist Benjamin ein alter Bekannter. Er finanzierte seine Sucht durch den Handel mit Drogen. Den Rest habe ich mir zusammengereimt und wollte eigentlich nur bei Frau Steinfeld auf den Busch klopfen. Ich hatte nicht vermutet, dass sie so schnell zusammenbricht und den Mord gesteht, aber es kommt schon vor, dass, wenn man Mörder in die Enge treibt, sie die Tat zugeben und dabei sogar Erleichterung empfinden.«

Durch diese aufwühlende Unterhaltung war Christine entgangen, dass der Bus bereits die Landeshauptstadt erreicht hatte und nun in den Busbahnhof einbog.

Frau Wolf sprang auf, nahm Frau Steinfeld beim Arm und führte sie zu einem Streifenwagen, dessen blaue Lichter die Nacht in ein flackerndes Zwielicht tauchten.

Christine stand auf dem Parkplatz, fröstelte und schaute der gebeugten Frau Steinfeld hinterher. Wie groß muss die Verzweiflung dieser Frau über ihre Lebenssituation gewesen sein, dass sie nicht davor zurückschreckte, Benjamins Drogensucht auszunutzen, um ihn zu einem Quickie zu verführen?

Herr Steinfeld blickte unschlüssig in die Runde, dann schüttelte er den Kopf und lief zu einem Taxi.

Diese Ehe war schon gestorben, noch bevor Frau Steinfeld ihren folgenschweren Entschluss gefasst hatte, dachte Christine bedrückt.

Sie verabschiedete die anderen Gäste, deren Personalien von einem Beamten aufgenommen wurden und stand schließlich allein und traurig neben dem verlassenen Bus. Sie wandte sich zum Gehen, da hörte sie Schritte.

Frau Wolf trat zu ihr. »Ich bin übrigens die Karin«, sagte sie herzlich und streckte Christine die Hand entgegen.

Christine stand einfach nur still da und blickte Karin an. Sie spürte, wie ihr Feuchtigkeit in die Augen trat. *Mein Gott, bin ich sentimental*, dachte sie. Dann trat sie auf die Frau zu und nahm sie fest in die Arme.

»Wenn du nicht gewesen wärst«, schluchzte sie, »Benjamins Verbleib wäre für immer unklar gewesen. Ich wäre durch die komplette Presse gezerrt worden und hätte meinen Job als Reiseleiterin für alle Zeit vergessen können.«

Karin löste sich aus der Umarmung und trat verlegen von einem Fuß auf den anderen. »Ich habe eigentlich nur meinen Job gemacht«, murmelte sie.

Christine holte einen alten Einkaufszettel aus ihrer Jackentasche und kritzelte ihre Telefonnummer darauf.

»Wirst du dich melden?«, fragte sie leicht verlegen.

»Darauf kannst du wetten.«

DIE AUTOREN

Hartwig Hochstein (Hrsg.) lebt als freier Journalist, Moderator und Kolumnist in Leipzig. Nach vielfältigen leitenden Positionen bei Tageszeitungen, unter anderem als Chefredakteur der Neuen Presse in Hannover, kam er 1991 als Chefredakteur zur Leipziger Volkszeitung. In dieser Position führte er das Blatt bis Ende 2003.

Nach seinem Ausscheiden blieb er Leipzig als Journalist treu, unter anderem mit einer eigenen Talk-Sendung im Leipzig Fernsehen. Für seine alte Zeitung verfasst er regelmäßig Krimi-Rezensionen und konzentriert sich dabei auf die regionale sächsische und Leipziger Szene, der er sich freundschaftlich verbunden fühlt.

Frank Kreisler, geboren in Rostock, lebt seit geraumer Zeit in Leipzig. Sein Berufsleben zeichnet sich durch Vielseitigkeit aus. Er arbeitete als Hafenarbeiter, Buchbinder, Bibliothekar und Journalist. Seit einem Studium am Literaturinstitut Leipzig arbeitet er als Buchautor. Zahlreiche Veröffentlichungen im Bereich Kinder- und Jugendbuch konnte Frank Kreisler verwirklichen. Seine Krimis ›Wasserfest‹ und ›DrogenHanse‹ erschienen 2013 bzw. 2016. Außerdem beteiligte er sich an verschiedenen Krimianthologien.

~ *www.frank-kreisler.de*

Foto: Hochstein © Volkmar Heinz | Kreisler © Dirk Hohmann

Mandy Kämpf ist seit ihrer Geburt und mit ganzem Herzen Leipzigerin. Ihre Zuneigung für Literatur entdeckte sie schon sehr früh. Im zarten Alter von sechs Jahren las Mandy die ersten Märchen selbst und schrieb später kleine Geschichten für Kinder.
Neben ihrer beruflichen Laufbahn im Vertrieb und Training schreibt sie Kriminalkurzgeschichten, die bereits in Anthologien veröffentlicht worden und führt erfolgreich einen Blog über ihren Hund und seine Abenteuer.

~ *www.mandykaempf.com*

Bernd Merbitz wurde in Zumroda (Thüringen) geboren. Er absolvierte von 1984 bis 1986 ein Studium an der Hochschule der Deutschen Volkspolizei Berlin mit Abschluss als Diplom-Staatswissenschaftler.
Seit 2012 ist er Polizeipräsident in Leipzig. Zuvor war er Landespolizeipräsident in Sachsen.
2009 wurde er für sein Engagement gegen Extremismus und Fremdenfeindlichkeit vom Zentralrat der Juden mit dem Paul-Spiegel-Preis für Zivilcourage ausgezeichnet.
Die Kriminalgeschichte ›Spurlos verschwunden‹ in der Anthologie ›Stammtischmorde‹, die auf einem wahren Fall beruht, ist Merbitz' erste literarische Veröffentlichung.

Foto: Kämpf © Mandy Kämpf | Merbitz © ama medien

Anne Mehlhorn wuchs in Aue im Erzgebirge auf und studierte an der HTWK Leipzig erfolgreich Verlagsmanagement. Danach absolvierte sie ein Zweitstudium im Bereich Informatik. Sie verfasste mit siebzehn ihren ersten abgeschlossenen Roman, und arbeitete neben dem Studium freiberuflich als Werbetexterin.

2013 erschien ihr Debüt ›Die Seele des Stachelschweins‹. Seitdem verfasst sie auch Krimi-Kurzgeschichten für verschiedene Anthologien.

~ *www.anne-mehlhorn.de*

Stefan B. Meyer, geboren in Erfurt, arbeitete bis 1987 als Baumonteur bzw. Gerüstbauer am Aufbau des Sozialismus. Später folgten verschiedene sowohl sozialversicherungspflichtige als auch freiberufliche Tätigkeiten. Seit 1999 lebt er mit Frau und Kindern in Leipzig.

2001 verfasste er seine ersten Texte, vor allem in der Kriminalliteratur. 2007 veröffentlichte er seinen Debütkriminalroman ›Wie in Schigago‹, 2012 folgte sein Leipzig-Krimi ›Im falschen Revier‹. 2014 erschien sein Dresden-Krimi ›Desperados im Land des Lächelns‹.

~ *www.stefan-b-meyer.de*

Foto Mehlhorn & Meyer © Dirk Hohmann

Andreas M. Sturm wurde in Dresden geboren. Die ersten Schreibversuche startete er mit 16 Jahren. Es entstanden Kurzgeschichten und Western.
Sein Faible für Kriminalromane brachte ihn dazu, ab 2009 wieder selbst zur Tastatur zu greifen.
Bei Streifzügen durch seine Heimatstadt entstehen die Kriminalromane um das weibliche Kommissarinnen-Duo Wolf & König. Neben seinen Dresden-Krimis schreibt er Kurzgeschichten und ist Herausgeber von Anthologien.

~ *www.krimisturm.de*

Jan Flieger schreibt Krimis, Thriller und ist an zahlreichen Krimi-Anthologien beteiligt. Sein Selbstjustiz-Thriller ›Auf den Schwingen der Hölle‹ erregte viel Aufsehen. In Japan entstand ›Man stirbt nicht lautlos in Tokyo‹.
Sein Buch ›Der Sog‹ wurde 1988 verfilmt und als ›Alles umsonst‹ mehrfach im Fernsehen ausgestrahlt. Fliegers ›Tatort Teufelsauge‹ war 2006 nach der Übersetzung ins Englische als einer von drei ausgewählten deutschen Krimis Lehrstoff an der Universität Toronto/Kanada im Kurs ›Deutsche Kriminalliteratur‹.
Jan Flieger lebt in Leipzig.

~ *www.janflieger.de*

Foto: Sturm © Andreas Müller | Flieger © Constanze Weigel

Traude Engelmann ist gebürtige Leipzigerin, studierte Pädagogik und Journalistik, war Redakteurin der Leipziger Volkszeitung und mehrerer im Leipziger Fachbuchverlag beheimateter Fachzeitschriften, später auch Mitarbeiterin eines Sachverständigenbüros.

Sie schreibt in verschiedenen Genres und legte bisher u.a. fünf Romane vor. Ihre Kriminalroman-Reihe um die Protagonistin Gisela Schikaneder startete mit ›Die Geldwäscherin‹ und der Fortsetzung ›Die Falschmünzerin‹ (2017).

~ www.engelmann-lebenstexte.de

David Gray, geboren in Leipzig, hat nach Abitur und Jurastudium als freier Journalist für verschiedene regionale Tageszeitungen Filmkritiken verfasst, verbrachte längere Zeit in Südostasien. 2002/04 Ausbildung zum Drehbuchautor in Berlin. Danach Tätigkeit als Drehbuchautor und Scriptdoktor. Sein historischer Roman ›Wolfswechsel‹ war ein eBookhit, der sich 280 Tage in den Kindle-Topcharts hielt. Sein aktueller Kriminalroman trägt den Titel ›Kanakenblues‹ (Pendragon Verlag, 2015).

Unter dem Namen Ulf Torreck veröffetlicht er im Heyne Verlag seinen historischen Thriller ›Fest der Finsternis‹, der im Vorfeld seiner Veröffentlichung mit Patrick Süskinds ›Parfum‹ und Thomas Harris ›Schweigen der Lämmer‹ verglichen wurde.

~ www.david-gray.com

Foto Engelmann © Elia van Scirouvsky | Gray © Licht und Linse Leipzig